DCG 9

COMPTABILITÉ

CORRIGÉS

Charlotte Disle
Agrégée d'économie et gestion
Docteur en sciences de gestion
Maître de conférences à l'IAE de Grenoble

Alexis Fargeix
Expert-comptable
Commissaire aux comptes

Audrey Meyer
Agrégée et docteur en sciences de gestion
Enseignante en classe préparatoire au DCG

DUNOD
leader de l'expertise comptable

Maquette de couverture :
Hokus Pokus

Maquette intérieure :
Yves Tremblay

11 rue Paul Bert, 92240 Malakoff
www.dunod.com
ISBN 978-2-10-079170-5

SOMMAIRE

PARTIE 5 Comptabilité et environnement numérique

PARTIE 6 Documents de synthèse

CHAPITRE 1 Histoire, définition et rôle de la comptabilité

Évaluer les savoirs

1 QCM

1. a, b, c, d, e. La comptabilité est un système d'organisation de l'information financière permettant de saisir, classer, enregistrer des données de base chiffrées et présenter des documents comptables reflétant une image fidèle du patrimoine, de la situation financière et du résultat de l'entité à la date de clôture. Même si la comptabilité ne se limite pas à un ensemble de documents et de procédures, elle est en effet constituée de documents (pièces justificatives et documents comptables) et suit des procédures et des règles précises. Le Code de commerce indique qu'une comptabilité correctement tenue peut être admise en justice comme élément de preuve dans des litiges entre commerçants. C'est enfin un outil de gestion de l'entreprise car elle aide à la décision notamment des dirigeants et des responsables opérationnels.

2. a, b, c, d. L'information comptable est une donnée quantitative monétaire retraçant une opération affectant la performance ou le patrimoine d'une entreprise à une date donnée et justifiée par un document.

3. a, b, c, d, e, f, g. Les utilisateurs de la comptabilité sont à la fois internes à l'entreprise (propriétaires, dirigeants, salariés) et externes (fournisseurs, clients, institutions financières, État).

4. a, c. La comptabilité de gestion (ou comptabilité analytique) est : à finalité interne, à vocation de gestion ; facultative, non obligatoire ; non normalisée (elle n'est pas encadrée par des règles comptables). C'est la comptabilité budgétaire qui aboutit à déterminer un solde budgétaire.

5. c, d. Le contrôle de la comptabilité d'une entreprise est effectué par l'expert-comptable et le commissaire aux comptes.

2 Rôle de la comptabilité

1. En quoi consiste la fonction d'instrument de contrôle ?

La fonction d'instrument de contrôle de la comptabilité consiste :

- pour les actionnaires, à l'utiliser pour contrôler la rentabilité des capitaux investis ;
- pour les salariés, à contrôler le fonctionnement de l'entreprise et le respect des accords sociaux et salariaux ;
- pour les banques, à contrôler la capacité de remboursement de la dette ;
- pour l'administration fiscale, à contrôler les assiettes (résultat, montant des achats et des ventes, masse salariale…) qui servent au calcul des différents impôts et taxes.

2. Comment définissez-vous et distinguez-vous le contrôle interne et externe ?

Le contrôle interne est assuré par les parties prenantes présentes au sein de l'entreprise (notamment les actionnaires et les salariés). Le contrôle externe est assuré par les parties prenantes extérieures (notamment les banques et l'administration fiscale).

3. Dans cette mission de contrôle, en vous appuyant sur les définitions des termes « productivité » (Larousse : rapport entre le résultat d'une activité productive et les facteurs de production que l'on a utilisés pour parvenir à cette production) et « rentabilité » (Larousse : faculté d'un capital placé ou investi de dégager un résultat ou un gain exprimé en monnaie), expliquez en quoi la comptabilité permet plus particulièrement d'apprécier si les fonds investis sont productifs et si l'entreprise est rentable, et avec quels éléments ou calculs on peut y répondre.

Les fonds investis dans une entreprise permettent de réaliser des investissements. Les investissements génèrent nécessairement de nouveaux coûts (exemples : électricité, maintenance, formation du personnel). Mais en même temps, ils peuvent permettre de générer des gains de productivité, soit entraîner une hausse du résultat supérieure à la hausse des facteurs de production utilisés dans cet investissement. Cette mesure permet alors de contrôler que les fonds investis sont productifs, c'est-à-dire qu'ils sont utilisés pour réaliser un investissement rentable, générateur de gains de productivité.

La comptabilité fournit alors les éléments nécessaires au calcul de la rentabilité, qui peut prendre deux formes :

- la rentabilité financière qui correspond au rapport entre le résultat de l'exercice et les capitaux propres (qui ont été versés) ;
- la rentabilité économique qui exprime la rentabilité moyenne de l'ensemble des capitaux investis dans l'entreprise, que ces capitaux soient des capitaux propres ou des capitaux empruntés. Pour calculer cette rentabilité, on fait le rapport entre un résultat pris avant frais financiers et après impôt et les capitaux qu'il a fallu engager pour obtenir ce résultat.

❸ D'une réalité économique à une traduction comptable

1. Indiquez quelles sont les opérations qui doivent faire l'objet d'une comptabilisation par l'entreprise Biofruits.

2. Pour les opérations ne faisant pas l'objet d'une comptabilisation en comptabilité financière, indiquez en justifiant si elles servent la compatibilité de gestion ou la gestion financière de l'entreprise.

Opérations	Comptabilisation par Biofruits ? (si non, servent-elles à la comptabilité de gestion ou la gestion financière ?)
Facturation d'une vente de palette de fruits à la coopérative voisine	OUI. Même si la vente n'est pas réglée, la facturation doit être comptabilisée dans une comptabilité d'engagement.
Emprunt contracté auprès de la banque	OUI. L'emprunt donne lieu à un transfert de fonds qui doit être comptabilisé.
Embauche d'un nouvel employé	NON. Cette information ne se traduit pas par une transaction réelle ou financière quantifiable monétairement au jour de l'embauche. Même si l'entreprise compte un employé supplémentaire, comptablement sa situation patrimoniale n'est pas affectée.

Opérations	Comptabilisation par Biofruits ? (si non, servent-elles à la comptabilité de gestion ou la gestion financière ?)
Constatation et versement du salaire versé au nouvel employé	OUI. La comptabilité enregistre les charges de personnel et les dettes envers le personnel.
Détermination de la productivité des employés	NON. La comptabilité ne constate pas la qualité et la performance des salariés.
Estimation de la part de marché de l'entreprise Biofruits et de ses concurrents	NON. La comptabilité fournit des informations sur les relations de l'entreprise avec son environnement. La part de marché est une information relative à ses concurrents qui n'est pas comptabilisée.
Réception d'un bon de commande pour une livraison d'engrais	NON. Un bon de commande n'est pas une pièce justificative comptable qui conduit à constater des droits et/ou des obligations chiffrées.
Réception, quelques jours plus tard, de la facturation correspondant au bon de commande	OUI. La facture est une pièce justificative comptable qui est comptabilisée.
Détermination du résultat généré par l'activité « fraises » sur le mois	NON. La comptabilité enregistre les charges et les ventes globalement sans distinguer ces dernières en fonction des différentes activités. Cette distinction relève de la comptabilité de gestion.
Prévisions de chiffre d'affaires du mois à venir, en hausse de 7 %	NON. Le montant prévisionnel du chiffre d'affaires correspond à un événement futur favorable qui n'a pas encore eu lieu. L'enregistrement des ventes ne pourra être réalisé qu'à l'émission des factures.

Maîtriser les compétences

4 Définition de la comptabilité

Compétences attendues

- **Distinguer** les différentes dimensions de la comptabilité et **exposer** leurs liens avec la gestion
- **Exposer** les relations de la comptabilité avec l'économie et les branches du droit dont le droit comptable

1. Quel auteur italien a le premier évoqué le principe de la partie double dans un ouvrage publié à Venise à la fin du 15e siècle ?

C'est le moine franciscain Luca Pacioli qui, à Venise, a formalisé et expliqué en profondeur le principe de la partie double dans son traité de mathématiques « *Summa de arithmetica, geometrica, proportioni et proportionalita* » (1494).

2. En quoi, d'après ces définitions et celle donnée au début de ce chapitre, peut-on dire que la comptabilité peut être présentée comme un « savoir » et un « savoir-faire » ?

La comptabilité est un savoir car elle nécessite l'apprentissage de connaissances, et notamment l'assimilation et l'intégration des normes et des méthodes comptables.

La comptabilité est également un savoir-faire car le comptable doit être habile pour mettre en œuvre ses connaissances et son expérience acquise dans la pratique comptable (soit pour déployer son « art de tenir des comptes en règle » de manière à « faciliter la conduite des affaires »).

5 Rôle et utilisateurs de la comptabilité

Compétences attendues

- **Distinguer** les différentes dimensions de la comptabilité et **exposer** leurs liens avec la gestion
- **Exposer** les relations de la comptabilité avec l'économie et les branches du droit dont le droit comptable

1. Présentez le rôle de la comptabilité, tel qu'envisagé par la personne interrogée. Quelles dimensions de la comptabilité sont omises dans cet extrait ?

Pour la personne interrogée, le rôle de la comptabilité est :

- d'être un instrument de contrôle pour l'administration fiscale ;
- d'être un outil d'aide à la décision pour les dirigeants, et notamment pour le directeur financier au travers des reporting.

Cet entretien omet que la comptabilité peut aussi être un instrument de contrôle pour les actionnaires, les salariés et les banques. Il omet qu'elle aide à la décision des banques, des investisseurs, des fournisseurs et des clients. Enfin, la comptabilité est également un moyen de preuve et un instrument de dialogue social.

2. Présentez les différents métiers comptables et les missions associées.

Métiers	Missions
Assistant comptable	Saisie et classement des documents comptables, établissement des fiches de paie, réalisation des déclarations sociales et fiscales.
Comptable	Contrôle et analyse des flux financiers d'une entreprise, élaboration des documents de synthèse.
Directeur comptable	Mise en place du système d'information comptable, supervision des équipes comptables, validation des documents de synthèse, veille des évolutions du droit comptable.
Expert-comptable	Assistance et contrôle dans la réalisation de tous travaux comptables, conseil et assistance à chaque étape de la vie de l'entreprise.
Commissaire aux comptes	Mission légale de vérification de la sincérité et de la conformité des données financières de l'entreprise avec les normes en vigueur.

Préparer l'épreuve

6 Le *codex* romain

Compétences attendues

- **Distinguer** les différentes dimensions de la comptabilité et **exposer** leurs liens avec la gestion
- **Exposer** les relations de la comptabilité avec l'économie et les branches du droit dont le droit comptable

À partir du texte en annexe, recherchez les fonctions assurées par la comptabilité. Indiquez également les moyens permettant de rendre plus sûrs les enregistrements comptables.

Selon le texte, la comptabilité permet :

- d'apporter un moyen de preuve judiciaire attestant de la réalité (ou non) des transactions ;
- de retracer les événements (transactions, mouvements de trésorerie…) de nature économique et financière et ainsi fournir une véritable photographie de la vie économique dans la cité ;
- de permettre au chef de la maison de faire valoir ses droits sur les biens qui lui appartiennent.

Pour rendre plus sûrs les enregistrements comptables, différents moyens sont utilisés :

- les écritures comptables étaient gravées sur des tablettes de bois recouvertes de cire. Toutefois, ces tablettes étaient fragiles (elles pouvaient se briser) et falsifiables (la cire pouvait fondre) ;
- la confection de tablettes dupliquées pour avoir une recopie des opérations ;
- la sollicitation de témoins pour certifier la réalité de la transaction ;
- la précision des références de la transaction sur les tablettes (nom des contractants et des témoins, nature et moyen de règlement, justification de l'opération).

7 Utilisateurs de l'information comptable

Compétence attendue

Distinguer les différentes dimensions de la comptabilité et **exposer** leurs liens avec la gestion

1. Précisez, pour les catégories d'utilisateurs mentionnées, les besoins particuliers qui peuvent être satisfaits par l'information comptable.

Cette réponse est inspirée du tableau réalisé par E. Stamp. Ce dernier précise qu'« il se peut fort bien que certains lecteurs estiment que les besoins de certaines catégories d'utilisateurs sont plus étendus que ce que l'on indique ci-dessous ».

Les nombres de la deuxième colonne du tableau renvoient aux catégories d'utilisateurs énumérées dans le tableau donné dans l'énoncé de l'application.

Besoins d'information	Catégories d'utilisateurs ressentant ces besoins
1. Évaluer les résultats globaux (en termes absolus, par comparaison aux objectifs, par comparaison avec d'autres entreprises).	1 à 15
2. Évaluer la gestion a. rentabilité, résultats globaux, efficience b. protection du patrimoine	 1 à 11 surtout 1, 4, 6, 11, 12, 13
3. Évaluer les perspectives futures en ce qui concerne : a. les profits b. les dividendes et les intérêts c. les investissements et les besoins en capitaux d. l'emploi e. les fournisseurs f. les clients (garanties...) g. les anciens employés	 1 à 11 surtout 1 à 4 surtout 1 à 6, 8 à 14 5, 10, 11, 12 surtout 3, 5 ,11, 12, 14 surtout 7, 9, 11, 12, surtout 5, 10, 11, 12, 13
4. Évaluer la santé et la stabilité financière	1 à 15
5. Évaluer la solvabilité	1 à 15
6. Évaluer la liquidité	1 à 15
7. Évaluer les risques et les incertitudes	1 à 15
8. Faciliter la répartition des ressources pour : a. les actionnaires b. les créanciers c. les pouvoirs publics d. les autres agents du secteur privé	 1, 4, 11, 12, 13, 14 2, 3, 4, 8, 11, 12, 13, 14 11, 12 surtout 4, 9, 12, 13, 14
9. Faire des comparaisons (avec les exercices antérieurs, avec d'autres entreprises, avec l'ensemble du secteur de l'économie)	1 à 15
10. Établir la valeur des capitaux empruntés et des capitaux propres de la société	1 à 4 surtout
11. Évaluer la capacité d'adaptation	1 à 15
12. Vérifier le respect des lois et des règlements	11 à 13 surtout
13. Évaluer la contribution de l'entreprise à la société, à la Nation	11, 12 surtout

2. Indiquez ce qu'il faut entendre par membres de la catégorie « actuels, passés et éventuels ».

Utilisateurs actuels	Parties prenantes qui utilisent actuellement l'information comptable. Toutes les catégories énoncées dans la liste sont concernées.
Utilisateurs passés	Utilisateurs qui ont été en relation avec l'entité par le passé. Il s'agit par exemple des salariés retraités à qui l'entité verse des pensions complémentaires ; ou des anciens clients avec qui l'entité a des litiges.
Utilisateurs éventuels	Futurs partenaires de l'entité. Par exemple, des investisseurs qui deviendront actionnaires de l'entreprise si elle offre des perspectives de rentabilité intéressantes ou encore des établissements financiers qui pourront lui prêter si ses projets paraissent rentables.

CHAPITRE 2 Normalisation et réglementations comptables

Évaluer les savoirs

1 QCM

1. a, b, c. En France, la normalisation comptable dépend de l'ANC (au travers de règlements et avis), de l'OEC, de la CNCC et de l'AMF (qui participent à la construction de la Doctrine). L'AMF (Autorité des marchés financiers) précise l'application de certaines règles comptables ayant trait à l'information publiée par les sociétés cotées en Bourse. Ses avis sont d'application obligatoire pour les sociétés cotées.

2. a, c. La normalisation comptable permet de fournir un langage unique pour une approche partagée de la réalité économique, financière et juridique d'une entité. Elle permet la comparaison entre les entreprises et dans le temps. La normalisation autorise certains choix comptables (par exemple, dans le choix de la méthode de valorisation des stocks). Malgré la normalisation, il demeure inévitablement des choix possibles du fait des normes qui peuvent être interprétées diversement.

3. b. Le recueil des normes comptables (RNC), établi par l'ANC en 2014, est un document unique qui a pour objectif de rassembler l'ensemble des textes comptables émis par les institutions en charge de la normalisation comptable et qui régissent l'établissement des comptes annuels des entreprises industrielles et commerciales. Le RNC intègre le PCG.

4. b, c. Le plan comptable général (PCG) est le document réglementaire qui constitue l'élément principal de la normalisation comptable française. Le PCG n'est pas une simple liste de comptes, mais un ensemble de règles et principes à respecter pour tenir une comptabilité. Le PCG est mis à jour en continu.

5. c. L'information comptable doit être : significative (elle peut influencer le jugement de l'utilisateur) ; fiable (l'utilisateur peut avoir confiance dans l'information comptable car elle est vérifiable, fidèle à la réalité et neutre) ; pertinente (elle permet à l'utilisateur de prendre une décision adaptée) ; intelligible (elle est formulée dans un langage compréhensible par tous les utilisateurs) ; d'un bon rapport avantages/coûts (les avantages obtenus de l'information couvrent au moins le coût engagé pour l'obtenir).

6. a, b. Le principe comptable français du coût historique impose aux entreprises d'évaluer les éléments à la valeur d'entrée dans le patrimoine (coût d'acquisition ou coût de production).

7. b. Le principe comptable de prudence impose qu'en règle générale, il ne sera pas tenu compte des gains qui ne sont pas certains ; en revanche, les pertes probables devront être comptabilisées. Le rattachement des charges et des produits à l'exercice au cours duquel ils ont été engagés correspond au principe d'indépendance des exercices.

❷ Normalisation comptable

1. Quelle est la différence entre la normalisation et l'harmonisation comptable ?

Si l'harmonisation correspond à la seule recherche de compatibilité entre les pratiques comptables, la normalisation a un caractère plus directif : elle impose des pratiques comptables sur un territoire géographique déterminé en produisant des normes.

2. Définissez les normes comptables. Quelles sont les normes comptables en vigueur en France ?

Les normes comptables représentent des obligations plus ou moins contraignantes imposées aux pratiques comptables.

Les normes comptables en vigueur en France sont celles énoncées par le recueil des normes comptables (RNC) établi par l'ANC.

3. Quelles sont les principales raisons d'être de la normalisation comptable ?

Les principales raisons d'être de la normalisation comptable sont de :

- répondre aux besoins de qualité, de transparence et de compréhension des comptes par les utilisateurs ;
- harmoniser les pratiques comptables et permettre ainsi les comparaisons entre entreprises dans un cadre national ou international.

❸ ANC

1. Qui est le président de l'Autorité des normes comptables ?

Le président de l'ANC est Patrick de Cambourg.

Nous vous conseillons de vous tenir informé des actualités de l'ANC.

2. Rappelez le contenu du recueil des normes comptables françaises publié par l'ANC et ses objectifs.

Le recueil des normes comptables contient les cinq livres suivants :

- **Principes généraux applicables aux différents postes des documents de synthèse.**
- Modalités particulières d'application des principes généraux.
- Modèles de comptes annuels.
- Tenue, structure et fonctionnement des comptes.
- Adaptation du PCG.

Il a pour objectif de rassembler l'ensemble des textes comptables émis par les institutions en charge de la normalisation comptable et qui régissent l'établissement des comptes annuels des entreprises industrielles et commerciales.

3. Indiquez par qui et pourquoi les règlements de l'ANC doivent être homologués.

L'ANC relève du ministère de l'Économie. Les règlements de l'ANC doivent être homologués par le ministre chargé de l'économie, après avis du garde des Sceaux, ministre de la Justice, et du ministre chargé du Budget. L'homologation donne une force obligatoire aux règlements après publication au *Journal Officiel*.

Maîtriser les compétences

4 Les principes comptables

Compétence attendue

Expliquer le rôle du recueil des normes comptables

Pour chaque élément de texte extrait des normes comptables nationales ou internationales et présenté ci-dessous, indiquez quel principe comptable est concerné.

Élément de texte extrait des normes comptables	Principe comptable
Le bilan d'ouverture d'un exercice doit correspondre au bilan de clôture de l'exercice précédent.	Intangibilité du bilan d'ouverture
Les états financiers doivent être établis sur une base de continuité d'exploitation, sauf si la direction a l'intention, ou n'a pas d'autre solution réaliste, que de liquider l'entité ou de cesser son activité.	Continuité de l'activité
La comptabilité est conforme aux règles et procédures en vigueur qui sont appliquées avec sincérité afin de traduire la connaissance que les responsables de l'établissement des comptes ont de la réalité et de l'importance relative des événements enregistrés.	Régularité, sincérité
Les éléments d'actif et de passif doivent être évalués séparément. Aucune compensation ne peut être opérée entre les postes d'actif et de passif du bilan ou entre les postes de charges et de produits du compte de résultat.	Non-compensation
À moins qu'un changement exceptionnel n'intervienne dans la situation du commerçant, personne physique ou morale, la présentation des comptes annuels comme des méthodes d'évaluation retenues ne peuvent être modifiées d'un exercice à l'autre. Si des modifications interviennent, elles sont décrites et justifiées dans l'annexe.	Permanence des méthodes
Il doit être tenu compte des risques et des pertes intervenues au cours de l'exercice ou d'un exercice antérieur, même s'ils sont connus entre la date de clôture de l'exercice et celle de l'établissement des comptes.	Prudence
Les états financiers doivent être présentés au minimum une fois par an. Elle doit contrôler par inventaire, au moins une fois tous les douze mois, l'existence et la valeur des éléments actifs et passifs du patrimoine de l'entreprise.	Indépendance des exercices

Préparer l'épreuve

5 La normalisation comptable française

Compétences attendues

- **Identifier** et **hiérarchiser** les sources de la réglementation comptable
- **Justifier** l'intérêt de la normalisation comptable

1. Rappelez les sources législatives et réglementaires du droit comptable français.

Les sources comptables européennes	Directives et règlements, portant par exemple sur les comptes sociaux et consolidés, leur contrôle, les mesures de simplification pour les petites entreprises, etc.
Le Code de commerce	Il impacte fortement les modalités d'établissement des comptes annuels. Les articles L. 123-12 à L. 123-28 du Code de commerce codifient les obligations comptables des commerçants.
L'Autorité des normes comptables (ANC)	L'ANC est un organisme de normalisation comptable français, qui traduit les prescriptions sous forme de règlements et donne un avis sur les lois et règlements comptables, etc.

2. Indiquez les objectifs de la simplification des obligations comptables prévues par l'avis n° 2014-01 du 14 janvier 2014 en annexe.

Les objectifs de la simplification des obligations comptables consistent à :

- alléger les obligations comptables des micro-entreprises et des petites entreprises, obligations qui sont chronophages et coûteuses ;
- permettre une plus grande confidentialité des informations comptables des micro-entreprises en permettant que ces informations ne soient pas communiquées aux tiers ;
- simplifier la présentation des comptes annuels pour les petites entreprises ;
- et au final, grâce à cette simplification et cette limitation dans la publicité des comptes, inciter ces entreprises à respecter leur obligation de déposer ces comptes au Greffe afin d'assurer une plus grande sécurité économique et juridique aux parties prenantes.

6 Entreprise Icardo

Compétences attendues

- **Identifier et hiérarchiser** les sources de la réglementation comptable
- **Expliquer** le rôle du recueil des normes comptables

Dans la mesure où votre entreprise est française et présente des comptes individuels (et non des comptes consolidés), vous n'avez pas le choix : vous devez appliquer les normes françaises et non les normes internationales IFRS (dont une partie toutefois a été transposée en droit français). À ce titre :

1. En vertu du **principe de prudence**, il est interdit d'enregistrer dans le prochain bilan la plus-value potentielle (ou valeur actuelle) du local.
2. En vertu du **principe d'indépendance des exercices**, les charges engagées sur l'exercice qui concernent l'exercice suivant doivent être neutralisées sur le résultat de l'exercice en cours. Des écritures de régularisation (opérations d'inventaire) doivent être enregistrées.
3. En vertu du **principe de permanence des méthodes**, il est interdit de changer de méthode d'évaluation des stocks de manière à ne pas présenter un résultat trop faible pour l'exercice. Un changement de méthode est autorisé à titre exceptionnel et justifié que s'il apporte une meilleure information, ce qui ne semble pas être le cas ici.

❶ Délimitation de la comptabilité

1. Illustrez par un exemple l'influence du droit fiscal et du droit du travail sur la comptabilité.

Exemples de mesures relevant du droit fiscal et impactant les enregistrements comptables :
- mesures relatives à la TVA (taux de TVA, exonérations) ;
- mesures relatives à l'impôt sur les sociétés (calcul du résultat fiscal, taux d'impôt).

Exemples de mesures relevant du droit du travail et impactant les enregistrements comptables :
- mesures relatives au calcul du salaire net à payer (assiettes et taux des cotisations salariales, taux de prélèvement de l'impôt à la source) ;
- mesures relatives au calcul des charges liées à la paie (assiettes et taux des cotisations patronales).

2. Précisez les opérations économiques qui sont étudiées par la comptabilité.

Les opérations économiques étudiées par la comptabilité sont des opérations monétaires qui ont un impact sur le patrimoine et le résultat de l'entité. Il s'agit d'opérations relatives à la production, à l'investissement, à la distribution, à la consommation… Ces opérations portent sur des biens et services, du travail, des capitaux, des actifs financiers.

3. Argumentez sur l'utilité que présente la comptabilité financière pour ce chef d'entreprise.

Pour le chef d'entreprise, la comptabilité financière constitue :
- un outil d'aide à la décision dans la mesure où elle lui permet d'apprécier les conséquences de ses décisions de gestion (en termes d'approvisionnement, d'investissement, de financement…) sur le résultat et le patrimoine de son entreprise ;
- un moyen de preuve qu'il peut utiliser en justice si elle a été régulièrement tenue ;
- un instrument de dialogue social permettant de communiquer en interne (par exemple auprès des salariés et syndicats) et en externe (par exemple auprès des actionnaires et prêteurs).

4. Expliquez que le PCG ne se limite pas à cette liste des comptes et ne date pas seulement de 2019 (date mentionnée sur cette liste).

Le PCG ne se limite pas à cette liste des comptes mais reprend l'ensemble des règles et des principes à respecter pour tenir une comptabilité.

Sa création date de 1947 et il a connu des modifications significatives notamment en 1957, en 1982, en 1999 et en 2014. Le PCG est par ailleurs régulièrement mis à jour afin de tenir compte des modifications relatives aux normes internationales (IFRS) et pour être en adéquation avec l'évolution de la comptabilité et de la fiscalité. Sa mise à jour est promulguée par arrêté ministériel après étude du texte préconisé par l'ANC.

5. Énoncez les missions de l'ANC dans le processus de normalisation comptable.

Dans le processus de normalisation comptable (soit de production de normes comptables), l'ANC est chargée :
- d'établir sous forme de règlements les prescriptions comptables générales et sectorielles ;

– de donner un avis sur toute disposition législative ou réglementaire contenant des mesures de nature comptable ;
– d'émettre des avis et prises de position dans le cadre de la procédure d'élaboration des normes comptables internationales ;
– de veiller à la coordination et à la synthèse des travaux théoriques et méthodologiques comptables et proposer des mesures dans ces domaines.

2 Des opérations économiques à une traduction comptable

1. Identifiez et justifiez les opérations à comptabiliser par l'entreprise Juge au cours de l'exercice N.

Date	Comptabilisation au cours de l'exercice N ?	Justifications
15/12/N–1	Non	Opération déjà enregistrée dans les comptes de l'exercice N–1
20/12/N–1	Non	Opération déjà enregistrée dans les comptes de l'exercice N–1
22/12/N–1	Oui	Opération courante enregistrée à la facturation qui est réalisée en N
15/01/N	Oui	Si l'engagement de la vente est enregistré en N–1, son paiement est enregistré en N
20/01/N	Oui	Paiement réalisé en N
12/02/N	Non	L'embauche n'est pas enregistrée en tant que telle : c'est le paiement de son salaire qui sera enregistré
28/02/N	Oui	Opération courante enregistrée en N
15/03/N	Non	La valeur d'entrée (coût d'acquisition) du bâtiment doit demeurer au bilan
21/03/N	Oui	Opération enregistrée en N à son coût de production.
31/03/N	Non	Cette donnée n'est pas traitée par la comptabilité financière
12/04/N	Oui	Opération courante enregistrée à la facturation en N
13/04/N	Non	Cette donnée n'est pas traitée par la comptabilité financière
17/04/N	Oui	Opération courante de règlement enregistrée en N
05/05/N	Non	Cette donnée n'est pas traitée par la comptabilité financière
18/12/N	Oui	Enregistrement des pertes probables futures
20/12/N	Non	Les événements futurs favorables ne sont pas pris en compte
21/12/N	Non	Cette donnée n'est pas traitée par la comptabilité financière
28/12/N	Oui	Opération courante enregistrée en N
05/01/N+1	Non	Enregistrement à effectuer au cours de l'exercice N+1 sauf si l'entreprise est informée dès l'exercice N du retour

2. Énumérez les principes comptables sous-jacents au choix des opérations à comptabiliser.

L'entreprise Juge traduit comptablement les informations précédentes dans sa comptabilité de l'exercice N :

- Si elles concernent effectivement l'exercice N : principe d'indépendance des exercices.
- Si elles traduisent des événements futurs défavorables (et non favorables) conduisant à une charge future probable : principe de prudence.
- Si elles conduisent à évaluer des éléments à la valeur d'entrée dans le patrimoine : principe des coûts historiques.

3. Présentez les avantages et les inconvénients de ces principes.

Le tableau suivant présente les avantages et les inconvénients de ces principes et règles :

Principes comptables	Avantages	Inconvénients
Principe d'indépendance des exercices	• Permet d'apprécier l'état de l'entreprise à un moment adéquat • Possibilité de comparabilité entre exercices	• Découpage artificiel en exercices qui ne correspondent pas à une réalité économique • Choix de la date de clôture discutable • Lourdeur administrative et travaux comptables nombreux pour respecter ce principe
Principe de prudence	Appréciation prudente de la valeur de l'entreprise (vision patrimoniale : la valeur de l'entreprise est ce qu'elle est ou ce qu'elle risque de ne pas être)	Asymétrie de la prise en compte des événements futurs affectant la valeur de l'entreprise
Principe des coûts historiques	• Simplicité (facilité de mise en œuvre) • Objectivité et sécurité (car ce coût est fondé sur une transaction dans le cas d'acquisition à titre onéreux) • Respect du principe de prudence (les éventuelles plus-values non enregistrées ne peuvent pas être distribuées aux associés)	• Manque de pertinence et d'attractivité (la valeur actuelle réelle des biens n'apparaît pas au bilan, ce qui peut décourager les investisseurs) • Hétérogénéité des comptes : les éléments d'actif et de passif entrent dans le patrimoine à des dates différentes (distorsion accrue en cas de modification de la valeur de la monnaie)

4. Précisez si des opérations non comptabilisées relèvent d'autres outils de gestion que la comptabilité financière.

- L'opération du 21/12/N consiste en une décomposition du résultat par produits qui est réalisée par la comptabilité analytique ou comptabilité de gestion.
- L'opération du 13/03/N consiste à réaliser un budget prévisionnel d'une nouvelle activité qui est du ressort de la comptabilité budgétaire.

5. Repérez les différents utilisateurs potentiels de la comptabilité mentionnés dans ces opérations.

Les différents utilisateurs potentiels de la comptabilité mentionnés sont :

- les clients (coopérative du village Poket, coopérative Bayard) ;
- les fournisseurs (Alphonse, Zenatti) ;
- les prêteurs (Banque populaire) ;
- les employés ;
- les concurrents.

CHAPITRE 3 Mécanismes de la technique comptable

Évaluer les savoirs

1 QCM

1. a, b, c. Par définition, les flux sont les transferts de monnaie, de biens ou de services entre agents économiques, effectués au cours d'une période. Ils peuvent être physiques ou réels, monétaires ou financiers : les flux physiques ou réels retranscrivent des échanges physiques de biens ou services, les flux monétaires sont la contrepartie monétaire des flux physiques correspondant à leurs règlements et les flux financiers correspondent à des entrées ou sorties d'argent qui ne sont pas la contrepartie d'un échange physique. Les flux peuvent aussi être internes ou externes à l'entreprise. Les flux internes sont les flux de matières subissant des transformations au sein même de l'entreprise. Ils sont réalisés sans le concours de tiers, c'est-à-dire sans faire appel à des personnes extérieures à l'entreprise. Les flux externes à l'entreprise sont les flux associés à l'approvisionnement des matières premières, de fournitures, de composants ou de services et à la livraison des produits et services aux clients. Ils sont réalisés avec le concours de tiers.

2. a, d. La tenue d'une comptabilité se focalise sur les flux affectant un partenaire. Les flux externes concernent différentes comptabilités. Les opérations correspondantes sont comptabilisées dans les différentes comptabilités mais de façon inverse : c'est la réciprocité des comptes (ce qui est un achat pour un client est une vente pour un fournisseur, par exemple).

3. a, b, c. Un enregistrement se caractérise *a minima* par un emploi et une ressource donc par deux montants au moins ; plusieurs emplois et ressources peuvent être associés à un flux (ex. : paiement pour une partie comptant et une partie avec un délai de règlement). Un enregistrement doit être justifié par une pièce justificative. Tout flux ou stock est enregistré pour une date donnée (ex. : facture d'achat du .../N, inventaire du .../N). Dans la comptabilité d'engagement, les opérations sont enregistrées lors de leur réalisation, indépendamment de leur date de règlement. Dans le cadre du DCG 9, nous ne considérerons que la comptabilité d'engagement (pas la comptabilité de caisse ou trésorerie).

4. a, b. L'emploi est également désigné à travers la notion de débit. Il correspond à la destination du flux, contrairement au crédit qui correspond à la ressource.

5. a. Le principe de la partie double consiste à enregistrer, pour chaque opération, à la fois l'emploi et la ressource associée. Chaque flux donne lieu à un double enregistrement : tout emploi est financé par une ressource et, inversement, toute ressource finance un emploi ; pour chaque opération, les emplois sont égaux aux ressources.

6. b. Les emplois et les ressources sont enregistrés pour chaque opération (principe de la partie double). Ce n'est pas la réciprocité des comptes qui correspond au fait qu'une opération affecte différentes comptabilités pour les mêmes montants de façon inverse.

❷ Un flux peut en cacher un autre

Décryptage

L'analyse d'un flux consiste à étudier globalement l'opération entre l'entreprise et son fournisseur ou client. Le flux n'est pas simplement l'échange de marchandises. Il est constitué à la fois de l'échange de marchandises et de la dette ou de la créance selon l'opération.

Un flux a une nature (réel, monétaire, financier) et une origine (interne, externe). Il est conseillé, dans un premier temps, de bien décrypter les flux pour pouvoir mieux définir les emplois et ressources associés.

1. Pour chacun des flux schématisés, définissez sa nature (flux réel, monétaire ou financier), son origine (externe ou interne), son emploi et sa ressource.

Nous analysons les flux du point de vue de l'entreprise Josué.

- Flux Josué → Rémi
  - Nature : flux réel
  - Origine : flux externe
  - Emploi : achat de marchandises
  - Ressource : dette fournisseur
- Flux Josué → Camille
  - Nature : flux réel
  - Origine : flux externe
  - Emploi : créance
  - Ressource : vente de marchandises

2. Définissez les stocks impactés par ces échanges.

Les stocks désignent la quantité de monnaie ou de biens à une date donnée. Sont donc modifiés par l'opération d'achats à crédit :

- le montant des stocks de marchandises ;
- le montant des dettes fournisseurs.

Sont également modifiés par l'opération de ventes à crédit :

- le montant des stocks de marchandises ;
- le montant des créances clients.

❸ Faites vos comptes !

Enregistrez ces opérations dans les comptes en T « 601. Achats de matières premières », « 701. Ventes de produits finis », « 512. Banques », « 164. Emprunt auprès des établissements de crédit », « 401. Fournisseur ». Indiquez les soldes associés.

Décryptage

Enregistrer une opération, c'est définir pour celle-ci les emplois et les ressources associés au flux.

Pour chaque enregistrement, il faut toujours déterminer *a minima* un emploi et une ressource. La phrase suivante peut vous aider à les repérer : « Grâce à… (ressource), l'entreprise a pu… (emploi). »

- Achats de matières premières à crédit (5 000 €) :
  - emplois : achats de matières premières
  - ressources : dette fournisseur
- Ventes de produits finis au comptant (20 000 €) :
  - emplois : banques
  - ressources : ventes de produits finis
- Octroi d'un emprunt d'un établissement bancaire (10 000 €) :
  - emplois : banques
  - ressources : emprunt

Le solde est la différence entre la somme des mouvements débités et crédités. Si débit > crédit, le solde est débiteur. Inversement, si crédit > débit, le solde est créditeur.

601. Achats de matières premières

5 000	

Solde débiteur : 5 000

701. Ventes de produits finis

	20 000

Solde créditeur : 20 000

512. Banques

20 000	
10 000	

Solde débiteur : 30 000

164. Emprunt auprès des établissements de crédits

	10 000

Solde créditeur : 10 000

401. Fournisseur

	5 000

Solde créditeur : 5 000

Maîtriser les compétences

4 Lariviero

Compétence attendue

Exposer et **justifier** les mécanismes constitutifs de la technique comptable : **caractériser** un flux • **raisonner** en partie double

1. Pour chacun des documents, représentez graphiquement les flux associés pour l'entreprise Lariviero.

NOTRE CONSEIL

Attention à bien examiner les opérations du point de vue de l'entreprise Lariviero.

- Chèque n° 1234567890, le 01/12/N, 1 200 € pour le loyer du magasin

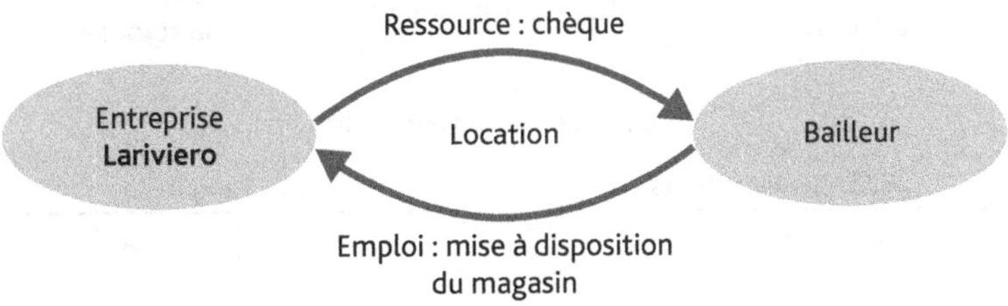

	613. Location			512. Banque	
01/12/N	1 200			1 200	01/12/N

- Chèque n° 1234567891, le 02/12/N, 18 000 € pour l'achat d'une camionnette

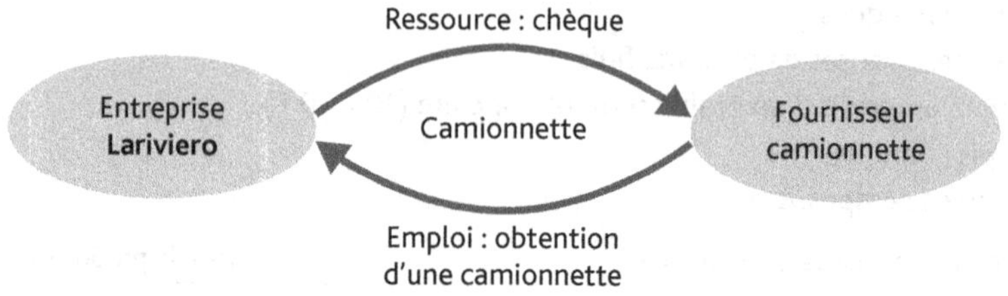

	218. Matériel de transport			512. Banque	
02/12/N	18 000			18 000	02/12/N

Remarque : si la facture d'achat de la camionnette a déjà été enregistrée, il convient d'enregistrer ce règlement et non l'achat de la camionnette (il y a normalement 2 pièces à enregistrer : la facture d'achat et le chèque). L'enregistrement à effectuer est alors le suivant :

	404. Dette fournisseur d'immobilisation			512. Banque	
02/12/N	18 000			18 000	02/12/N

Dans le cadre de cet exercice, nous simplifions et supposons que le flux réel n'a pas été enregistré. Nous enregistrons conjointement l'opération réelle et son règlement.

- Chèque n° 1234567892, le 02/12/N, 80 € pour le paiement d'un plein de gazole

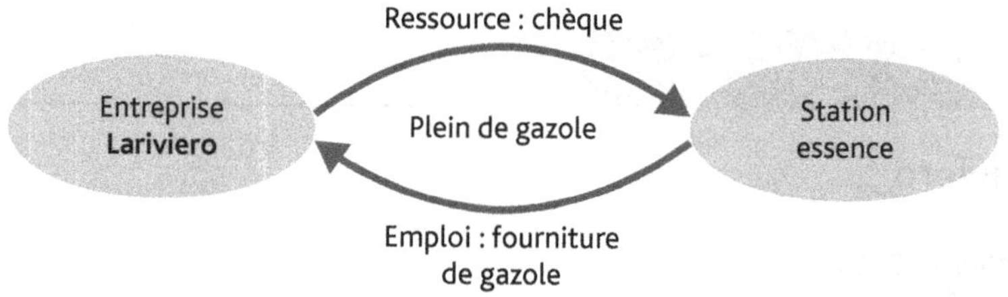

	606. Achats non stockés			512. Banque	
02/12/N	80			80	02/12/N

- Ticket de péage, le 02/12/N, 8 €

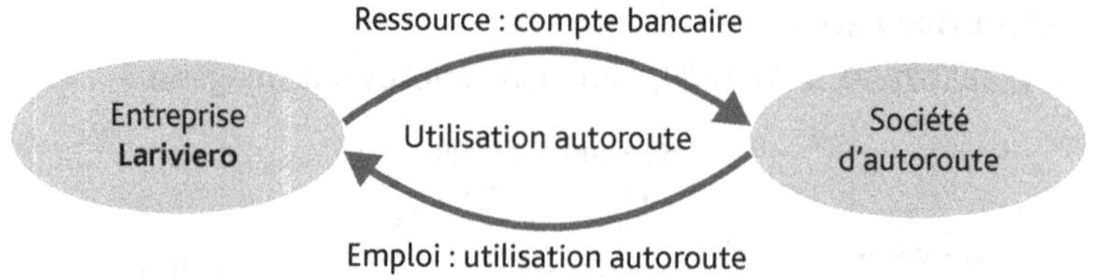

	625. Déplacements			512. Banque	
02/12/N	8			8	02/12/N

- Ticket de caisse, le 03/12/N, 200 € pour l'achat de tuyaux de cuivre

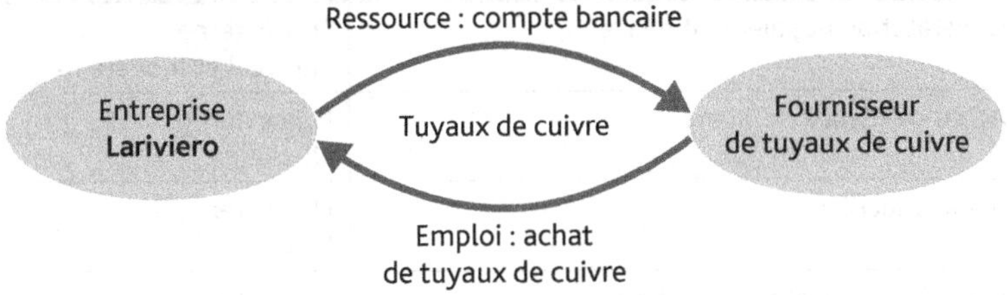

	601. Achat de fournitures		512. Banque		
03/12/N	200			200	03/12/N

- Facture de l'établissement DILA

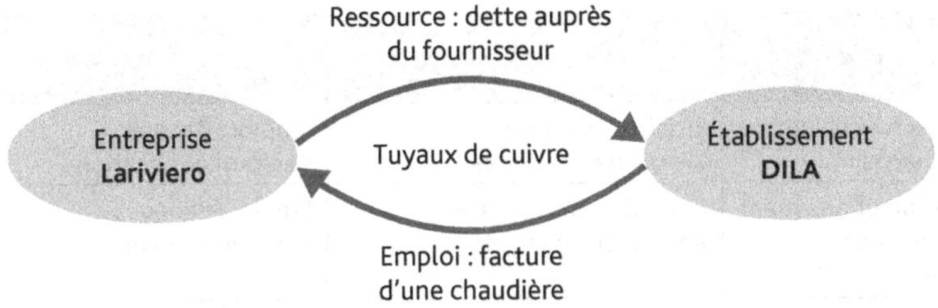

	601. Achat de fournitures		401. Dette fournisseur DILA		
03/12/N	800			800	03/12/N

- Facture à l'établissement DURINOI

	411. Créance DURINOI		706. Prestations de services		
03/12/N	3 200			3 200	03/12/N

2. Précisez la nature de chaque flux.

Opération	Nature du flux
Constatation et paiement loyer du magasin	Flux externe Flux réel et monétaire
Constatation et paiement acquisition d'une camionnette	Flux externe Flux réel et monétaire
Constatation et paiement de carburant	Flux externe Flux réel et monétaire

Opération	Nature du flux
Constatation et paiement péage	Flux externe Flux réel et monétaire
Achat de tuyaux de cuivre	Flux externe Flux réel
Achat chaudière	Flux externe Flux réel
Pose chauffage et vente radiateurs	Flux externe Flux réel

Pour les comptes réciproques, ce qui est un emploi pour une entreprise est une ressource pour l'autre et inversement

3. Identifiez, pour chaque opération, la réciprocité des comptes en spécifiant le flux à considérer selon le point de vue des partenaires.

Opération	Comptabilisation dans l'entreprise	Comptabilisation dans l'entreprise partenaire en miroir
Constatation et paiement loyer du magasin	Emploi : Location Ressource : Banques	Emploi : Banque Ressource : Location
Constatation et paiement acquisition d'une camionnette	Emploi : Camionnette Ressource : Banques	Emploi : Banques Ressource : Vente
Constatation et paiement de carburant	Emploi : carburant Ressource : Banques	Emploi : Banques Ressource : Vente
Constatation et paiement péage	Emploi : Frais déplacement Ressource : Banques	Emploi : Banques Ressource : Prestation
Achat de tuyaux de cuivre	Emploi : Achat matières premières Ressource : Banques	Emploi : Banques Ressource : Vente de marchandises
Achat chaudière	Emploi : Achat marchandises Ressource : Banques	Emploi : Banques Ressource : Vente de marchandises
Pose chauffage et vente radiateurs	Emploi : Banques Ressource : Vente de marchandises et prestation	Emploi : Achat marchandises et installation Ressource : Banques

5 Rémi Design

Compétence attendue

Exposer et **justifier** les mécanismes constitutifs de la technique comptable : **enregistrer** des opérations simples • **raisonner** en partie double

1. Définissez les différentes comptabilités impactées par les opérations.

Cinq comptabilités sont concernées par les transactions envisagées :

- l'entreprise de monsieur Rémi ;
- la Banque Populaire ;
- la Société Générale ;
- les comptes personnels de monsieur Rémi ;
- le fournisseur d'ordinateurs.

2. Indiquez les enregistrements à réaliser pour chacune des comptabilités. Représentez-les graphiquement.

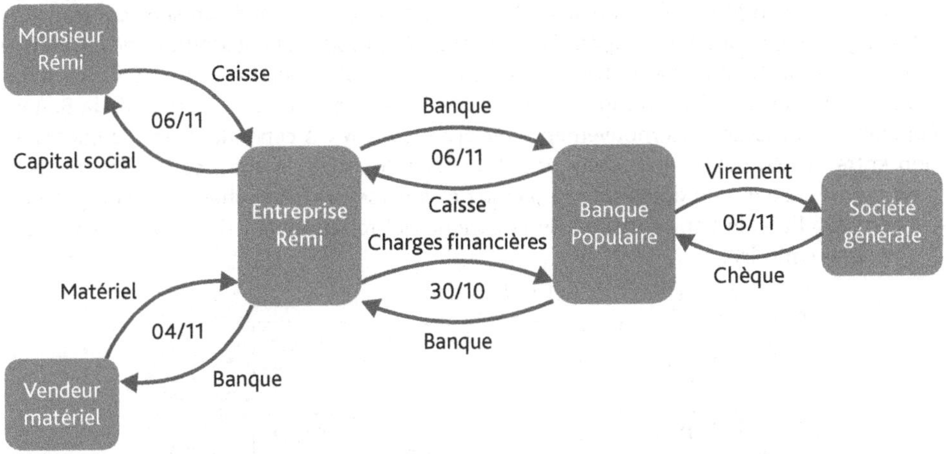

3. Mettez en évidence les opérations réciproques. Précisez les soldes des comptes.

Comptabilisation dans l'entreprise Rémi	Comptabilisation dans l'entreprise partenaire en miroir
Ce qui est un apport et un encaissement d'espèces pour la société	Est un investissement et un décaissement pour Monsieur Rémi
Ce qui est un prélèvement d'espèces viré sur le compte bancaire pour la société	Est un encaissement pour la banque
Ce qui est une acquisition d'un matériel réglé par la société	Est une vente encaissée par le vendeur du matériel
Ce qui est un règlement de frais de gestion bancaire pour la société	Est l'encaissement de produits pour la banque

101. Capital

	10 000

Solde créditeur : 10 000

53. Caisse

10 000	7 000

Solde débiteur : 3 000

512. Banques

7 000	1 000 50

Solde débiteur : 5 950

2. Matériel

1 000	

Solde débiteur : 1 000

627. Services bancaires

50	

Solde débiteur : 50

NOTRE CONSEIL

Pour éliminer la confusion fréquente entre débit et crédit, pensez bien à ce cas de figure et réfléchissez au point de vue adopté. Examinez-vous les flux selon le point de vue de l'entreprise ou de la banque ?

4. Pourquoi peut-on penser que la comptabilité des banques inverse les notions de débit et de crédit ?

Lorsque deux comptabilités enregistrent une même opération mais en sens contraire, on dit qu'il y a réciprocité des comptes. Les comptes réciproques enregistrent donc les mêmes opérations mais fonctionnent en sens contraire : leurs soldes sont d'un montant identique mais de sens opposé. Par exemple, les comptes de l'entreprise Rémi et ceux de la Banque Populaire connaissent des mouvements réciproques. Il n'y a cependant pas de contradiction entre ces comptes, mais juste une différence de point de vue : ce qui est un crédit pour l'entreprise est un débit pour la banque et inversement. Le schéma suivant présente les comptabilités de l'entreprise et de la banque qui fonctionnent de manière réciproque (comptes en miroir) :

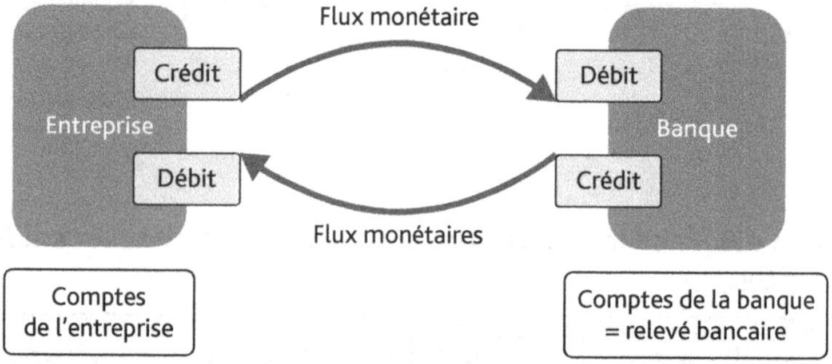

Préparer l'épreuve

6 Romera

Compétence attendue

Exposer et **justifier** les mécanismes constitutifs de la technique comptable : **caractériser** un flux • **enregistrer** des opérations simples • **raisonner** en partie double • **établir** un solde

1. À partir des informations fournies, complétez le tableau ci-après.

Données	Flux	Emploi	Ressource	Compte débité		Compte crédité	
				Compte de bilan	Compte de gestion	Compte de bilan	Compte de gestion
1	Flux externe financier	Obtention de matériels informatiques	Apport de l'associé	218. Matériel informatique		101. Capital	
2	Flux externe financier	Obtention de liquidités	Dette auprès de la banque	512. Banque		164. Emprunt bancaire	

Données	Flux	Emploi	Ressource	Compte débité		Compte crédité	
				Compte de bilan	Compte de gestion	Compte de bilan	Compte de gestion
3	Flux externe réel et monétaire	Achat de marchandises	Banque et dettes fournisseurs		607. Achat de marchandises	512. Banque 401. Fournisseurs	
4	Flux interne réel	Obtention d'un progiciel	Banque	205. Logiciel		512. Banque	
5	Flux externe réel	Imposition	Dette auprès de l'État	631. Impôts et taxes		44. État	
6	Flux externe monétaire	Recouvrement de la dette fournisseur	Banque	401. Fournisseurs		512. Banque	
7	Flux réel externe	Obtention d'une créance client	Vente de marchandises	411. Créance clients			707. Vente de marchandises
8	Flux monétaire externe	Règlement d'une créance client	Recouvrement d'une créance client	512. Banque		411. Créance client	
9	Flux financier interne	Obtention de liquidités	Compte bancaire	531. Caisse		512. Banque	
10	Flux monétaire externe	Recouvrement de la facture de téléphone	Compte bancaire		626. Frais de télécommunication	512. Banque	
11	Flux monétaire externe	Achat de timbres fiscaux	Espèces		635. Autres impôts	512. Banque	
12	Aucun enregistrement comptable à effectuer Le bon de commande n'est pas une pièce comptable						
13	Flux réel	Acquisition d'une camionnette	Dette auprès du fournisseur	2182. Matériel de transport			401. Fournisseur

Données	Flux	Emploi	Ressource	Compte débité		Compte crédité	
				Compte de bilan	Compte de gestion	Compte de bilan	Compte de gestion
14	Flux externe réel et monétaire	Constatation et règlements salariés	Compte bancaire		64. Charges de personnel	512. Banque	
15	Flux financier	Remboursement emprunt	Compte bancaire	164. Emprunt bancaire		512. Banque	
16	Flux financier	Charges intérêt	Compte bancaire		661. Charges intérêt	512. Banque	
17	Flux externe réel	Achat d'une photocopieuse	Dette auprès du fournisseur (attention : crédit ne signifie pas appel à un crédit bancaire, mais règlement non comptant au fournisseur)	218. Matériel informatique		404. Dette fournisseur d'immobilisation	
18	Flux externe monétaire	Versement d'un pourboire	Espèce		622. Rémunérations d'intermédiaires	531. Caisse	
19	Aucun enregistrement comptable à effectuer						
20	Flux externe réel et monétaire	Repas d'affaires	Espèce		622. Rémunérations d'intermédiaires	531. Caisse	

2. Présentez tous les comptes nécessaires aux enregistrements des opérations de l'entreprise Romera. Détaillez, pour chacun d'eux, les mouvements au débit et au crédit et leurs soldes une fois ces opérations enregistrées. Supposez que les soldes sont nuls avant l'enregistrement des opérations.

Le tableau suivant synthétise les comptes mouvementés par les différentes opérations (dont les numéros sont entre parenthèses) pour en déduire le solde (balance).

Comptes	Débit	Crédit	Solde	
			Débiteur	Créditeur
101		10 000 (1)		10 000
164	2 000 (15)	50 000 (2)		48 000
205	4 000 (4)		4 000	
218	10 000 (1) 5 000 (17)		15 000	
2182	8 000 (13)		8 000	
401	1 000 (6)	1 000 (3) 8 000 (13)		8 000
404		5 000 (17)		5 000
411	10 000 (7)	10 000 (8)		
44		500 (5)		500
512	50 000 (2) 10 000 (8)	1 000 (3) 4 000 (4) 1 000 (6) 2 000 (9) 300 (10) 35 (11) 12 000 (14) 2 000 (15) 300 (16)	37 365	
531	2 000 (9)	50 (18) 300 (20)	1 650	
607	2 000 (3)		2 000	
622	50 (18) 300 (20)		350	
626	300 (10)		300	
631	500 (5)		500	
635	35 (11)		35	
64	12 000 (14)		12 000	
661	300 (16)		300	
707		10 000 (7)		10 000

7 Laborie & Co.

Compétence attendue

Exposer et **justifier** les mécanismes constitutifs de la technique comptable : **enregistrer** des opérations simples • **raisonner** en partie double • **établir** un solde

1. L'activité de l'entreprise peut-elle constituer des flux comptables ? Si oui, de quelle nature ?

Un flux est constaté lorsqu'il y a des transferts de monnaie, de biens ou de services entre agents économiques, effectués au cours d'une période. L'activité de l'entreprise Laborie se caractérise par des flux réels (production et vente de logiciels) et par des flux monétaires (encaissements et décaissements associés). Même si la production d'un logiciel est réalisée pour le propre compte de l'entreprise, il constitue un flux.

2. Pourquoi est-il intéressant de considérer cette activité dans la comptabilité de l'entreprise ?

Il est intéressant de considérer la production à soi-même (production d'un progiciel pour la gestion de son activité) car la comptabilité permet de retracer l'activité (l'entreprise a produit le progiciel) et la situation patrimoniale (l'entreprise dispose d'un progiciel).

3. Que signifie un solde à nouveau ?

À la réouverture des comptes du bilan, il faut reprendre le solde des comptes existants : c'est le solde à nouveau.

4. Que signifie un solde à nouveau inscrit au débit pour le compte client Cindy ?

Cela signifie qu'à la clôture de l'exercice précédent, le solde du compte client Cindy est débiteur, c'est-à-dire que l'entreprise a encore une créance sur le client Cindy. À la clôture de l'exercice précédent, le client Cindy doit encore 2 000 € à l'entreprise Laborie.

5. Définissez les opérations réalisées par l'entreprise Laborie avec le client Cindy au cours de la période.

Dates	Libellés	Mouvements		Explications
		Débit	Crédit	
01/01/N	Solde à nouveau	2 000,00		Le client doit encore 2 000 €
10/01/N	Chèque n° 234		1 500,00	Le client a payé 1 500 € par chèque
12/01/N	Facture n° 426	4 500,00		Une nouvelle opération de 4 500 € est facturée au client
20/01/N	Facture n° 451	1 300,00		Une nouvelle opération de 1 300 € est facturée au client
21/01/N	Retour marchandises	250,00		Le client retourne des marchandises d'un montant de 250 €
25/01/N	Pénalités retard		200,00	L'entreprise facture des pénalités de retard au client d'un montant de 200 €

6. Indiquez si Laborie doit de l'argent à son client Cindy ou si, inversement, Cindy doit de l'argent à l'entreprise Laborie.

Dates	Libellés	Mouvements		Soldes	
		Débit	Débit	Débiteur	Créditeur
01/01/N	Solde à nouveau	2 000,00		2 000,00	
10/01/N	Chèque n° 234		1 500,00	500,00	
12/01/N	Facture n° 426	4 500,00		5 000,00	
20/01/N	Facture n° 451	1 300,00		6 300,00	
21/01/N	Retour marchandises		250,00	6 050,00	
25/01/N	Pénalités retard	200,00		6 250,00	

Au 25/01/N, le client Cindy doit 6 250 € à l'entreprise Laborie.

CHAPITRE 4

Organisation comptable

Évaluer les savoirs

1 Quiz

1. Faux. Le patrimoine est modifié dans sa constitution, mais pas dans sa valeur, car l'entreprise dispose d'une immobilisation en plus, mais aussi d'un passif en plus. Variation patrimoine = Actif supplémentaire – Passif supplémentaire = 0.

2. Faux. Le patrimoine est modifié dans sa constitution mais pas dans sa valeur, car l'entreprise dispose d'un actif en moins (diminution disponibilité), mais aussi d'un passif en moins (dette fournisseur). Variation patrimoine = Variation actif – Variation passif = 0.

3. Vrai. Le passif correspond aux ressources constituées des fonds propres et dettes.

4. Vrai. Il s'agit d'une obligation de l'entité à l'égard d'un tiers dont il est probable ou certain qu'elle provoquera une sortie des ressources au bénéfice de ce tiers, sans contrepartie au moins équivalente attendue de celui-ci.

5. Vrai. Le journal (ou livre-journal) est un document comptable obligatoire dans lequel sont enregistrées individuellement, quotidiennement et chronologiquement toutes les opérations de l'entreprise.

6. Vrai. Le livre-journal et le grand-journal sont des documents obligatoires.

7. Vrai. La balance est un document non obligatoire qui récapitule les mouvements et les soldes de tous les comptes du grand livre au cours d'une période donnée.

8. Vrai. Dans la comptabilité d'engagement, les opérations sont enregistrées lors de leur réalisation, indépendamment de leur date de règlement.

9. Faux. En comptabilité de trésorerie, les enregistrements ne considèrent que les opérations donnant lieu à un règlement. La comptabilité de caisse n'informe donc pas sur le montant à régler ou à percevoir.

10. Vrai. Les entreprises sont tenues à l'obligation minimale d'un inventaire tous les douze mois, réalisé en général à la date de la clôture comptable.

2 Le bilan, une histoire de classement

Placez les comptes listés dans le bilan ci-après.

Actif = Passif
Actif = Actif immobilisé + Actif circulant
Passif = Capitaux propres + Dettes

Décryptage

Dans le cadre de cet exercice, il n'est pas nécessaire de faire de calculs et de déterminer des soldes, mais de bien connaître les catégories du bilan et de positionner les différents éléments dans les bonnes rubriques. Si votre classement est juste, vous devez avoir l'équilibre entre les actifs et les passifs.

Bilan au [date de fin]			
Actif		**Passif**	
Actif immobilisé Fonds commercial	 10 000	**Capitaux propres** Capital social Bénéfice	 5 000 14 000
Actif circulant Clients Banques	 4 500 7 500	**Dettes** Fournisseurs	 3 000
Total	22 000	**Total**	22 000

Maîtriser les compétences

❸ Embal'inov

Compétence attendue

Distinguer les opérations affectant le patrimoine (bilan) de celles affectant l'activité (compte de résultat)

Pour chaque élément, indiquez en justifiant votre réponse s'il s'agit d'un actif, d'un passif, d'une charge ou d'un produit, ou bien si aucun enregistrement comptable n'est à réaliser.

Décryptage

Il n'est pas demandé ici de connaître les numéros de compte et de réaliser les enregistrements, mais de s'entraîner à la gymnastique essentielle de l'enregistrement comptable : comment traduire une opération en terme comptable. Il faut bien assimiler à quoi correspondent un actif, un passif, une charge et un produit. Maîtrisez et intégrez les définitions de ces concepts.

- Souscription d'un emprunt auprès de la banque : l'emprunt est une dette, soit un passif certain dont l'échéance et le montant sont fixés de façon précise. En contrepartie, à l'actif apparaît l'obtention de disponibilités.
- Signature d'un contrat de travail avec un salarié : à ce stade, il n'y a pas de passif à enregistrer (pas de dettes envers le personnel), ni de charges (pas de rémunération à constater).
- Vente de produits d'emballage : la vente est une ressource obtenue de l'activité de l'entreprise, constituant pour elle un enrichissement : c'est un produit.
- Augmentation du capital de la société : elle correspond à un apport des propriétaires de l'entreprise et s'inscrit dans les fonds propres au niveau du passif.
- Paiement des charges d'intérêt sur l'emprunt bancaire : le paiement des charges d'intérêt vient diminuer les disponibilités (actif) et la dette relative aux intérêts envers la banque (passif). L'opération ne consiste pas en la constatation des charges d'intérêts en soi mais à son règlement.

Un actif est un élément identifiable du patrimoine ayant une valeur économique positive pour l'entité.

Un passif est un élément du patrimoine ayant une valeur économique négative pour l'entité.

Une charge est un emploi définitif correspondant à un appauvrissement de l'entreprise.

Un produit est une ressource interne correspondant à un enrichissement de l'entreprise.

- Dépenses de formation du personnel, sur le thème de la sécurité industrielle : les dépenses de formation sont une charge pour l'entreprise (consommations de services réalisées par l'entreprise, constituant pour elle un appauvrissement).
- Réponse à un appel d'offres auprès d'un organisme public de restauration : à ce stade, il n'y a pas de flux donc pas d'enregistrement comptable.
- Prévision de chiffre d'affaires en baisse de 10 % pour le trimestre à venir, après l'émergence d'une concurrence accrue dans le secteur d'activité : il n'y a pas de flux, mais des estimations d'activités futures donc pas d'enregistrement comptable.
- Paiement des salaires au personnel : le paiement des salaires vient diminuer les disponibilités (actif) et la dette envers le personnel (passif). L'opération ne consiste pas en la constatation des salaires en soi, mais à son règlement.

4 Rexam

Compétence attendue

Décrire le processus d'enregistrement des opérations comptables, depuis le journal jusqu'aux documents de synthèse

Présentez le journal des écritures comptables de ces opérations, le grand livre des comptes mouvementés dans le mois et la balance des comptes du mois. Les soldes initiaux sont nuls.

Décryptage

Une fois les flux et leur traduction comptable (emplois et ressources) déterminés, il faut maîtriser les livres comptables permettant leur enregistrement et savoir les utiliser à bon escient : connaître son alphabet, savoir écrire et utiliser les cahiers et stylo du comptable !

- Journal des écritures comptables

Le journal (ou livre-journal) est un document comptable obligatoire dans lequel sont enregistrées individuellement, quotidiennement et chronologiquement toutes les opérations de l'entreprise.

Journal de l'entreprise Rexam

		Date de l'opération		
41100		Clients	17 400	
	70700	Ventes de marchandises		17 400
		Date de l'opération		
51200		Banques	14 500	
	41100	Clients		14 500
		Chèque n°...		
		Date de l'opération		
60700		Achats de marchandises	11 200	
	40100	Fournisseurs		11 200
		Facture n°...		

	Date de l'opération		
40100	Fournisseurs	7 800	
51200	Banques		7 800
	Chèque n°…		
	Date de l'opération		
64…	Charges de personnel	2 100	
51200	Banques		2 100
	Chèque n°…		
	Date de l'opération		
63…	Impôts, taxes et versements assimilés	500	
51200	Banques		500
	Chèque n°…		
	Date de l'opération		
51200	Banques	5 000	
16…	Emprunts et dettes assimilées		5 000
	Contrat emprunt n°…		
	Date de l'opération		
21820	Matériel de transport	6 700	
40400	Fournisseur immobilisations		6 700
	Facture n°…		
	Date de l'opération		
51200	Banques	1 500	
77…	Produits exceptionnels		1 500
	Chèque n°…		
	Date de l'opération		
67130	Dons	100	
51200	Banques		100
	Chèque n°…		

- **Grand livre**

Le grand livre reprend toutes les écritures du livre-journal, ventilées selon le plan de compte de l'entreprise. Tous les comptes de l'entreprise sont regroupés dans le grand livre dans l'ordre de leurs numéros.

Grand livre de l'entreprise Rexam

16. Emprunts et dettes assimilées				
Date de l'opération	Libellé de l'opération	Pièce justificative de l'opération	Débit	Crédit
	Octroi emprunt	Contrat n°…		5 000

2182. Matériel de transport				
Date de l'opération	Libellé de l'opération	Pièce justificative de l'opération	Débit	Crédit
	Acquisition véhicule	Facture n°…	6 700	

401. Fournisseurs				
Date de l'opération	Libellé de l'opération	Pièce justificative de l'opération	Débit	Crédit
	Achats de marchandises	Facture n°…		11 200
	Règlement	Chèque n°…	7 800	

404. Fournisseurs immobilisations				
Date de l'opération	Libellé de l'opération	Pièce justificative de l'opération	Débit	Crédit
	Acquisition véhicule	Facture n°…		6 700

411. Clients				
Date de l'opération	Libellé de l'opération	Pièce justificative de l'opération	Débit	Crédit
	Vente de marchandises	Facture n°…	17 400	
	Règlement	Chèque n°…		14 500

512. Banques				
Date de l'opération	Libellé de l'opération	Pièce justificative de l'opération	Débit	Crédit
	Règlement	Chèque n°…	14 500	
	Règlement	Chèque n°…		7 800
	Constatation et règlement charges personnels	Bulletin et chèque n°…		2 100
	Constatation et règlement taxes	Avis et chèque n°…		500
	Octroi emprunt	Contrat n°…	5 000	

512. Banques				
Date de l'opération	Libellé de l'opération	Pièce justificative de l'opération	Débit	Crédit
	Indemnisation assurance	Chèque n°...	1 500	
	Versement dons	Chèque n°....		100

607. Achats de marchandises				
Date de l'opération	Libellé de l'opération	Pièce justificative de l'opération	Débit	Crédit
	Achats de marchandises	Facture n°...	11 200	

63. Impôts et taxes				
Date de l'opération	Libellé de l'opération	Pièce justificative de l'opération	Débit	Crédit
	Constatation et règlement taxes	Avis et chèque n°....	500	

64. Charges de personnel				
Date de l'opération	Libellé de l'opération	Pièce justificative de l'opération	Débit	Crédit
	Constatation et règlement charges personnels	Bulletin et chèque n°...	2 100	

6713. Dons				
Date de l'opération	Libellé de l'opération	Pièce justificative de l'opération	Débit	Crédit
	Versement dons	Chèque n°...	100	

707. Ventes de marchandises				
Date de l'opération	Libellé de l'opération	Pièce justificative de l'opération	Débit	Crédit
	Vente de marchandises	Facture n°...		17 400

77. Produits exceptionnels				
Date de l'opération	Libellé de l'opération	Pièce justificative de l'opération	Débit	Crédit
	Indemnisation assurance	Chèque n°...		1 500

- **Balance**

La balance est un document non obligatoire qui récapitule les mouvements et les soldes de tous les comptes du grand livre au cours d'une période donnée. Les comptes y apparaissent dans l'ordre de numéros de compte du plan comptable général.

Balance de l'entreprise Rexam du [date de début] au [date de fin]

Nom des comptes	Solde au [date de début]		Mouvements des comptes		Solde au [date de fin]	
	Débiteur	Créditeur	Au débit	Au crédit	Débiteur	Créditeur
16				5 000		5 000
2182			6 700		6 700	
401			7 800	11 200		3 400
404				6 700		6 700
411			17 400	14 500	2 900	
512			21 000	10 500	10 500	
607			11 200		11 200	
63			500		500	
64			2 100		2 100	
6713			100		100	
707				17 400		17 400
77				1 500		1 500
Total			66 800	66 800	34 000	34 000

NOTRE CONSEIL

En vertu du principe de la partie double, vérifiez que la balance présente bien les équilibres suivants :
Total des mouvements au débit = Total des mouvements au crédit
Total solde débiteur initial = Total solde créditeur initial

5 Alurhône

Compétence attendue

Passer de la balance aux documents de synthèse

À partir de cette balance, présentez le bilan et le compte de résultat d'Alurhône.

Décryptage

La balance récapitule les mouvements et les soldes de tous les comptes mouvementés au cours d'une période donnée. L'établissement des documents de synthèse conduit à reprendre la balance pour établir deux documents :

- Le bilan qui reprend les comptes de la classe 1 à 5 et traduit la situation patrimoniale de l'entreprise.
- Le compte de résultat qui reprend les comptes de la classe 6 et 7 et traduit la variation de richesse de l'entreprise au cours de la période.

Bilan au 31/12/N			
Actif		**Passif**	
Actif immobilisé Installations techniques	 6 500	**Capitaux propres** Capital social Résultat	 10 000 4 100
Actif circulant Stocks de marchandises Clients Banques	 4 200 12 000 4 300	**Dettes** Emprunt bancaire Fournisseurs	 8 200 4 700
Total	27 000	Total	27 000

Le résultat déterminé à travers le compte de résultat ci-après est intégré dans le bilan au niveau des capitaux propres.

Compte de résultat au 31/12/N			
Charges		**Produits**	
Charges exploitation Achats de marchandises Assurances Personnel extérieur Impôts et taxes Charges de personnel	 48 000 2 100 4 300 2 200 26 700	**Produits d'exploitation** Ventes de marchandises Subvention d'exploitation	 86 200 1 500
Charges financières		**Produits financiers**	
Charges exceptionnelles Amendes et pénalités	300	**Produits exceptionnels**	
Résultat : bénéfice	4 100		
Total	87 700	Total	87 700

6 Garoud

Compétence attendue

Analyser les impacts de la tenue d'une comptabilité d'engagement sur les enregistrements comptables

1. Les comptes de l'entreprise et le relevé bancaire de l'entreprise fournissent-ils les mêmes informations ?

Non, les comptes de l'entreprise et le relevé bancaire ne fournissent généralement pas les mêmes informations.

Dans une comptabilité d'engagement, les comptes de l'entreprise enregistrent des opérations même si celles-ci n'ont pas donné lieu à un encaissement ou à un décaissement (ex. : vente de marchandises à crédit), alors que le relevé bancaire est le reflet du compte banque de l'entreprise. Par ailleurs, du fait du décalage dans le temps, les recettes et les dépenses ne sont pas obligatoirement inscrites au même moment dans les comptes et sur le relevé bancaire. De plus, des opérations peuvent apparaître sur le relevé sans que l'entreprise ait eu au préalable d'autres pièces comptables pour les enregistrer dans ses comptes (ex. : prélèvement réalisé par la banque pour la mensualité d'un prêt). Enfin, le relevé bancaire correspond à la tenue du compte banque de l'entreprise dans les comptes de la banque, donc selon son point de vue, alors que les comptes de l'entreprise sont élaborés selon le point de vue de l'entreprise.

2. Expliquez la différence entre la comptabilité de trésorerie et la comptabilité d'engagement

Toute opération n'entraîne pas nécessairement d'effet financier immédiat pour l'entreprise : une vente de marchandises à crédit entraîne d'abord un transfert de propriété (à la livraison des marchandises, souvent accompagnée de la facturation) et seulement ensuite un flux monétaire (le règlement du client). Dans la comptabilité d'engagement, les opérations sont enregistrées lors de leur réalisation, indépendamment de leur date de règlement. À l'inverse, dans la comptabilité de trésorerie ou de caisse, les opérations sont enregistrées au moment de leur encaissement ou décaissement.

Dans la comptabilité d'engagement, une facture est enregistrée même si elle n'est pas réglée. En comptabilité de trésorerie, elle est enregistrée si elle est réglée.

3. Si l'entreprise applique la comptabilité de trésorerie, indiquez les opérations à enregistrer. Même question si l'entreprise applique la comptabilité d'engagement.

		Comptabilité de trésorerie		Comptabilité d'engagement	
Date opération	Opérations	Enregistrement	Pas d'enregistrement	Enregistrement	Pas d'enregistrement
03/10	Frais de commissions pour prédécision	X		X	
02/10	Vente de noix (non réglée)		X	X	
02/10	Échéance prêt	X		X	

▶

		Comptabilité de trésorerie		Comptabilité d'engagement	
Date opération	Opérations	Enregistrement	Pas d'enregistrement	Enregistrement	Pas d'enregistrement
01/10	Achat emballages (non réglé)		X	X	
01/10	Chèque	X		X	
01/10	CB Station BP	X		X	
28/09	Chèque	X		X	
28/09	Ret DAB Grenoble Notre-D Cart *908834416 retrait le 28/09 à 11:39	X		X	
28/09	Virement Entreprise Schmitt	X		X	
27/09	Virement Entreprise Olive	X		X	
27/09	Prélèvement EDF	X		X	

Préparer l'épreuve

❼ Article 121-1

Compétences attendues

- **Distinguer** les opérations affectant le patrimoine (bilan) de celles affectant l'activité (compte de résultat)
- **Décrire** le processus d'enregistrement des opérations comptables, depuis le journal jusqu'aux documents de synthèse

1. Rappelez la composition du patrimoine de l'entreprise.

Le patrimoine de l'entreprise est composé de ses actifs et de ses passifs. Le bilan synthétise les éléments d'actifs et de passifs :

Bilan	
Actifs	Passifs
Éléments que contrôle l'entreprise et qui sont susceptibles de lui procurer des ressources.	Moyens de financement qui ont permis de faire l'acquisition des actifs.

2. Citez deux livres comptables obligatoires en France, en précisant leur contenu.

Les livres comptables permettent la tenue de la comptabilité :

- Le journal (ou livre-journal) est un document comptable obligatoire dans lequel sont enregistrées individuellement, quotidiennement et chronologiquement toutes les opérations de l'entreprise.
- Le grand livre est un document comptable obligatoire qui répertorie, par compte, tous les mouvements ayant affecté ce compte sur une période donnée.

3. Précisez le contenu du libellé dans une écriture comptable. Indiquez l'intérêt de cette information.

Le libellé correspond à la description du flux. Il permet de distinguer deux opérations qui pourraient mobiliser les mêmes comptes. Par exemple, si l'entreprise achète à crédit des produits X le 01/10 puis des produits Y le 02/10, les écritures au journal (hormis les montants) seront identiques. Aussi, très souvent, le libellé reprend la référence de la pièce justificative. C'est essentiel car toute écriture doit être justifiée. Le libellé permet donc de caractériser et de justifier l'enregistrement comptable.

8 Denis Élagage

Compétence attendue

Distinguer les opérations affectant le patrimoine (bilan) de celles affectant l'activité (compte de résultat)

1. Présentez le bilan de cette entreprise à la date de création, le 1er février N.

Bilan au 01/02N			
Actif		Passif	
Actif immobilisé Matériel de transport Bâtiment Matériel industriel	 12 000 15 000 7 000	**Capitaux propres** Capital social	30 000
Actif circulant Banques	 16 000	**Dettes** Emprunt bancaire Fournisseurs	 20 000
Total	50 000	Total	50 000

Banques = 30 000 + 20 000 – 12 000 – 15 000 – 7 000

2. Décrivez et commentez l'actif et le passif de cette entreprise à la date de création.

Le passif présente les ressources mobilisées. L'entreprise de Monsieur Denis s'est financée grâce à son apport (30 000 euros), mais aussi grâce à un financement de la banque (emprunt : 20 000 euros). Ces ressources lui ont permis d'investir pour 34 000 euros. Il lui reste alors sur son compte bancaire 16 000 euros.

3. Établissez le compte de résultat de l'entreprise pour cette première année d'activité.

Compte de résultat au 31/12/N			
Charges		**Produits**	
Charges exploitation Achat de petites fournitures Assurances Autres charges externes Impôts et taxes Charges de personnel	 2 500 1 300 4 600 2 100 35 500	**Produits d'exploitation** Chiffre d'affaires	 57 800
Charges financières Intérêts sur emprunts	500	**Produits financiers**	300
Charges exceptionnelles		**Produits exceptionnels**	
Résultat : bénéfice	11 600		
Total	58 100	Total	58 100

❶ Choix de la méthode comptable

1. L'entreprise INDUS décidant de réaliser une comptabilité d'engagement et un inventaire intermittent, justifiez ces choix après les avoir définis.

Choix comptable	Définition	Justification
Comptabilité d'engagement	Enregistrement des opérations lors de leur réalisation, indépendamment de leur date de règlement.	Cette comptabilité permet de suivre les opérations réelles indépendamment des mouvements de trésorerie (elle permet notamment de suivre les dettes et les créances).
Inventaire intermittent	Réalisation d'un inventaire tous les douze mois, en général à la date de la clôture comptable. Au lieu de comptabiliser les stocks à chaque entrée et sortie (comme c'est le cas dans l'inventaire permanent), l'inventaire intermittent enregistre la valeur du stock final à la clôture de l'exercice.	Il permet, de manière allégée, de se limiter à l'obligation minimale, notamment en termes de moyens humains, organisationnels et financiers alloués à cet inventaire.

2. Rappelez la définition des actifs, selon le PCG.

Un actif est un élément identifiable du patrimoine ayant une valeur économique positive pour l'entité, c'est-à-dire un élément générant une ressource que l'entité contrôle du fait d'événements passés et dont elle attend des avantages économiques futurs.

3. Les éléments suivants correspondent-ils à des actifs pour l'entreprise INDUS ? Justifiez votre réponse.

- *Achat d'un ordinateur destiné aux services administratifs de l'entreprise INDUS* : il constitue un élément de l'actif car il est susceptible d'améliorer l'efficacité de l'entreprise et en conséquence de contribuer à des économies (d'où une diminution des flux de trésorerie sortants), ou encore parce qu'il peut être revendu (et en conséquence contribuer alors à l'entrée de flux de trésorerie dans l'entreprise).
- *Achat de ramettes de papier ou consommation d'électricité pour faire fonctionner cet ordinateur* : les ramettes de papier ou la consommation d'électricité ne constitue pas un élément de l'actif car il est nécessaire de renouveler la dépense pour chaque nouvelle utilisation. Il s'agit donc d'une charge, d'un emploi définitif qui appauvrit l'entreprise.

4. Pour chacune de ces opérations, identifiez le flux et le stock, l'emploi et la ressource du point de vue de l'entreprise INDUS. Quelle est la nature de ce flux ?

Flux	Nature du flux	Stock	Emploi	Ressource
Achat d'un ordinateur	Flux réel externe	Un ordinateur	Acquisition d'immobilisation	Dette envers un fournisseur d'immobilisation

Flux	Nature du flux	Stock	Emploi	Ressource
Achat de ramettes de papier (ou consommation d'électricité)	Flux réel externe	Quantité de ramettes en papier (l'électricité est non stockable)	Achat de fournitures	Dette envers un fournisseur

5. Peut-on considérer que la passation d'une commande auprès d'un fournisseur conduit à la constatation comptable d'un passif ? Justifiez votre réponse.

La définition des passifs suppose :

- une obligation à l'égard d'un tiers qui entraînera une **sortie de ressources future**, c'est-à-dire une dépense future destinée à éteindre l'obligation de l'entreprise envers ce tiers (par exemple, le remboursement d'une dette) ;
- et l'**absence de contrepartie** au moins équivalente attendue du tiers. En conséquence, toute dépense future qui donnera lieu à contrepartie au moyen de services rendus ne pourra être considérée comme un passif.

Lorsqu'une entreprise passe une commande auprès d'un fournisseur, il y aura bien une sortie de ressource future à prévoir, mais il existe ici une contrepartie : la livraison à effectuer par le fournisseur. L'obligation de payer n'existe qu'à partir du moment où la livraison a été effectuée, cette obligation sera matérialisée par la facture adressée par le fournisseur à son client. En conséquence, la passation d'une commande auprès d'un fournisseur **ne conduit pas à la constatation d'un passif.**

❷ Du journal aux documents de synthèse

1. Citez et distinguez les livres comptables obligatoires et les documents facultatifs nécessaires à l'élaboration des documents de synthèse.

Livres comptables obligatoires	
Journal	Enregistrement individuel, quotidien et chronologique de toutes les opérations de l'entreprise
Grand livre	Récapitulatif, par compte, de tous les mouvements ayant affecté ce compte sur une période donnée
Documents facultatifs	
Balance générale	Récapitulatif, sous forme de tableau, des mouvements et des soldes de tous les comptes du grand livre au cours d'une période donnée
Grands livres auxiliaires et balances auxiliaires	Documents comptables où les écritures sont enregistrées en les regroupant par nature (banque, caisse, achats, etc.)

Attention à ne pas confondre les livres comptables obligatoires avec les comptes annuels (bilan, compte de résultat, annexe).

2. Justifiez la nécessité pour l'entreprise INDUS de procéder à l'arrêté des comptes.

L'arrêté des comptes (en général à la fin de l'exercice comptable) est nécessaire pour dresser un état du patrimoine de l'entreprise INDUS et de ses performances.

3. Enregistrez les opérations de l'année N au journal de l'entreprise INDUS.

		8/01/N		
60700		Achats de marchandises	1 987 000	
	40100	Fournisseur		1 987 000
		Facture n° 123 du fournisseur Sébastien		
		21/02/N		
51200		Banque	630 000	
	70700	Ventes de marchandises		630 000
		Facture n° F654 au client Medhy		
		15/03/N		
41100		Client	2 500 000	
	70700	Ventes de marchandises		2 500 000
		Facture n° F655 au client Ambre		
		13/04/N		
40100		Fournisseur	20 010	
	51200	Banque		20 010
		Chèque n° 989 au fournisseur Merya		
		12/05/N		
51200		Banque	24 600	
	41100	Clients		24 600
		Bordereau de remise à l'encaissement n° 63		
		16/06/N		
21800		Autres immobilisations corporelles	83 500	
	51200	Banque		83 500
		Chèque bancaire n° 990		
		19/07/N		
65100		Redevances de droits d'auteurs	855 300	
	51200	Banque		843 000
	53000	Caisse		12 300
		Redevances de droits d'auteur		
		9/08/N		
51200		Banque	15 800	
	75200	Revenus des immeubles non affectés…		15 800
		Location de l'immeuble d'INDUS		

		14/09/N		
51200		Banque	8 000	
	53000	Caisse		8 000
		Versement à la banque n°...		
		2/10/N		
53000		Caisse	20 000	
	512000	Banque		20 000
		Retrait d'espèces à la banque		
		6/11/N		
51200		Banque	120 000	
	16400	Emprunt		120 000
		Dossier bancaire n° 126		
		20/12/N		
51200		Banque	5 000	
	53000	Caisse		5 000
		Correction d'erreur (20 000 – 15 000)		

4. Comment pourrait-on vérifier l'application du principe de la partie double dans ce journal ?

Pour chaque écriture comptable (et donc également pour l'ensemble du journal), le total des sommes inscrites au débit doit être égal au total des sommes inscrites au crédit.

5. Présentez un extrait du grand livre, avec les comptes « Fournisseurs », « Clients » et « Banque ». Qualifiez et calculez le solde de chaque compte.

SI : Solde initial ; SD : Solde débiteur ; SC : Solde créditeur.

40100. Fournisseurs

Débit	Crédit
20 010	241 919 (SI)
	1 987 000

SC : 2 208 909

41100. Clients

(SI) 198 257	24 600
2 500 000	

SD : 2 673 657

51200. Banque

(SI) 98 513	20 010
630 000	83 500
24 600	843 000
15 800	20 000
8 000	
120 000	
5 000	

SC : 65 597

6. Établissez la balance au 31 décembre N.

N°	Comptes	Sommes		Soldes	
		Débits	Crédits	Débiteurs	Créditeurs
10100	Capital		1 000 000		1 000 000
16400	Emprunt		120 000		120 000
20700	Fonds commercial	500 000		500 000	
21800	Autres immob. corporelles	511 000		511 000	
40100	Fournisseurs	20 010	2 228 919		2 208 909
41100	Clients	2 698 257	24 600	2 673 657	
51200	Banque	901 913	966 510		64 597
53000	Caisse	37 649	25 300	12 349	
60700	Achats de marchandises	1 987 000		1 987 000	
65100	Redevances de droits d'auteur	855 300		855 300	
70700	Ventes de marchandises		3 130 000		3 130 000
75200	Revenus des immeubles		15 800		15 800
	TOTAUX	7 511 129	7 511 129	6 539 306	6 539 306

7. Présentez le compte de résultat de l'exercice N.

CHARGES		PRODUITS	
Achats de marchandises	1 987 000	Ventes de marchandises	3 130 000
Autres charges	855 300	Revenus des immeubles	15 800
Résultat	303 500		

8. Établissez le bilan au 1er janvier N puis au 31 décembre N.

- Bilan au 1er janvier N

ACTIF		PASSIF	
Actif immobilisé		**Capitaux propres**	
Fonds commercial	500 000	Capital social	1 000 000
Autres immobilisations corporelles	427 500	Résultat	
		Dettes	
Actif circulant		Fournisseurs	241 919
Clients	198 257		
Banque	98 513		
Caisse	17 649		
Total actif	**1 241 919**	**Total passif**	**1 241 919**

• Bilan au 31 décembre N

ACTIF		PASSIF	
Actif immobilisé		**Capitaux propres**	
Fonds commercial	500 000	Capital	1 000 000
Autres immobilisations corporelles	511 000	Résultat	303 500
		Dettes	
Actif circulant		Fournisseurs	2 208 909
Clients	2 673 657	Emprunt bancaire	120 000
Banque	– 64 597		
Caisse	12 349		
Total Actif	**3 632 409**	**Total Passif**	**3 632 409**

Sauf en cas de résultat et report à nouveau négatif, il n'apparaît pas de montant négatif dans le bilan. Si la Banque affiche un solde négatif à l'actif, cela signifie que le solde de la Banque est créditeur. Ce solde apparaît donc au passif. Concrètement, cela signifie que l'entreprise ne bénéficie pas de disponibilités sur son compte bancaire et qu'elle a sollicité un financement auprès de sa banque (emprunt type concours bancaire courant). Le bilan se présente alors comme suit :

• Bilan au 31 décembre N

ACTIF		PASSIF	
Actif immobilisé		**Capitaux propres**	
Fonds commercial	500 000	Capital	1 000 000
Autres immo corporelles	511 000	Résultat	303 500
Actif circulant		**Dettes**	
Clients	2 673 657	Fournisseurs	2 208 909
Banque	– 64 597	Emprunt bancaire	184 597 (1)
Caisse	12 349		
Total actif	3 697 006	**Total passif**	3 697 006

(1) Dont CBC : 64 597

9. Mettez en évidence la double détermination du résultat comptable.

Le résultat de l'exercice, bénéfice de 303 500, est obtenu de deux façons différentes :

- Solde créditeur du compte de résultat « Produits – Charges » : 3 145 800 – 2 842 300 = 303 500.
- Élément additif des capitaux propres assurant l'équilibre au bilan Actif-Passif. Résultat = Actif – Passif sans le résultat = 3 697 006 – 3 393 506 = 303 500.

CHAPITRE 5

Taxe sur la valeur ajoutée

Évaluer les savoirs

1 Quiz

1. **Faux.** La TVA est un impôt neutre.
2. **Vrai.** Le fournisseur facture et récupère la TVA auprès de ses clients.
3. **Vrai.** La TVA déductible diminue le solde à payer à l'État.
4. **Faux.** Le compte 44566 enregistre une TVA déductible sur autres biens et services.
5. **Faux.** Les comptes Clients et Fournisseurs sont enregistrés TTC.
6. **Faux.** La TVA collectée s'enregistre au crédit du compte « 44571. État, TVA collectée ».
7. **Vrai.** La TVA est récupérable (ou déductible) sur les achats soumis à TVA. Par ailleurs, dans le cadre du régime optionnel (TVA sur les débits), l'exigibilité des prestations de services est la facturation.
8. **Vrai.** Les achats en provenance de pays membres de l'Union européenne sont soumis à la TVA dans le pays d'arrivée : l'acquéreur collecte et déduit la TVA.
9. **Faux.** Les exportations sont exonérées de TVA.
10. **Vrai.** Un crédit de TVA correspond à une créance de l'entreprise sur l'État.

2 La TVA, un impôt indirect et neutre

1. Déterminez ce que chaque entreprise (scierie, fabriquant, magasin) doit reverser à l'État en détaillant les montants de TVA collectée et déductible.

	Scierie	Fabricant	Magasin
TVA collectée	200	600	1 200
– TVA déductible	0	– 200	– 600
= TVA à décaisser	**= 200**	**= 400**	**= 600**

2. Expliquez la neutralité de la TVA dans le cas du fabricant.

La TVA est neutre pour le fabricant car les 600 euros de TVA qu'il reçoit (TVA collectée) sont égaux au montant de TVA qu'il verse : 200 euros à la scierie (TVA déductible) auquel s'ajoutent les 400 euros versés à l'État (TVA à décaisser). La TVA ne constitue donc ni un produit, ni une charge pour le fabricant.

3. Vérifiez qu'il s'agit bien d'une taxe sur la valeur ajoutée en déterminant la valeur ajoutée réalisée au niveau de chaque entreprise et en y appliquant le taux de TVA.

	Valeur ajoutée	Taxe sur la valeur ajoutée
Scierie	1 000 – 0 = 1 000	200
Fabricant de meubles	3 000 – 1 000 = 2 000	400
Magasin de meubles	6 000 – 3 000 = 3 000	600
Total	**6 000**	**1 200**

Il s'agit bien d'une taxe sur la valeur ajoutée car les montants de taxe sont les mêmes que l'on applique le taux directement à la valeur ajoutée (tableau de cette question) ou que l'on calcule la différence entre TVA collectée et TVA déductible (tableau de la question précédente).

Dans la pratique, le mécanisme global décrit ci-dessus n'est pas appliqué opération par opération, ni produit par produit. L'activité de l'entreprise est distinguée en périodes d'imposition, mensuelles (ou trimestrielles) : l'entreprise établit à la fin de chaque mois (ou trimestre) une déclaration de chiffre d'affaires permettant de récapituler la TVA collectée et la TVA déductible de la période, et de déterminer la TVA nette due à reverser à l'État.

Maîtriser les compétences

❸ Fromentin

Compétences attendues

- **Expliquer** le mécanisme de la TVA : **distinguer** le fait générateur et l'exigibilité
- **Évaluer** et **comptabiliser** le montant de la TVA due ou du crédit de TVA : **calculer** la TVA déductible, la TVA collectée et le solde de TVA

1. Pour chacune des opérations d'achat et de vente, indiquez les dates du fait générateur et de l'exigibilité.

	Date du fait générateur	Date de l'exigibilité
Achat de marchandises au fournisseur Leroux (biens : « TVA à la livraison »)	05/09 (facture)	05/09 (facture)
Campagne publicitaire du fournisseur Publicis (prestation de service sous le régime de la « TVA d'après les débits »)	08/09 (facture)	08/09 (facture)
Vente de marchandises au client Martin (biens : « TVA à la livraison »)	15/09 (facture)	15/09 (facture)
Service de réparation de table au client Mathis (prestation de service sous le régime de la « TVA sur les encaissements »)	20/09 (facture)	27/09 (paiement)
Achat d'une photocopieuse au fournisseur BuroMob (bien : « TVA à la livraison »)	23/09 (facture)	23/09 (facture)

N'oubliez pas que, dans le cas des services, le régime de TVA qui s'applique est celui auquel est soumis le fournisseur (et non le client).

2. Présentez, au 30/09, un extrait du grand livre avec l'ensemble des comptes de TVA, en indiquant l'ensemble des mouvements et les soldes finaux.

44562. État, TVA déductible surimmobilisations	
(23/09) 400	
SD : 400	

44566. État, TVA déductible sur ABS	
2 000 120	
SD : 2 120	

44571. État, TVA collectée	
	5 000 (15/09) 128 (27/09)
SC : 5 128	

4458. État, TVA à régulariser	
(27/09) 128	128 (20/09)
Solde : 0	

3. Calculez le solde de la TVA due à l'État au titre des opérations réalisées au cours du mois de septembre.

	Montants
TVA collectée	5 128
– TVA déductible sur immobilisation – TVA déductible sur autres biens et services	– 400 – 2 120
= TVA à décaisser (dette sur l'État)	**= 2 608**

4 Favre

Compétence attendue

Évaluer et **comptabiliser** le montant de la TVA due ou du crédit de TVA : **comptabiliser** la TVA dans des opérations nationales et internationales

1. a. Enregistrez l'achat dans le journal de l'entreprise Favre dans le cas où les imprimantes achetées au fournisseur français Poly sont des marchandises :

		5/12/N		
60700		Achats de marchandises	300	
44566		État, TVA déductible sur autres biens et services	60	
	40100	Fournisseurs		360
		Facture n° 42		

1. b. Enregistrez l'achat dans le journal de l'entreprise Favre dans le cas où les imprimantes achetées au fournisseur français Poly sont des immobilisations :

		5/12/N		
21830		Matériel informatique	300	
44562		État, TVA déductible sur immobilisations	60	
	40400	Fournisseurs d'immobilisations		360
		Facture n° 42		

2. a. Enregistrez l'achat dans le journal de l'entreprise Favre dans le cas où l'entreprise Poly à qui elle achète des marchandises est un fournisseur belge qui dispose du numéro d'identification TVA de l'entreprise Favre.

Dans ce cas, la facture établie par l'entreprise Poly est hors taxes.

		5/12/N		
60702		Achats de marchandises – UE	300	
445662		État, TVA déductible sur autres biens et services intracommunautaires	60	
	40102	Fournisseurs – UE		300
	44520	État, TVA due intracommunautaire		60
		Facture n° 42		

2. b. Enregistrez l'achat dans le journal de l'entreprise Favre dans le cas où l'entreprise Poly à qui elle achète des marchandises est un fournisseur russe. Dans ce cas, la facture du transitaire en douane, reçue le même jour, mentionne 40 € de droits de douanes et 68 € de TVA.

		5/12/N		
60700		Achats de marchandises hors UE	300	
	40100	Fournisseurs hors UE		300
		Facture n° 42		
		5/12/N		
63500 ou 60700		Droits de douanes	40	
44566		État, TVA déductible sur autres biens et services	68	
	41100	Clients		108
		Facture du transitaire		

3. a. Enregistrez la vente dans le journal de l'entreprise Favre dans le cas où le client Pocket est français et où le régime de TVA de l'entreprise Favre est le régime normal, soit le régime de la « TVA sur les encaissements ».

		6/12/N		
41100		Clients	9 000	
	70600	Prestations de services		7 500
	44580	État, TVA à régulariser		1 500
	ou 44574	ou État, TVA collectée sur encaissements		
		Facture n° 261		

3. b. Enregistrez la vente dans le journal de l'entreprise Favre dans le cas où le client Pocket est français et où le régime de TVA de l'entreprise Favre est le régime dérogatoire, soit le régime de « TVA sur les débits ».

		6/12/N		
41100		Clients	9 000	
	70600	Prestations de services		7 500
	44571	État, TVA collectée		1 500
		Facture n° 261		

4. Enregistrez la vente dans le journal de l'entreprise Favre dans le cas où le client Pocket est mexicain.

		6/12/N		
41100		Clients	7 500	
	70600	Prestations de services		7 500
		Facture n° 261		

5 Poisat

Compétence attendue

Évaluer et **comptabiliser** le montant de la TVA due ou du crédit de TVA : **comptabiliser** la TVA à partir d'une déclaration

1. Après avoir expliqué la signification des lignes 16 et 25 de la déclaration de TVA, justifiez leur montant.

	Signification	Justification du montant
Ligne 16 de la déclaration	TVA brute due, soit TVA exigible sur les ventes	= TVA collectée + TVA due intracommunautaire = (5 506 + 4 575) × 20 % = 2 016,2 Soit : 2 016 en arrondissant à l'euro le plus proche
Ligne 25 de la déclaration	Crédit de TVA, soit excédent de TVA déductible par rapport à la TVA collectée	= Total de la TVA brute due – Total TVA déductible = 3 350 – 2 016 = 1 334

2. Au mois de septembre N, le solde de TVA correspondait-il à une TVA à décaisser ou à un crédit de TVA ?

Au mois de septembre N (soit le mois précédent la déclaration présentée), le solde de TVA correspondait à une TVA à décaisser ou à un crédit de TVA dont il a été demandé le remboursement (plutôt que le report sur la déclaration du mois suivant). En effet, sur cette déclaration du mois d'octobre N, le report du crédit (ligne 27) est nul.

3. Comptabilisez la déclaration de TVA en annexe dans le journal de l'entreprise Poisat, et le paiement s'il y a lieu.

		31/10/N		
44520		État, TVA due intracommunautaire	915	
44571		État, TVA collectée (2 016 – 915)	1 101	
44567		État, crédit de TVA à reporter	1 334	
	44566	État, TVA déductible sur autres biens et services (3 350 – 915)		2 435
	445662	État, TVA déductible sur autres biens et services intracommunautaires		915
		Déclaration CA3, octobre N		

Le solde de TVA étant un crédit, le paiement par l'entreprise Poisat n'a pas lieu d'être.

6 Toyplast

Compétences attendues

- **Expliquer** le mécanisme de la TVA : **distinguer** le fait générateur et l'exigibilité
- **Évaluer** et **comptabiliser** le montant de la TVA due ou du crédit de TVA : **comptabiliser** la TVA

1. En le justifiant, indiquez les dates du fait générateur et de l'exigibilité dans le cas des opérations de Toyplast réalisées avec le cabinet d'avocats, le transitaire en douanes et le client Pigot.

	Opération avec le cabinet d'avocat	Opération avec le transitaire en douanes	Opération avec le client Pigot
Régime de TVA	Régime normal de « TVA sur les encaissements » pour les services	Régime optionnel de « TVA sur les débits » pour les services	Régime de « TVA à la livraison » pour les biens
Fait générateur	1/11 (facturation)	6/11 (facturation)	13/11 (facturation)
Exigibilité	19/11 (paiement)	6/11 (facturation)	13/11 (facturation)

2. Présentez les enregistrements correspondants aux opérations du mois de novembre N dans le journal de la société Toyplast.

		1/11		
62200		Honoraires	800	
44580 (ou 44564)		État, TVA à régulariser (ou TVA déductible sur encaissements)	160	
	40100	Fournisseurs		960
		Facture n° 331		
		2/11		
60102		Achats stockés de matières premières – UE	5 000	
445662		État, TVA déductible sur autres biens et services – UE	1 000	
	40102	Fournisseurs – UE		5 000
	44520	État, TVA due intracommunautaire		1 000
		Facture n° 123		
		4/11		
60100		Achats stockés de matières premières	4 000	
	40100	Fournisseurs		4 000
		Facture n° 456		
		6/11		
60100		Achats stockés de matières premières	200	
(ou : 6353)		(ou : Impôts indirects)		
62240		Rémunération des transitaires	300	
44566		État, TVA déductible sur autres biens et services (840 + 60)	900	
	40100	Fournisseurs		1 400
		Facture n° 789		
		13/11		
41100		Clients	12 000	
	70100	Vente de produits finis		10 000
	44571	État, TVA collectée		2 000
		Facture n° 478		
		19/11		
40100		Fournisseurs	960	
44566		État, TVA déductible sur autres biens et services	160	
	44580	État, TVA à régulariser		160
	51200	Banque		960
		Paiement de la facture n° 331		

		19/11		
40100		Fournisseurs	1 400	
	51200	Banque		1 400
		Paiement de la facture n° 789		
		26/11		
41100		Clients	8 000	
	70100	Vente de produits finis		8 000
		Facture n° 479		
		28/11		
51200		Banque	12 000	
	41100	Clients		12 000
		Chèque n°... pour paiement de la facture n° 478		

7 Arnold

Compétences attendues

- **Expliquer** le mécanisme de la TVA : **distinguer** les différents régimes de TVA
- **Évaluer** et **comptabiliser** le montant de la TVA due ou du crédit de TVA : **calculer** et **enregistrer** la TVA due

1. Quelles sont les implications en termes d'enregistrement de la TVA de la mention « les fournisseurs n'ont pas opté pour les débits » ?

La mention « *les fournisseurs n'ont pas opté pour les débits* » implique que le régime de TVA applicable pour les achats de service et leur règlement est celui de la TVA sur les encaissements. Lors de l'achèvement de la prestation (fait générateur), la TVA est enregistrée au débit du compte d'attente « 4458. État, TVA à régulariser » ou « 44564. État, TVA déductible sur encaissements ». Lors de la réception de la facture (exigibilité), ce compte est soldé par le débit du compte « 44566. État, TVA déductible sur autres biens et services »

2. À partir des informations de l'annexe, déterminez la TVA due au titre du mois de juin N. Vous présenterez vos calculs sous forme de tableau.

• La TVA sur les factures d'achat de services (lorsque les fournisseurs n'ont pas opté pour les débits) ne doit pas être prise en compte dans la TVA due car l'exigibilité est l'encaissement (et non la facturation).

• Les règlements aux fournisseurs comprennent la TVA.

Éléments	Montant	Calcul	TVA collectée	TVA déductible
Ventes en France	90 000 € HT	90 000 × 20 %	18 000	
Ventes dans l'UE	45 000 € HT	Exonérées		
Ventes hors UE	75 000 € HT	Exonérées		
Achats de biens en France	35 000 € HT	35 000 × 20 %		7 000
Achats de biens dans l'UE	22 000 € HT	22 000 × 20 %	4 400	4 400
Achats de biens hors de l'UE	7 000 € HT	7 000 × 20 %		1 400
Factures d'achats services	5 500 € HT	TVA sur encaissements		
Règlements services	6 000 € TTC	(6 000 / 1,2) × 20 %		1 000
Achats immobilisations	11 000 € HT	11 000 × 20 %		2 200
Crédit TVA mai				6 000
		Total	**22 400**	**22 000**

TVA due au titre du mois de juin N : 22 400 – 22 000 = 400 euros.

3. Enregistrez la déclaration de TVA et son règlement au 15/07/N s'il y a lieu.

		30/06/N		
44571		État, TVA collectée	18 000	
44520		État, TVA due intracommunautaire	4 400	
	44562	État, TVA déductible sur immobilisations		2 200
	445662	État, TVA déductible sur ABS UE		4 400
	44566	État, TVA déductible sur ABS (7 000 + 1 400 + 1 000)		9 400
	44567	État, Crédit de TVA (mois de mai)		6 000
	44551	État, TVA à décaisser		400
		Déclaration TVA de juin N		
		15/07/N		
44551		État, TVA à décaisser	400	
	51200	Banque		400
		Liquidation TVA de juin N		

CHAPITRE 6

Opérations courantes d'achat et de vente : facturation, réductions et devises

Évaluer les savoirs

1 QCM

1. a, b, d. Les devis, les bons de commande et les factures pro forma ne sont pas des pièces comptables justificatives d'une transaction contrairement aux factures (de doit et d'avoir).

2. a, d. Une facture de doit (ou facture d'origine) est une pièce comptable justificative d'une transaction commerciale sur laquelle figurent des mentions obligatoires (comme les réductions accordées). Elle constate une dette du client vis-à-vis du fournisseur, ce qui équivaut à une créance du fournisseur envers le client.

3. b, c, d. La facture d'avoir est émise pour constater une modification relative à une facture de doit, modification qui peut prendre la forme d'une correction d'erreur, d'un retour, d'une réduction accordée *a posteriori*.

4. b. Lorsque la TVA est récupérable (soit déductible), on débite le compte d'achat pour son montant HT et le compte 44566 pour le montant de la TVA correspondante.

5. b, d. Le net financier est le montant obtenu après escompte (réduction financière). Le taux d'escompte s'applique au net commercial en cas de rabais, remise ou ristourne ; ou au montant brut en l'absence des réductions commerciales. Le montant TTC que doit payer le client après réductions est le montant net à payer.

6. c. Les réductions commerciales (rabais, remises, ristournes) sont enregistrées dans les comptes 609/619 ou 709 uniquement s'elles apparaissent sur une facture d'avoir (et non sur une facture de doit).

7. b. Pour les dettes fournisseurs, l'augmentation du cours de l'euro par rapport à la devise de facturation entraîne un gain de change lors du règlement, c'est-à-dire un produit financier inscrit au crédit.

2 De la facturation à l'enregistrement

1. En vous référant à la nomenclature comptable du PCG, qualifiez et justifiez les achats (du point de vue du client) et les ventes (du point de vue du fournisseur) réalisés.

	Pour le client (boulangerie Baguepie)	Pour le fournisseur (Moulin de Sarre)
Farine d'épeautre	« 601. Achats de matières premières et fournitures »	« 701. Ventes de produits finis »
Préparation demélange de farine	« 604. Achats d'études et prestations de services » (sous-traitance)	« 706. Prestations de services »

2. Après avoir déterminé la nature de la facture n° 3200, comptabilisez cette dernière successivement dans le journal de Moulin de Sarre puis dans le journal de Baguepie, sachant que Moulin de Sarre a opté pour la TVA sur les débits.

- Nature de la facture n° 3200

La facture n° 3200 est une facture de doit ou d'origine qui constate une dette du client vis-à-vis du fournisseur, soit une créance du fournisseur envers le client.

- Comptabilisation de la facture n° 3200 dans le journal de Moulin de Sarre (fournisseur), sachant que Moulin de Sarre a opté pour la TVA sur les débits.

Le fournisseur ayant opté pour la TVA sur les débits, la TVA est exigible dès la facturation.

		3/02/N		
41100		Clients	3 120	
	70100	Ventes de produits finis		800
	70600	Prestations de services		1 800
	44571	État, TVA collectée		520
		Facture n° 3200		

- Comptabilisation de la facture n° 3200 dans le journal de Baguepie (client), sachant que Moulin de Sarre a opté pour la TVA sur les débits.

		3/02/N		
60100		Achats de matières premières et fournitures	800	
60400		Achats d'études et prestations de services	1 800	
44566		État, TVA déductible sur autres biens et services	520	
	40100	Fournisseurs		3 120
		Facture n° 3200		

3. Le 10/02/N, le client décide de retourner 50 kg de farine relatifs à la facture n° 3200. Quel type de facture le fournisseur doit-il alors émettre ? Rédigez-la.

Pour constater le retour de farine, soit une modification par rapport à la facture de doit n° 3200, le fournisseur doit émettre une facture d'avoir. Celle-ci constate une créance du client sur son fournisseur, soit une dette du fournisseur envers le client.

MOULIN DE SARRE
SARL au capital de 12 000 €
41, rue de Sarry
73 000 Chambéry

RCS 465 623 051 Chambéry

AVOIR : **Boulangerie BAGUEPIE**
4, rue Renée
73 000 Chambéry
France

Facture d'avoir n° ... du 10/02/N

Désignation	Quantité	PU HT	Montant
Retour de farine d'épeautre BIO 85	50 kg	2,00	100,00
		Montant brut	100,00
		TVA 20 %	20,00
		Net à votre crédit	120,00

4. Comptabilisez cette deuxième facture successivement dans le journal de Moulin de Sarre puis dans le journal de Baguepie.

- Dans le journal de Moulin de Sarre (fournisseur)

		10/02/N		
70100		Ventes de produits finis	100	
44571		État, TVA collectée	20	
	41100	Clients		120
		Facture d'avoir n° …		

- Dans le journal de Baguepie (client)

		10/02/N		
40100		Fournisseurs	120	
	60100	Achats de matières premières et fournitures		100
	44566	État, TVA déductible sur autres biens et services		20
		Facture d'avoir n° …		

Maîtriser les compétences

❸ Abel et Colleux

Compétence attendue

Évaluer et **comptabiliser** les transactions courantes dans les comptes individuels : **distinguer** les réductions commerciales et financières • **réaliser** le décompte d'une facture • **comptabiliser** les réductions

1. Explicitez les différences de comptabilisation entre les réductions commerciales et les réductions financières.

Les réductions commerciales sont enregistrées avec des comptes spécifiques uniquement quand elles figurent sur une facture d'avoir. En revanche, les réductions financières s'enregistrent avec des comptes spécifiques qu'elles figurent sur une facture de doit ou d'avoir.

Par ailleurs, ces comptes spécifiques appartiennent à une classe de comptes différente selon qu'il s'agit de réduction commerciale ou financière. Ainsi, chez le client, les réductions commerciales s'enregistrent comme une diminution de charge (au crédit du compte « 609/619. RRR obtenus »), alors que les réductions financières s'enregistrent comme une augmentation de produit (au crédit du compte « 765. Escomptes obtenus »). Parallèlement, chez le fournisseur, les réductions commerciales s'enregistrent comme une diminution de produit (au débit du compte « 709. RRR accordés ») alors que les réductions financières s'enregistrent comme une augmentation de charge (au débit du compte « 665. Escomptes accordés »).

2. Présentez le décompte des calculs figurant sur chaque facture.

Entreprise Abel Facture de doit n° 100 3 octobre N	
Montant brut :	5 000
Remise 10 % :	– 500
Net commercial :	4 500
Escompte de 2 % :	– 90
Net financier :	4 410
TVA 20 % :	+ 882
Net à payer :	5 292

Entreprise Abel Facture d'avoir n° 112 9 octobre N	
Rabais supplémentaire 5 % (4 410 × 0,05) :	220,5
TVA 20 % :	+ 44,1
Net à votre crédit :	264,6

Entreprise Abel Facture d'avoir n° 113 14 octobre N			
Tranches de CA	**Taux**	**Montant**	
De 20 000 à 50000 €	1 %	300,00	----► Soit (50 000 – 20 000) × 1 %
De 50 000 à 80 000 €	2 %	400,00	----► Soit (70 000 – 50 000) × 2 %
De 80 000 à 90 000 €	3 %	00,00	
	Ristourne HT	**700,00**	
	TVA à 20 %	**140,00**	
	Avoir TTC	**840,00**	

3. Comptabilisez les factures dans le journal de l'entreprise Colleux puis dans le journal de l'entreprise Abel.

- Dans le journal de l'entreprise Colleux (client)

		3/10/N		
60700		Achats de marchandises	4 500,00	
44566		État, TVA déductible sur autres biens et services	882,00	
	76500	Escomptes obtenus		90,00
	40100	Fournisseurs		5 292,00
		Facture n° 100		

		9/10/N		
40100		Fournisseurs	264,60	
	60900	Rabais, remises et ristournes obtenus sur achats		220,50
	44566	État, TVA déductible sur autres biens et services		44,10
		Facture d'avoir n° 112		
		14/10/N		
40100		Fournisseurs	840,00	
	60900	Rabais, remises et ristournes obtenus sur achats		700,00
	44566	État, TVA déductible sur autres biens et services		140,00
		Facture d'avoir n° 113		

• Dans le journal de l'entreprise Abel (fournisseur)

		3/10/N		
41100		Clients	5 292,00	
66500		Escomptes accordés	90,00	
	70700	Ventes de marchandises		4 500,00
	44571	État, TVA collectée		882,00
		Facture n° 100		
		9/10/N		
70900		Rabais, remises et ristournes accordés par l'entreprise	220,50	
44571		État, TVA collectée	44,10	
	41100	Clients		264,60
		Facture d'avoir n° 112		
		14/10/N		
70900		Rabais, remises et ristournes accordés par l'entreprise	700,00	
44571		État, TVA collectée	140,00	
	41100	Clients		840,00
		Facture d'avoir n° 113		

4. Comptabilisez, dans le journal de l'entreprise Colleux, le paiement au 16/10/N prenant en compte l'ensemble des factures.

		16/10/N		
40100		Fournisseurs (5 292 – 264,6 – 840)	4 187,40	
	51200	Banque		4 187,40
		Paiement au fournisseur Abel		

❹ Volumic

Compétence attendue

Évaluer et **comptabiliser** les transactions courantes dans les comptes individuels : **convertir** des montants en euros • **identifier** le gain ou la perte de change • **enregistrer** les gains et pertes de change

1. Pour chaque opération réalisée par Volumic, commentez l'évolution du cours de l'euro par rapport au yuan chinois et déduisez-en l'écart de change qui en résulte.

Opération	Évolution du cours de l'euro par rapport au yuan chinois entre la facturation et le règlement	Écart de change
Vente au client Ishira (créance client)	Entre le 2/12/N et le 6/12/N : Augmentation du cours	Perte de change
Achat au fournisseur Xingu (dette fournisseur)	Entre le 10/12/N et le 16/12/N : Diminution du cours	Perte de change
Achat au fournisseur Yida (dette fournisseur)	Entre le 17/12/N et le 19/12/N : Augmentation du cours	Gain de change
Vente au client Yuan (créance client)	Entre le 22/12/N et le 25/12/N : Diminution du cours	Gain de change

2. Enregistrez l'ensemble des opérations du mois de décembre dans le journal de l'entreprise Volumic.

		2/12/N		
41100		Clients (63 000/7,690)	8 192,46	
	70100	Ventes de produits finis		8 192,46
		Facture n° CH1228		

		6/12/N		
51200		Banque (63 000/7,700)	8 181,82	
66600		Pertes de change	10,64	
	41100	Clients		8 192,46
		Paiement de la facture n° CH1228		
		10/12/N		
60100		Achats de matières premières et fournitures (23 000/7,680)	2 994,79	
	40100	Fournisseurs		2 994,79
		Facture n° JA412		
		15/12/N		
44566		État, TVA déductible sur autres biens et services	500,00	
	51200	Banque		500,00
		TVA sur facture n° JA412		
		16/12/N		
40100		Fournisseurs	2 994,79	
66600		Pertes de change	1,95	
	51200	Banque (23 000/7,675)		2 996,74
		Paiement de la facture n° JA412		
		17/12/N		
60500		Achats de matériels (80 000/7,684)	10 411,24	
	40100	Fournisseurs		10 411,24
		Facture n° 36		
		19/12/N		
40100		Fournisseurs	10 411,24	
	51200	Banque (80 000/7,692)		10 400,42
	76600	Gains de change		10,82
		Paiement de la facture n° 36		
		19/12/N		
60500 ou 63500		Droits de douanes	4 000,00	
44566		État, TVA déductible sur autres biens et services	2 080,00	
	51200	Banque		6 080,00
		Paiement des droits de douanes et de la TVA		
		22/12/N		
41100		Clients (120 000/7,710)	15 564,20	
	70100	Ventes de produits finis		15 564,20
		Facture n° CH1229		

		25/12/N		
51200		Banque (120 000/7,698)	15 588,46	
	41100	Clients		15 564,20
	76600	Gains de change		24,26
		Paiement de la facture n° CH1229		

Préparer l'épreuve

5 Tabil

Compétences attendues

- **Différencier** les pièces justificatives comptables (factures...) des autres documents (devis, bons de commande, pro forma...) : **connaître** les particularités d'une facture
- **Évaluer** et **comptabiliser** les transactions courantes dans les comptes individuels : **comptabiliser** des achats et des ventes à partir de factures mentionnant des retours, des réductions et des opérations en devises

1. En quoi la facture se distingue d'un devis et d'un bon de commande ?

La facture se distingue :

- d'un devis car elle atteste d'une vente conclue alors que le devis constitue seulement une proposition de vente ;
- d'un bon de commande car elle atteste d'une commande effective alors que le bon de commande constitue un engagement à commander.

2. Justifiez :

a) le montant de la remise supplémentaire accordée dans la facture n° 05-012.

La remise supplémentaire se calcule sur la base HT de la transaction, soit sur le montant brut diminué de la réduction et du retour : 670,00 – 33,5 – 85,5 = 551,00 €. Ainsi, la remise est égale à 0,02 × 551 = 11,02 €.

b) le montant de la TVA sur importation de bois dans la facture n° 06-562.

La TVA sur importation de bois est calculée sur le prix d'achat du bois importé converti en euros, augmenté des droits de douane, soit : [(5 382/1,3) + 265] × 0,1 = 440,50 €.

3. Enregistrez toutes les factures de l'annexe dans le journal de l'entreprise Tabil.

		22/05/N		
41100		Clients	763,80	
	70100	Ventes de produits finis		636,50
	44571	État, TVA collectée		127,30
		Facture n° 05-128 avec client Top Home		
		28/05/N		
70100		Ventes de produits finis	85,50	
70910		RRR accordés sur ventes de produits finis	11,02	
44571		État, TVA collectée	19,30	
	41100	Clients		115,82
		Facture d'avoir n° 05-012 avec client Top Home		
		02/06/N		
60100		Achats de matières premières et fournitures (5 382/1,3)	4 140,00	
	40100	Fournisseurs		4 140,00
		Facture n° 369 du fournisseur Briton Woods		
		10/06/N		
60100		Achats de matières premières et fournitures	265,00	
(ou 63500)		(Autres impôts, taxes et versements assimilés)		
62240		Rémunérations des transitaires	100,00	
44566		État, TVA déductible sur autres biens et services (440,5 + 20)	460,50	
	40100	Fournisseurs		825,50
		Facture n° 06-562 du fournisseur Ater SA		
		25/06/N		
60100		Achats stockés de matières premières et fournitures	7 100,00	
44566		État, TVA déductible sur autres biens et services (6 745 × 0,1)	674,50	
	76500	Escomptes obtenus		355,00
	40100	Fournisseurs		6 745,00
	44520	État, TVA due intracommunautaire		674,50
		Facture n° 06-0996 du fournisseur Lamahieut		

		29/06/N		
40100		Fournisseurs	308,75	
44520		État, TVA due intracommunautaire (308,75 × 0,1)	30,88	
	60100	Achats de matières premières		308,75
	44566	État, TVA déductible sur autres biens et services		30,88
		Facture d'avoir n° 06-0996 du fournisseur belge Lamahieut		

4. Enregistrez le paiement de la facture du fournisseur américain au 1er juillet N sachant qu'à cette date, 1 USD = 1,200 EUR.

		1/07/N		
40100		Fournisseurs	4 140,00	
66600		Pertes de change	345,00	
	51200	Banque (5 382/1,2)		4 485,00
		Paiement de la facture n° 369 au fournisseur Briton Woods		

6 Buréa

Compétence attendue

Évaluer et **comptabiliser** les transactions courantes dans les comptes individuels : **distinguer** les différentes réductions commerciales • **comptabiliser** des retours, des réductions, des opérations en devises

1. Nommez et définissez les trois types de réductions commerciales possibles.

Rabais	Réduction pratiquée exceptionnellement sur le prix convenu (défaut de qualité, retard de livraison…)
Remise	Réduction pratiquée habituellement sur le prix de vente (importance de la vente, qualité de client…)
Ristourne	Réduction de prix calculée sur l'ensemble des opérations faites avec le même client sur une période donnée

2. Présentez au journal la facture n° 201 du 8/10/N adressée par la société Buréa à son client la clinique SRS.

Société BUREA

RCS 257 982 459 Grenoble

Facture n°201 — Doit : Clinique SRS
Le 8/10/N

Désignation	Qté	PU HT	Montant
Plans de travail	3	200	600,00
Caissons sur roulettes	6	150	900,00
Sièges	3	200	600,00
Montage et installation			100,00
Total brut HT			2 200,00
Remise 10 % (0,1 × 2 200)			220,00
Net commercial HT			1 980,00
Escompte 20 % (0,2 × 1 980)			396,00
Net financier			1 584,00
TVA 20 %			316,80
Net à payer TTC			**1 900,8**

3. Présentez au journal de la société Buréa l'enregistrement comptable des opérations effectuées en octobre N, décrites en annexe.

Débit	Crédit	Libellé	Débit	Crédit
		2/10/N		
62262		Rémunérations d'intermédiaires et honoraires	800,00	
44564		État, TVA déductible sur encaissements	160,00	
(ou : 4458)		(ou : TVA à régulariser)		
	40100	Fournisseurs		960,00
		Facture n° 167 du cabinet d'avocats GGA		
		4/10/N		
60700		Achats de marchandises (5 × 400 × 0,9)	1 800,00	
44566		État, TVA déductible sur autres biens et services	360,00	
	40100	Fournisseurs		1 800,00
	44520	État, TVA due intracommunautaire		360,00
		Facture n° 638		

		8/10/N		
41100		Clients	1 900,80	
66500		Escomptes accordés	396,00	
	70100	Ventes de produits finis (600 + 900 + 600) × 0,9		1 890,00
	70600	Prestations de services (100 × 0,9)		90,00
	44571	État, TVA collectée		316,80
		Facture n° 201		
		12/10/N		
70100		Ventes de produits finis (200 × 3) × 0,9	540,00	
70910		RRR accordés sur ventes de produits finis	60,00	
44571		État, TVA collectée (540 – 108 + 60) × 0,2	98,40	
	41100	Clients		590,40
	66500	Escomptes accordés (540 × 0,2)		108,00
		Facture d'avoir n° 47		
		14/10/N		
41100		Clients (800 000 × 0,008)	6 400,00	
	70100	Ventes de produits finis		6 400,00
		Facture n° 210		
		20/10/N		
62100		Personnel extérieur à l'entreprise (3 × 400)	1 200,00	
44566		État, TVA déductible sur autres biens et services (1 200 – 10) × 0,2	238,00	
	76500	Escomptes obtenus		10,00
	40100	Fournisseurs		1 428,00
		Facture n° 424		
		20/10/N		
40100		Fournisseurs	1 428,00	
	51200	Banque		1 428,00
		Virement bancaire		
		23/10/N		
60225		Fournitures de bureau (1 400 – 70)	1 330,00	
44566		État, TVA déductible sur autres biens et services	266,00	
	40100	Fournisseurs		1 596,00
		Facture n° 1114		

		25/10/N		
60610		Achats non stockés	600,00	
44566		État, TVA déductible sur autres biens et services	120,00	
	40100	Fournisseurs		720,00
		Facture n° 789		
		30/10/N		
51200		Banque (800 000 × 0,009)	7 200,00	
	41100	Clients		6 400,00
	76600	Gains de change		800,00
		Paiement de la facture n° 210		

CHAPITRE 7

Opérations courantes d'achat et de vente : avances, frais accessoires et emballages

Évaluer les savoirs

1 QCM

1. b, c. Le compte 4091 constate, dans la comptabilité du client, des avances et acomptes versés au fournisseur qui constituent une créance sur ce dernier (ce qui correspond à une dette du fournisseur envers le client). Les avances et acomptes sont des versements de fonds qui précèdent la facturation (que la livraison soit effectuée ou non).

2. b, d. La consignation correspond à un prêt d'emballage (et non à un transfert de propriété) de la part du fournisseur en échange d'un prix de consignation facturé au client. Chez le client, le prix de consignation s'enregistre comme une créance provisoire envers son fournisseur enregistrée au débit du compte 4096. Chez le fournisseur, le prix de consignation est enregistré comme une dette provisoire envers son client enregistrée au crédit du compte 4196.

3. b. Le compte 6136 est enregistré par le client lorsqu'au retour des emballages consignés, la déconsignation s'effectue à un prix moindre que la consignation. Le fournisseur enregistre quant à lui un boni de consignation au crédit du compte 7086.

4. a. Quand le vendeur réalise lui-même une prestation accessoire qu'il facture au client (on est alors dans le cadre d'une vente « conditions départ »), cette prestation constitue un produit annexe à son activité principale enregistré au crédit du compte 708. L'enregistrement d'une prestation accessoire au crédit du compte vente déjà mouvementé est réalisé (dans le cadre d'une vente « conditions arrivée ») quand les frais sont répercutés dans le montant de la vente, en ne facturant pas cette prestation en tant que telle. Le compte 467 est quant à lui utilisé lorsque la prestation est fournie par un tiers dans le cadre d'un contrat de mandat.

5. a, d. Les emballages récupérables identifiables sont des emballages commerciaux (destinés à contenir les articles vendus aux clients), réutilisables et faisant l'objet d'un suivi individualisé, qui répondent à la définition d'une immobilisation. Ils se différencient des emballages non récupérables et non identifiables assimilés à des charges et des emballages à usage interne assimilés au matériel industriel.

6. b. Chez le fournisseur, l'absence de retour d'un emballage récupérable et consigné non identifiable s'enregistre comme une vente au crédit du compte 7088. À l'inverse, dans le cas d'un emballage récupérable identifiable, il s'enregistre comme une cession d'immobilisation au crédit du compte 775. Pour le client, l'absence de retour de l'emballage s'enregistre comme un achat d'emballage ou une perte, inscrits dans un compte de charge ou d'immobilisation.

2 Particularités liées aux achats et aux ventes

1. Calculez les montants manquants (en pointillés) de la facture n°03-412.

MINERVA
SARL au capital de 12 000 €
2, avenue Irène
06400 ANTIBES
TVA : FR 40 257 982 459
RCS 257 982 459 Nice

Doit : LITERIELAND
Route de Chartreuse
38700 Meylan
FRANCE

Facture n° 03-412
Le 13/01/N

Désignation	Qté	PU HT	Montant
Matelas Emma ref.12-H	5	1 000,00	**5 000,00**
Sommier Itane ref.54-G	2	1 500,00	**3 000,00**
Protections matelas ref.120-B	8	50,00	**400,00**
		Montant brut	**8 400,00**
		Port forfaitaire	300,00
		TVA 20 %	**1 740,00**
		Commission d'assurance récupérée	160,00
		Total TTC	**10 600,00**
		Consignation de 2 coffrets en bois (pour transport des sommiers) à 100,00 € l'unité	**200,00**
		Avance versée le 5/01/N	500,00
		Net à payer	**10 300,00**

Règlement sous 15 jours par virement

2. Qu'est-ce qui différencie l'avance de l'escompte ? Que représente l'avance pour le fournisseur Minerva ?

Si l'avance est une fraction du montant de la transaction versée avant la facturation de cette dernière, l'escompte est une réduction sur le montant de la transaction obtenue en raison d'un paiement anticipé, au moment de la facturation ou *a posteriori* (lors de l'émission d'une facture d'avoir).

Pour le fournisseur Minerva, l'avance représente une dette provisoire envers son client Literieland, qui s'éteindra lors de l'enregistrement de la facture.

3. Que représentent le port et la commission d'assurance pour Literieland ? Quelles sont les trois possibilités qui s'offrent à cette entreprise pour les comptabiliser ?

Pour le client Literieland, le port et la commission d'assurance représentent des frais accessoires d'achat.

Pour les comptabiliser, Literieland a le choix entre trois possibilités :

Enregistrement des frais au débit des comptes de charges par nature du PCG	Intégration des frais au prix d'achat lorsqu'ils peuvent être affectés de façon certaine aux biens concernés	Enregistrement des frais au débit du compte « 608. Frais accessoires d'achat », ventilé par types de biens
Les comptes suivants sont alors utilisés : « 6241. Transports sur achats » pour le port. « 616. Primes d'assurance » pour la commission d'assurance.	Le compte « 607. Achat de marchandises » est alors débité de 8 860 € (8 400 + 300 +160).	Le compte « 6087. Frais accessoires sur achats de marchandises » peut alors être utilisé.

4. Que représentent le port et la commission d'assurance pour Minerva ? La facture n° 03-412 rend-elle compte d'une vente « conditions arrivée » ou d'une vente « conditions départ » ? Dans quelles conditions le port est-il assuré ? Quels comptes différents sont utilisés pour comptabiliser ce port relativement au cas où le port serait « débours » ?

Pour le fournisseur Minerva, le port et la commission d'assurance représentent des frais accessoires de vente.

Ces frais apparaissant distinctement sur la facture, il s'agit (sauf exception) d'une vente « conditions départ ».

Le port étant forfaitaire, le vendeur Minerva assure lui-même le transport ou il fait appel à un tiers hors contrat de mandat.

Les comptes utilisés pour enregistrer un port forfaitaire sont, lors de leur engagement, les comptes de charge suivants :

- Si Minerva assure le transport, par exemple les comptes « 60610. Fournitures non stockables » pour la consommation de carburant, « 615. Entretiens et réparations » pour les travaux d'entretien du camion de livraison, « 64. Charges de personnel » pour le coût du travail du personnel de livraison, « 681. Dotations aux amortissements » pour constater l'amortissement du camion de livraison lors des travaux d'inventaire à la clôture de l'exercice.
- Si Minerva fait appel à un tiers, le compte « 6242. Transports sur ventes ».

À l'inverse, si le port est « débours » (soit réalisé par un tiers dans le cadre d'un contrat de mandat), les frais transitent par le compte « 467. Autres comptes débiteurs ».

5. À quelle catégorie comptable appartiennent précisément les coffrets en bois ? Que représente la consignation pour Minerva ? Que peut décider l'entreprise Literieland suite à cette consignation ?

Les coffrets en bois sont des emballages récupérables consignés. Ils sont identifiables s'ils font l'objet d'un suivi individualisé par le fournisseur ; dans le cas contraire, ils sont non identifiables.

La consignation représente pour Minerva un prêt temporaire d'emballage en échange d'une garantie financière, le prix de consignation. Ce prix représente alors une dette provisoire de Minerva envers son client Literieland.

Suite à cette consignation, l'entreprise Literieland peut décider de les retourner (on parle alors de déconsignation) ou de les conserver (ce qui s'enregistre comme une acquisition d'emballage).

Maîtriser les compétences

❸ Arbreland et Méduse

Compétence attendue

Évaluer et **comptabiliser** les transactions courantes dans les comptes individuels : **enregistrer** les avances et acomptes

1. Déterminez le montant du solde à payer au 16/06/N.

Montant du solde à payer : 4 000 × 1,2 – 1 200 = 3 600 € TTC.

2. Enregistrez les différentes opérations dans le journal d'Arbreland, puis dans le journal de Méduse, dans le cas où la commande porte sur la vente d'arbustes.

- Dans le journal du fournisseur Arbreland

		1/06/N		
51200		Banque	1 200	
	41910	Clients – Avances et acomptes reçus sur commandes		1 200
		Règlement du client Méduse pour acompte sur commande		
		12/06/N		
41100		Clients	3 600	
41910		Clients – Avances et acomptes reçus sur commandes	1 200	
	70700	Ventes de marchandises		4 000
	44571	État, TVA collectée		800
		Facture n° 34-7		
		16/06/N		
51200		Banque	3 600	
	41100	Clients		3 600
		Paiement de la facture n° 34-7		

- Dans le journal du client Méduse

		1/06/N		
40910		Fournisseurs – Avances et acomptes versés sur commandes	1 200	
	51200	Banque		1 200
		Règlement de l'acompte au fournisseur Arbreland		

		12/06/N		
60600		Achats non stockés de matières et fournitures	4 000	
44566		État, TVA déductible sur autres biens et services	800	
	40910	Fournisseurs – Avances et acomptes versés sur commandes		4 000
	40100	Fournisseurs		800
		Facture n° 34-7		
		16/06/N		
40100		Fournisseurs	3 600	
	51200	Banque		3 600
		Paiement de la facture n° 34-7		

3. Enregistrez les différentes opérations dans le journal d'Arbreland dans le cas où la commande porte sur l'entretien du jardin et où cette entreprise n'a pas opté pour la TVA sur les débits.

		1/06/N		
51200		Banque	1 200	
44580		État, TVA à régulariser (1 200/6)	200	
	41910	Clients – Avances et acomptes reçus sur commandes		1 200
	44571	État, TVA collectée		200
		Règlement de l'acompte		
		12/06/N		
60600		Clients	4 000	
44566		Clients – Avances et acomptes reçus sur commandes	800	
	70600	Prestations de services		4 000
	44580	État, TVA à régulariser		200
	44574	État, TVA collectée sur encaissements		600
		Facture n° 34-7		
		16/06/N		
51200		Banque	3 800	
44574		État, TVA collectée sur encaissements	600	
	41100	Clients		3 800
	44571	État, TVA collectée		600
		Paiement de la facture n° 34-7		

4 Rodrigo

Compétence attendue

Évaluer et **comptabiliser** les transactions courantes dans les comptes individuels : **enregistrer** des frais accessoires d'achat et de vente

1. Enregistrez, dans le journal de Rodrigo, l'achat du 5 avril N selon trois méthodes différentes.

- Enregistrement des frais accessoires dans le compte de charges par nature

		5/04/N		
60700		Achats de marchandises	40 000	
62410		Transport sur achats (0,06 × 40 000)	2 400	
44566		État, TVA déductible sur autres biens et services	8 480	
	40100	Fournisseurs		50 880
		Facture n° …, Achat à Arbile		

- Intégration des frais accessoires au compte d'achats concerné

		5/04/N		
60700		Achats de marchandises (40 000 + 2 400)	42 400	
44566		État, TVA déductible sur autres biens et services	8 480	
	40100	Fournisseurs		50 880
		Facture n° …, Achat à Arbile		

- Utilisation du compte 608

		5/04/N		
60700		Achats de marchandises	42 400	
60870		Frais accessoires sur achats de marchandises	8 480	
44566		État, TVA déductible sur autres biens et services		
	40100	Fournisseurs		50 880
		Facture n° …, Achat à Arbile		

2. Enregistrez, dans le journal de Rodrigo, les autres opérations du mois d'avril.

		9/04/N		
46700		Autres comptes débiteurs	300	
	51200	Banque		300
		Facture n° …, frais sous contrat de mandat avec Maud		
		13/04/N		
41100		Client	2 700	
	70700	Ventes de marchandises		2 000
	44571	État, TVA collectée (2 000 × 20 %)		400
	46700	Autres comptes débiteurs		300
		Facture n° …, Vente à Maud		

		14/04/N		
62420		Transports sur ventes (360/1,2)	300	
44566		État, TVA déductible sur autres biens et services	60	
	51200	Banque		360
		Facture n°, frais hors contrat de mandat avec la mairie de Fontaine		
		16/04/N		
41100		Clients	7 200	
	70700	Ventes de marchandises (6 000 – 300)		5 700
	70800	Produits des activités annexes		300
	44571	État, TVA collectée		1 200
		Facture n° …, Vente à la mairie de Fontaine		
		23/04/N		
41100		*Clients*	3 600	
	70700	Ventes de marchandises		3 000
	44571	État, TVA collectée		600
		Facture n° …, Vente à Paulo		
		26/04/N		
41100		Clients	1 440	
	70700	Ventes de marchandises		1 000
	70800	Produits des activités annexes		200
	44571	État, TVA collectée (1 000 + 200) × 0,2		240
		Facture n° …, Vente à Bretonne		

❺ Vitaminus

Compétences attendues

- **Distinguer** les emballages ayant la nature de charge et ceux ayant la nature d'immobilisation
- **Évaluer** et **comptabiliser** les transactions courantes dans les comptes individuels : **enregistrer** les emballages (acquisition, consignation/déconsignation, retour/non-retour)

1. Indiquez la classification comptable de chacun des emballages utilisés par l'entreprise Vitaminus.

	Type d'emballage	Classification comptable (à l'acquisition)
Cartons	Emballages perdus	Charge
Bacs en plastique	Emballages récupérables non identifiables	Charge
Caisses palettes	Emballages récupérables identifiables	Immobilisation

2. Enregistrez, au journal de l'entreprise Vitaminus, les opérations suivantes du mois de mars.

		2/03/N		
60261		Achats d'emballages perdus (400 × 1)	400	
60265		Achats d'emballages récupérables non identifiables (50 × 12)	600	
44566		État, TVA déductible sur autres biens et services [(400 + 600) × 0,2]	200	
21860		Emballages récupérables (20 × 80)	1 600	
44562		État, TVA déductible sur immobilisations (1 600 × 0,2)	320	
	40100	Fournisseur		1 200
	40400	Fournisseur d'immobilisation		1 920
		Facture n° 458, Achat à Emballix		
		4/03/N		
41100		Client	126	
	70700	Ventes de marchandises (60 × 2)		120
	44571	État, TVA collectée (120 × 0,05)		6
		Facture n° V651, Vente à Alphonse		
		6/03/N		
41100		Clients	155	
	70700	Ventes de marchandises (100 × 1)		100
	44571	État, TVA collectée (100 × 0,05)		5
	41960	Clients, dettes pour emballages consignés (10 × 5)		50
		Facture n° V652, Vente à Laurent		
		14/03/N		
41960		Clients – Dettes pour emballages et matériels consignés (5 × 5)	25	
	41100	Clients		19
	70860	Bonis sur reprises d'emballages consignés (25 – 5 × 4)		5
	44571	État, TVA collectée (5 × 0,2)		1
		Facture n° AV138, Retour d'emballages de Laurent		
		26/04/N		
41960		Clients – Dettes pour emballages et matériels consignés (5 × 5)	25	
41100		Clients	11	
	70880	Autres produits d'activités annexes (5 × 6)		30
	44571	État, TVA collectée (30 × 0,2)		6
		Facture d'avoir n° VE46, Vente d'emballages à Laurent		

3. Enregistrez, dans le journal de l'entreprise Laurent, les trois dernières opérations.

		6/03/N		
60700		Achats de marchandises	100	
44566		État, TVA déductible sur autres biens et services	5	
40960		Fournisseurs, créances pour emballages à rendre	50	
	40100	Fournisseurs		155
		Facture n° V652, Achat à Vitaminus		
		14/03/N		
40100		Fournisseurs	19	
61360		Malis sur emballage (25 – 5 × 4)	5	
44566		État, TVA déductible sur autres biens et services (5 × 0,2)	1	
	40960	Fournisseurs – Créances pour emballages et matériels à rendre (5 × 5)		25
		Facture n° AV138, Retour d'emballages à Vitaminus		
		17/03/N		
60265		Achats d'emballages récupérables non identifiables (5 × 6)	30	
44566		État, TVA déductible sur autres biens et services	6	
	40100	Fournisseurs		11
	40960	Fournisseurs – Créances pour emballages et matériels à rendre		25
		Facture d'avoir n° VE46, Achat d'emballes à Vitaminus		

Préparer l'examen

6 Adenov

Compétence attendue

Évaluer et **comptabiliser** les transactions courantes dans les comptes individuels : **comptabiliser** les avances et acomptes, les frais accessoires et les emballages

1. À partir de l'annexe, enregistrez dans le journal de l'entreprise Adenov les opérations du mois de novembre N.

		02/11/N		
60100		Achats de matières premières et fournitures (100 × 100 × 0,9)	9 000	
62410		Transport sur achats	200	
44566		État, TVA déductible sur autres biens et services	1 840	
	40100	Fournisseurs		11 040
		Facture n° 1066 du fournisseur DORA		
		03/11/N		
60100		Achats de matières premières et fournitures (3 × 1 200)	3 600	
44566		État, TVA déductible sur autres biens et services (3 600 × 0,2)	720	
40960		Fournisseurs – créances pour emballages à rendre (3 × 50)	150	
	40100	Fournitures		4 470
		Facture n° 2030 du fournisseur LEMANO		
		08/11/N		
51200		Banque	2 400	
44580		État – TVA à régulariser (2 400/6)	400	
	41910	Clients – avances et acomptes reçus		2 400
	44571	État – TVA collectée		400
		Chèque n° 5729, acompte client ASSONA		
		16/11/N		
60100		Achats de matières premières et fournitures (800 000 × 0,008)	6 400	
	40100	Fournitures		6 400
		Facture n° 130 du fournisseur PIERRES JAPON		

		18/11/N		
62240		Rémunération des transitaires	250	
62400		Transport	500	
63500		Impôts et taxes	150	
44566		État, TVA déductible sur autres biens et services [(250 + 500 + 150 + 6 400) × 0,2]	1 460	
	40100	Fournitures		2 360
		Facture n° 645 d'IMPORT-SERVICES		
		19/11/N		
61360		Malis sur emballages [(50 – 40) × 2] + 50	70	
44566		État, TVA déductible sur autres biens et services	14	
		Fournisseurs	66	
40100				
	40960	Fournitures – créances pour emballages à rendre (3 × 50)		150
		Facture n° 130 du fournisseur PIERRES JAPON		
		21/11/N		
41100		Clients	21 600	
41910		Clients – Avances et acomptes reçus	2 400	
	70600	Prestations de services		20 000
	44580	État, TVA à régulariser (2 400/6)		400
	44574 (ou 44580)	État, TVA collectée sur encaissements [(20 000 × 0,2) – 400] (ou : État, TVA à régulariser)		3 600
		Facture n° 7120, Client ASSONA		
		25/11/N		
51200		Banque	21 600	
44574 (ou : 4458)		État, TVA collectée sur encaissements (ou : État, TVA à régulariser)	3 600	
	41100	Clients		21 600
	44571	État, TVA collectée		3 600
		Réception du paiement de la facture n° 7120		

2. Enregistrez, dans le journal de l'entreprise DORA, l'émission de la facture n° 1066. Présentez par ailleurs cet enregistrement dans le cas où le port, réalisé par un tiers, est mentionné « débours ».

- Émission de la facture n° 1066 dans le journal de l'entreprise DORA

		Date d'émission de la facture n° 1066		
41100		Clients	11 040	
	70100	Ventes de produits finis		9 000
	70850	Ports et frais accessoires facturés		200
	44571	État, TVA collectée		1 840
		Facture n° 1066, Client ADENOV		

- Enregistrement dans le cas où le port, réalisé par un tiers, est mentionné « débours »

		Date d'émission de la facture n° 1066		
41100		Clients	11 040	
	70100	Ventes de produits finis		9 000
	44571	État, TVA collectée (9 000 × 0,2)		1 800
	62420	Transports sur ventes		200
	44566	État, TVA déductible sur autres biens et services (200 × 0,2)		40
		Facture n° 1066, Client ADENOV		

- Autre possibilité

		Date d'émission de la facture n°1066		
41100		Clients	11 040	
	70100	Ventes de produits finis		9 000
	44571	État, TVA collectée		1 800
	46700	Autres comptes débiteurs (200 × 1,2)		240
		Facture n° 1066, Client ADENOV		

CHAPITRE 8

Opérations courantes avec le personnel et les organismes sociaux

Évaluer les savoirs

1 Quiz

1. Vrai. Le bulletin de salaire (ou bulletin de paie) doit être remis obligatoirement à chaque salarié une fois par mois. Son émission justifie l'enregistrement comptable.

2. Faux. Le coût salarial total, soit les charges liées au personnel supportées par l'employeur, est constitué des salaires bruts et des cotisations patronales. Les cotisations salariales sont comprises dans les salaires bruts.

3. Vrai. Les cotisations salariales incombent au salarié ; les cotisations patronales incombent à l'employeur.

4. Vrai. Salaire net à payer = 3 000 – 400 – 600 = 2 000 €.

5. Vrai. Les avances et les oppositions sont prélevées directement par l'employeur sur le salaire net à verser au salarié.

6. Vrai. La DSN (Déclaration sociale nominative) permet la transmission unique, mensuelle et dématérialisée des données issues de la paie.

7. Faux. Le compte 421 est crédité lors de l'enregistrement des salaires bruts (enregistrement de la dette envers le personnel) et débité lors de l'enregistrement des cotisations salariales (diminution de la dette).

8. Vrai. L'enregistrement des cotisations patronales constate une charge pour l'employeur (débit du compte 645) et une dette envers la Sécurité sociale (crédit du compte 431) et les autres organismes sociaux (crédit du compte 437).

Maîtriser les compétences

2 Olympe

Compétence attendue

Évaluer et **comptabiliser** les opérations relatives au personnel et aux organismes sociaux

1. Calculez le montant des salaires bruts, des salaires nets et des salaires nets à payer par l'entreprise Olympe.

- Salaires bruts : 30 000 + 1 000 = 31 000 €
- Salaires nets : 31 000 – (5 300 + 1 500) = 24 200 €
- Salaires nets à payer : 24 200 – 3 000 = 21 200 €

2. Calculez, avec les données fournies, les charges issues de la paie.

Charges issues de la paie = Salaires bruts + Cotisations patronales = 31 000 + 12 000 + 4 600 = 47 600 €

3. Enregistrez, dans le journal de l'entreprise Olympe, les salaires bruts, les cotisations sociales et les impôts sur le revenu prélevés à la source.

		29/03/N		
64100		Rémunérations du personnel	31 000	
	42100	Personnel – rémunérations dues		31 000
		Salaires bruts, mars N		
		29/03/N		
42100		Personnel – rémunérations dues	6 800	
	43100	Sécurité sociale (URSSAF)		5 300
	43700	Autres organismes sociaux		1 500
		Cotisations salariales, mars N		
		29/03/N		
64500		Charges de Sécurité sociale et de prévoyance	16 600	
	43100	Sécurité sociale (URSSAF)		12 000
	43700	Autres organismes sociaux		4 600
		Cotisations patronales, mars N		
		29/03/N		
42100		Personnel – rémunérations dues	3 000	
	44210	Prélèvement à la source (impôt sur le revenu)		3 000
		Impôts sur le revenu prélevés à la source, mars N		

4. Enregistrez, dans le journal de l'entreprise Olympe, les différents règlements réalisés.

		31/03/N		
42100		Personnel – rémunérations dues (salaires nets à payer)	21 200	
	51200	Banque		21 200
		Paie de mars N, avis de débit n° …		
		22/04/N		
43100		Sécurité sociale (URSSAF) (5 300 + 12 000)	17 300	
43700		Autres organismes sociaux (1 500 + 4 600)	6 100	
	51200	Banque		23 400
		Paie de mars N, charges sociales, avis de débit n° …		

		22/04/N		
44210		Prélèvement à la source (impôt sur le revenu)	3 000	
	51200	Banque		3 000
		Impôts sur le revenu prélevés à la source, mars N		

❸ Expertia

Compétence attendue

Évaluer et **comptabiliser** les opérations relatives au personnel et aux organismes sociaux

1. En plus du bulletin de salaire, quels sont les documents liés à la paie que l'entreprise se doit d'établir ?

En plus du bulletin de salaire, l'entreprise doit établir :

- Le registre unique du personnel qui récapitule, dans l'ordre d'embauche, les noms, prénoms, nationalité, date de naissance, sexe, emploi, qualification, date d'entrée et de sortie de tous les salariés de l'entreprise.
- La déclaration sociale nominative (DSN) qui permet la transmission des données issues de la paie (notamment cotisations sociales et prélèvements à la source).

Un livre de paie peut également être établi, mais n'est pas obligatoire.

2. Justifiez les montants du bulletin de paie relatifs aux charges patronales, au coût global et au net payé.

Total des cotisations et contributions patronales	668,42
+ Financement des titres-restaurant par l'employeur	+ 100,80
= Charges patronales	**= 769,22 €**

Salaire brut	2 080,00
+ Charges patronales	+ 769,22
= Coût global (pour l'employeur)	**= 2 849,22 €**

Salaire brut	2 080 ,00
– Cotisations salariales	– 481,86
– Financement des titres-restaurant par le salarié	– 67,20
– Impôt sur le revenu	– 37,49
= Net payé (au salarié)	**= 1 493,45 €**

Net payé (au salarié) = Salaire brut – Cotisations salariales – Financement des titres-restaurant par le salarié – Impôt sur le revenu = 1 493,45 €.

3. Enregistrez, dans le journal d'Expertia, le bulletin de paie de M. Toru (les écritures relatives aux titres-restaurant ne sont pas demandées).

		../01/2019		
64100		Rémunérations du personnel	2 080,00	
	42100	Personnel – rémunérations dues		2 080,00
		Bulletin de paie de M. Toru, janvier 2019		
		../01/2019		
42100		Personnel – rémunérations dues	481,86	
	43100	Sécurité sociale (URSSAF) (481,86 – 126,19)		355,67
	43700	Autres organismes sociaux (12,79 +29,99 + 83,41)		126,19
		Cotisations salariales, bulletin de paie M. Toru, janvier 2019		
		../01/2019		
42100		Personnel – rémunérations dues	37,49	
	44210	Prélèvement à la source (impôt sur le revenu)		37,49
		Impôts prélevés à la source de M. Toru		
		../01/2019		
64500		Charges de Sécurité sociale et de prévoyance	668,42	
	43100	Sécurité sociale (URSSAF) (668,42 – 195,26)		473,16
	43700	Autres organismes sociaux (25,27 + 44,98 + 125,01)		195,26
		Cotisations patronales, bulletin de paie de M. Toru, janvier 2019		

4. Enregistrez l'ensemble des paiements en lien avec ce bulletin de paie.

		31/01/2019		
42100		Personnel – rémunérations dues	1 493,45	
	51200	Banque		1 493,45
		Paie de janvier 2019 de M. Toru, avis de débit n°…		
		../02/2019		
44210		Prélèvement à la source (impôt sur le revenu)	37,49	
	51200	Banque		37,49
		Paie de janvier 2019 de M. Toru, impôts prélevés à la source, avis de débit n° …		

		../02/2019		
43100		Sécurité sociale (URSSAF) (355,67 + 473,16)	828,83	
43700		Autres organismes sociaux (126,19 + 195,26)	321,45	
	51200	Banque		1 150,28
		Paie de janvier 2019 de M. Toru, charges sociales, avis de débit n° ...		

4 CARLA

Compétence attendue

Évaluer et **comptabiliser** les opérations relatives au personnel et aux organismes sociaux

1. Qu'est-ce qui distingue les cotisations salariales des cotisations patronales ?

Les cotisations salariales sont à la charge du salarié : elles ne représentent donc pas une charge pour l'entreprise, contrairement aux cotisations patronales.

2. En reprenant les définitions des tranches fournies dans le cours, calculez le montant des différentes tranches de l'assiette des cotisations sociales pour chacun des deux salariés.

Tranches	Montant de l'assiette pour M. Ego	Montant de l'assiette pour Mme Rahma
Totalité du salaire brut	1 600 €	3 400 €
Tranche A ou tranche 1	1 600 €	3 377 €
Tranche B	0 €	3 400 – 3 377 = 23 €
Tranche C	0 €	0 €
Tranche 2*	0 €	23 €

* Tranche utilisée dans le tableau pour calculer des cotisations de retraite complémentaire.

3. À partir de l'annexe et pour chacun des deux salariés, présentez dans un tableau le décompte des cotisations sociales.

Cotisations sociales M. Ego	Base de calcul	Cotisations employeur		Cotisations salarié	
		Taux (%)	Montant	Taux (%)	Montant
Urssaf					
Assurance maladie, maternité...	1 600	7	112,00		
Allocations familiales	1 600	5,25	84,00		

Cotisations sociales M. Ego	Base de calcul	Cotisations employeur		Cotisations salarié	
		Taux (%)	**Montant**	**Taux (%)**	**Montant**
Assurance vieillesse	1 600	1,9	30,40	0,4	6,40
Accidents du travail	1 600	1	16,00		
Contribution solidarité autonomie	1 600	0,3	4,80		
CSG déductible	(1) 1 572			6,8	106,90
CSG non déductible	1 572			2,4	37,73
CRDS	1 572			0,5	78,60
Assurance vieillesse (plafonnée)	1 600	8,55	136,80	6,90	110,40
Aide au logement	1 600	0,1	1,60		
Assurance chômage (tranche A et B)	1 600	4,05	64,80		
Assurance garantie des salaires	1 600	0,15	2,40		
Contribution au dialogue social	1 600	0,016	0,26		
Caisses de retraite complémentaire					
Cotisation de base tranche 1	1 600	4,72	75,62	3,15	50,40
CEG tranche 1	1 600	1,29	20,64	0,86	13,76
		Totaux	**549,32**		**404,19**

(1) 0,9825 × 1 600

Cotisations sociales Mme Rahma	Base de calcul	Cotisations employeur		Cotisations salarié	
		Taux	**Montant**	**Taux**	**Montant**
URSSAF					
Assurance maladie	3 400	7	238,00		
Allocations familiales	3 400	5,25	178,50		
Assurance vieillesse	3 400	1,9	64,60	0,4	13,60
Accidents du travail	3 400	1	34,00		
Contribution solidarité autonomie	3 300	0,3	9,90		
CSG déductible	3 340,5			6,80	227,15

Cotisations sociales Mme Rahma	Base de calcul	Cotisations employeur		Cotisations salarié	
		Taux	Montant	Taux	Montant
CSG non déductible	3 340,5			2,4	80,17
CRDS	3 340,5			0,50	16,70
Assurance vieillesse (Tr A)	3 377	8,55	288,73	6,90	233,01
Aide au logement (Tr A)	3 377	0,1	3,38		
Assurance chômage (Tr A + B)	3 400	4,05	137,70	2,4	81,60
AGS (assurance garantie salaires)	3 400	0,15	5,10		
Contribution financière organisations syndicales	3 400	0,016	0,54		
Caisses de retraite complémentaire					
Cotisation de base tranche 1	3 377	4,72	159,39	3,15	106,38
CEG tranche 1	3 377	1,29	43,56	0,86	29,04
Cotisation de base tranche 2	27	12,95	3,50	8,64	2,33
CEG tranche 2	27	1,62	0,44	1,08	0,29
CET (si salaire > 1 plafond)	3 400	0,21	7,14	0,14	4,76
Assurance décès obligatoire	3 377	1,50	50,66		
APEC	3 400	0,036	1,22	0,024	41,48
Totaux			**1 226,36**		**836,51**

4. Enregistrez, dans le journal de l'entreprise CARLA, la déclaration et le paiement des cotisations sociales pour ces deux salariés.

			Débit	Crédit
		Fin mars N		
42100		Personnel – rémunérations dues (836,51 + 404,19)	1 240,70	
	43100	Sécurité sociale (Urssaf)		992,26
	43700	Autres organismes sociaux		248,44
		Cotisations salariales, mars N		

		Fin mars N		
64500		Charges de Sécurité sociale et de prévoyance (1226,36 + 549,32)	1 775,68	
	43100	Sécurité sociale (Urssaf)		1413,51
	43700	Autres organismes sociaux		362,17
		Cotisations patronales, mars N		
		Avril N		
43100		Sécurité sociale (Urssaf)	2 405,77	
43700		Autres organismes sociaux	610,61	
	51200	Banque		3 016,38
		Paiement des cotisations sociales du mois de mars N		

5. Après avoir calculé le salaire net imposable de Mme Rahma, calculez et enregistrez dans le journal de l'entreprise CARLA son prélèvement à la source de l'impôt sur le revenu.

Salaire net imposable = Salaire net + CSG non déductible + CRDS = (3 400 – 836,51) + 80,7 + 16,7 = 2 660,89 €

Prélèvement à la source = 0,12 × 2 660,89 = 319,31 €

		25/04/N		
42100		Personnel – rémunérations dues	319,31	
	44210	Prélèvement à la source (impôt sur le revenu)		319,31
		Impôts sur le revenu prélevés à la source, mars N		

Préparer l'épreuve

5 Locabon

Compétence attendue

Évaluer et **comptabiliser** les opérations relatives au personnel et aux organismes sociaux

1. Indiquez quels sont les éléments constitutifs du salaire brut.

Le salaire brut est constitué du salaire contractuel, des heures supplémentaires, des majorations, des primes et gratifications et des avantages en nature.

2. Déterminez le total des salaires nets à payer à la fin du mois de septembre par Locabon.

Salaires bruts	28 000
– Cotisations salariales	– 6 530
– Impôt prélevé à la source	– 2 800
– Acomptes	– 1 500
– Oppositions	– 1 000
= Salaires nets à payer	**= 16 170**

3. Déterminez le coût total du personnel au titre du mois de septembre.

Salaires bruts	28 000
+ Cotisations patronales	+ 11 630
= Coût total du personnel en septembre	**= 39 630**

4. Déterminez le montant de la dette totale de Locabon auprès des organismes sociaux pour la paie du mois de septembre.

Cotisations salariales	6 530
+ Cotisations patronales	+ 11 630
= Dette auprès des organismes sociaux en septembre	**= 18 160**

5. Enregistrez, au journal de l'entreprise Locabon, la paie du mois ainsi que les différents règlements.

Débit	Crédit	Libellé	Débit	Crédit
		21/09/N		
425		Personnel – avances et acomptes	1 500	
	512	Banque		1 500
		Versement des acomptes sur salaires, avis de débit n°…		
		Fin du mois		
427		Personnel – oppositions	1 000	
	512	Banque		1 000
		Versement des oppositions sur salaires, avis de débit n°…		
		30/09/N		
64100		Rémunérations du personnel	28 000	
	42100	Personnel – rémunérations dues		28 000
		Livre de paie, septembre N		

		30/09/N		
42100		Personnel – rémunérations dues	9 030	
	43100	Sécurité sociale (Urssaf)		5 080
	43700	Autres organismes sociaux (1 100 + 350)		1 450
	42500	Personnel – avances et acomptes		1 500
	42700	Personnel – oppositions		1 000
		Cotisations salariales, avances et oppositions, livre de paie, septembre N		
		30/09/N		
42100		Personnel – rémunérations dues	2 800	
	44210	Prélèvement à la source (impôt sur le revenu)		2 800
		Impôts prélevés à la source		
		30/09/N		
64500		Charges de Sécurité sociale et de prévoyance	11 630	
	43100	Sécurité sociale (URSSAF)		9 530
	43700	Autres organismes sociaux (1 750 + 350)		2 100
		Cotisations patronales, livre de paie, septembre N		
		30/09/N		
42100		Personnel – rémunérations dues	16 170	
	51200	Banque		16 170
		Paie de septembre N, avis de débit n° …		
		30/09/N		
43100		Sécurité sociale (Urssaf) (5 080 + 9 530)	14 610	
43700		Autres organismes sociaux (1 450 + 2 100)	3 550	
	51200	Banque		18 160
		Paie de septembre N, charges sociales, avis de débit n° …		
		30/09/N		
44210		Prélèvement à la source (impôt sur le revenu)	2 800	
	51200	Banque		2 800
		Paie de septembre N, impôt prélevé à la source, avis de débit n° …		

CHAPITRE 9

Opérations courantes de trésorerie

Évaluer les savoirs

1 Quiz

1. **Vrai.** Un avis de débit informe d'une sortie de trésorerie, ce qui est enregistré au crédit du compte 512.

2. **Faux.** Les règlements par carte bancaire et par virement sont enregistrés dans le compte 512. En revanche, les règlements par espèces sont enregistrés dans le compte 530.

3. **Vrai.** Cela entraîne une entrée de trésorerie pour le commerçant, qui s'enregistre au crédit du compte 512.

4. **Faux.** Le tireur enregistre le chèque au moment où il l'émet. Il recevra par la suite un avis de débit.

5. **Vrai.** La traite correspond à une lettre de change. Elle désigne une reconnaissance de dette qui peut donner lieu à une avance de trésorerie dans le cas d'une remise à l'escompte.

6. **Faux.** La création et la remise à l'escompte des billets à ordre papier s'enregistrent en comptabilité au travers de comptes dédiés. Ce sont la création et la remise à l'escompte des lettres de change relevées magnétiques qui ne s'enregistrent pas.

7. **Faux.** Contrairement à la lettre de change papier, la lettre de change magnétique ne donne pas lieu à un enregistrement spécifique (notamment dans les comptes dédiés aux effets de commerce) lors de son émission et de sa remise à l'escompte ou à l'encaissement car elle n'est pas reconnue d'un point de vue juridique comme un effet de commerce.

8. **Faux.** La réciprocité des comptes induit qu'un montant au crédit du compte « 512. Banque » doit se retrouver au débit du relevé de compte construit selon la comptabilité de la banque.

9. **Faux.** Le rapprochement bancaire est un document facultatif : il n'y a pas d'obligation d'en réaliser un. Il permet de contrôler les montants du compte 512 au regard des montants inscrits sur le relevé bancaire.

10. **Faux.** Les opérations que la banque n'a pas prises en compte doivent être corrigées dans la comptabilité de la banque et non dans la comptabilité de l'entreprise.

2 Règlements et financement

1. Analysez successivement les deux documents en identifiant leur nature, le créancier et le débiteur et les différentes étapes de gestion de ces documents correspondant aux dates mentionnées.

	Analyse du premier document	Analyse du deuxième document
Nature	Chèque	Bordereau de remise à l'escompte d'une lettre de change relevée (LCR)
Créancier	Société Gullon	Société Gullon
Débiteur	M. Dupond	Voile Passions
Différentes étapes de gestion correspondant aux dates mentionnées	• 10/11/N : émission du chèque par le débiteur • 18/11/N : remise à la banque par le créancier pour obtenir le paiement	• 10/11/N : acceptation de la lettre de change par le débiteur • 18/11/N : remise à la banque de la LCR par le créancier pour obtenir un escompte • 31/12/N : échéance de la LCR

2. Quelle(s) différence(s) faites-vous entre ces deux documents du point de vue de la gestion de la trésorerie ?

Le chèque est seulement un support de règlement alors que la lettre de change relevée, par la technique de l'escompte, permet également d'obtenir une avance de trésorerie, et donc de financer l'exploitation.

3. Considérant le premier document, citez trois autres modalités de règlement qui existent pour payer un achat.

Le règlement d'un achat peut également être réalisé grâce à des espèces (dans la limite de 1 000 €), à un virement bancaire ou à une carte de crédit.

4. Considérant le deuxième document, en quoi la LCR diffère du billet à ordre ? Dans quelle mesure l'enregistrement de la LCR chez le tiré diffère de celui réalisé chez le tireur ?

- La LCR diffère du billet à ordre dans la mesure où elle est émise par le tireur (fournisseur) et non par le tiré (client).
- L'enregistrement de la LCR chez le tiré (client) est différent car elle est enregistrée lors de son acceptation par le crédit du compte « 403. Fournisseurs – effets à payer » (chez le tireur, elle est enregistrée lors de la réception de cette dernière acceptée par le débit du compte 413). Par ailleurs, sa remise à la banque (que ce soit sa remise à l'escompte ou à l'échéance) par le tireur n'est pas comptabilisée chez le tiré.

5. Dans quelle mesure la remise de ces deux documents à la Banque Nationale de Paris va impacter le compte 512 dans la comptabilité de l'entreprise Gullon ? De même, comment cette remise va impacter le relevé bancaire de l'entreprise Gullon établi par la Banque Nationale de Paris ?

Dans la comptabilité de l'entreprise Gullon, la remise de ces deux documents à sa banque va entraîner une entrée de trésorerie enregistrée au débit du compte 512. Inversement, cette dernière va augmenter le crédit du relevé bancaire de l'entreprise du fait de la réciprocité des comptes.

Maîtriser les compétences

3 Sander

Compétences attendues

- **Citer** les différentes modalités de règlement des dettes et créances, les **comptabiliser**
- **Justifier** l'intérêt du rapprochement bancaire, l'**établir** puis **comptabiliser** les écritures nécessaires : **comprendre** la réciprocité des comptes et leurs écarts potentiels

1. Enregistrez les opérations du mois de février au journal de l'entreprise Sander.

		2/02/N		
40100		Fournisseur	650	
	51200	Banque		650
		Chèque n° 121		
		8/02/N		
53000		Caisse	180	
	51200	Banque		180
		Avis de débit n° …		
		10/02/N		
53000		Caisse	150	
41100		Client	300	
	70700	Ventes de marchandises [(300 + 150)/1,2)]		375
	44571	État, TVA collectée (450 – 375)		75
		Facture n° …		
		12/02/N		
51200		Banque (300 – 1,44)	298,56	
62700		Services bancaires (0,0048 × 300)	1,44	
41100		Client		300,00
		Avis de crédit n° …		
		17/02/N		
51200		Banque	230	
	41100	Client		230
		Remise du chèque n° 453 à la banque		
		19/02/N		
41100		Client	230	
62700		Services bancaires	10	
	51200	Banque		240
		Annulation du paiement du chèque n° 453 pour impayé		

La réception du chèque par le bénéficiaire (le 16/02/N) ne donne pas lieu à un enregistrement.

		23/02/N		
51200		Banque	2 550	
	41910	Clients – avances et acomptes reçus		2 550
		Avis de crédit n° …		
		25/02/N		
40100		Fournisseur	200	
	51200	Banque		200
		Avis de prélèvement n° …		
		27/02/N		
62380		Pourboires	7	
	53000	Caisse		7
		Pourboire remis au livreur		
		28/02/N		
40100		Fournisseur	7 800	
	51200	Banque		7 800
		Ordre de virement n° 564		

2. Élaborez les comptes en T des comptes « Banque » et « Caisse » sachant qu'au 1er février N le solde du compte « Banque » est débiteur de 12 000 € et le solde du compte « Caisse » est débiteur de 500 €.

51200. Banque

(SAN) 12 000,00	650,00 (02/02/N)
(12/02/N) 298,56	180,00 (08/02/N)
(17/02/N) 230,00	240,00 (19/02/N)
(23/02/N) 2 550,00	200,00 (25/02/N)
	7 800,00. (28/02/N)

SD : 6 008,56

53000. Caisse

Débit	Crédit
(SAN) 500,00	7,00 (27/02/N)
(08/02/N) 180,00	
(10/02/N) 150,00	

SD : 823,00

3. Ces opérations ont-elles permis d'améliorer ou de dégrader la situation de la trésorerie au 28 février ?

Si ces opérations ont permis d'augmenter la trésorerie disponible en caisse, elles ont conduit à diminuer le niveau de trésorerie disponible en banque d'environ de moitié. Au total, ces opérations ont alors conduit à dégrader la situation de la trésorerie entre le 1er février N et le 28 février N.

4. En théorie, quel devrait être le solde au 28 février N du compte de Sander ouvert à la banque ? L'entreprise est-elle à découvert ? Pourquoi ce solde pourrait-il être différent du solde théorique ?

Du fait de la réciprocité des comptes, le compte de Sander ouvert à la banque devrait être créditeur de 6 008,56 €. L'entreprise n'est donc pas à découvert. En pratique, au 28 février N, ce solde peut être différent en raison de décalages temporels, d'informations connues seulement par la banque ou par l'entreprise, d'erreurs et omissions.

4 Miela

Compétence attendue

Citer les différentes modalités de règlement des dettes et créances, les **comptabiliser** : comprendre et enregistrer les modalités de financement de l'exploitation

1. Enregistrez les opérations du mois d'octobre N dans le journal de l'entreprise Miela.

		4/10/N		
10800		Compte de l'exploitant	80	
	51200	Banque		80
		Avis de débit n° …, prélèvement personnel		
		12/10/N		
51200		Banque	1 500	
	10800	Compte de l'exploitant		1 500
		Avis de crédit n° …		
		18/10/N		
60600		Achats non stockés de matières et fournitures (200/1,2)	166,67	
44566		TVA sur autres biens et services	33,33	
	10800	Compte de l'exploitant		200
		Achat de fournitures sur compte personnel		

2. Enregistrez les opérations du mois de novembre N dans le journal de l'entreprise Miela.

		03/11/N		
41300		Clients, effets à recevoir	550,00	
	41100	Clients		550,00
		LCR papier n° 241		
		09/11/N		
51130		Effets à l'encaissement	185,00	
	41300	Clients, effets à recevoir		185,00
		Bordereau de remise à l'encaissement de l'effet n° 232		
		13/11/N		
51140		Effets à l'escompte	368,00	
	41300	Clients, effets à recevoir		368,00
		Bordereau de remise à l'escompte de l'effet n° 240		

		16/11/N		
51200		Banque	352,32	
62750		Frais sur effets	10,00	
44566		État, TVA déductible sur autres biens et services	2,00	
66160		Charges d'intérêt	3,68	
	51140	Effets à l'escompte		368,00
		Avis de crédit n° …, relatif à l'effet n° 240		
		17/11/N		
51200		Banque	170,60	
62750		Frais sur effets	12,00	
44566		État, TVA déductible sur autres biens et services	2,40	
	51130	Effets à l'encaissement		185,00
		Avis de crédit n° …, relatif à l'effet n° 232		
		20/11/N		
51130		Effets à l'encaissement	475,00	
	41300	Clients, effets à recevoir		475,00
		Remise à l'encaissement de l'effet n° 235		
		28/11/N		
41100		Clients	475,00	
	51130	Effets à l'encaissement		475,00
		Retour de l'effet n° 235 impayé		
		28/11/N		
62700		Services bancaires	16,00	
44566		État, TVA déductible sur autres biens et services	3,20	
	51200	Banque		19,20
		Avis de débit n° …, frais d'impayé		
		30/11/N		
40500		Fournisseurs d'immobilisations, effets à payer	3 000,00	
40300		Fournisseurs, effets à payer	1 500,00	
	51200	Banque		4 500,00
		Avis de débit n° …, domiciliations échues		

3. Enregistrez les opérations du 3/11, du 9/11 et du 17/11 dans le journal de l'entreprise Miela, dans l'hypothèse d'une lettre de change magnétique (et non papier).

Dans l'hypothèse d'une lettre de change magnétique, les opérations du 3 et du 9 novembre ne sont pas enregistrées : les créances sur les clients restent au débit du compte 411. Clients ; elles ne sont pas virées au débit du compte 413 ou 5113.

L'encaissement de LCR magnétiques à l'échéance entraîne le solde du compte 411.

		17/11/N		
51200		Banque	170,60	
62750		Frais sur effets	12,00	
44566		État, TVA déductible sur autres biens et services	2,40	
	41100	Clients		185,00
		Avis de crédit n° ..., relatif à la LCR magnétique n° 232		

5 Camoglu

Compétence attendue

Justifier l'intérêt du rapprochement bancaire, l'**établir** puis **comptabiliser** les écritures nécessaires

1. Justifiez la différence des soldes initiaux au 01/01/N+1 entre le compte bancaire tenu par l'entreprise Camoglu et le compte de l'entreprise Camoglu tenu par sa banque.

Les soldes initiaux font apparaître un écart de 9 000 € (solde à la banque supérieur à celui du compte tenu par l'entreprise) au 1/01/N+1. Cet écart s'explique par :

- Le chèque n° 4566 à Kanoute pour 12 000 € qui avait été créé à la fin du mois de décembre et qui a été présenté à la banque au début du mois de janvier N+1. Ce chèque, qui figurait sur l'état de rapprochement établi au 31 décembre N, ne figurera donc pas sur l'état de rapprochement du mois de janvier N+1.
- Le chèque n° 842 de 3 000 € qui avait été enregistré au mois de décembre N dans la comptabilité de l'entreprise mais qui a été remis à la banque au début du mois de janvier N+1. Ce chèque, qui figurait sur l'état de rapprochement établi au 31 décembre N, ne figurera donc pas sur l'état de rapprochement du mois de janvier N+1.

Vérification : 17 000 (solde initial du relevé de compte de la banque) + 3 000 – 12 000 = 8 000 (solde débiteur du compte 512).

Remarque : ces deux opérations qui n'avaient pas, fin décembre, été enregistrées par la banque, sont pointées dans le relevé de compte reçu de la banque fin janvier avec le pointage des soldes initiaux par le numéro **(1)**.

2. Effectuez le pointage après rapprochement des sommes figurant sur les documents présentés ; analysez les sommes non pointées.

- Pointage des sommes identiques et de sens contraire (numérotation de **(1)** à **(6)** sur les documents)
  - Relevé de compte reçu de la banque fin janvier N+1

Banque Populaire		Titulaire du compte : Camoglu			
		Mouvements débit	Mouvements crédit	Solde débiteur	Solde créditeur
01/01	Solde initial				**(1) 17 000**
03/01	Remise de chèque n° 842 Panais		**(1)** 3 000		20 000
04/01	Remise de chèque n° 256 Pierre		21 000		41 000
12/01	Chèque n° 4566 à Kanoute	**(1)** 12 000			29 000
14/01	Virement Martin		**(2)** 30 000		59 000
15/01	Remboursement emprunt	**(3)** 20 000			39 000
15/01	Intérêts emprunts	**(3)** 4 000			35 000
16/01	Prélèvement EDF	**(4)** 5 000			30 000
20/01	Virement Dupont		**(5)** 10 000		40 000
23/01	Prélèvement Orange	*6 000*			34 000
27/01	Dividendes sur VMP		2 000		36 000
28/01	Domiciliation LCR échue	*16 000*			20 000
29/01	Virement salaires	**(6)** 25 000		5 000	
30/01	Frais de tenue de compte	*100*		5 100	
30/01	Intérêts sur découvert bancaire	*200*		**5 300**	

– Compte « 512. Banque Populaire » extrait du grand livre de l'entreprise Camoglu à la fin de janvier N+1

Compte « 512. Banque »		Mouvements		Soldes	
		Débit	Crédit	Débiteur	Créditeur
01/01	Solde initial			**(1)** 8 000	
02/01	Remise Chèque n° 256 du client Pierre	*12 000*		20 000	
02/01	Virement client Martin	**(2)** 30 000		50 000	
03/01	Chèque n° 4567 à Valette		*9 000*	41 000	
05/01	Chèque n° 4568 à Leroux		*10 000*	31 000	
15/01	Annuité d'emprunt		**(3)** 24 000	7 000	
16/01	Prélèvement EDF		**(4)** 5 000	2 000	
18/01	Virement client Dupont	**(5)** 10 000		12 000	

Compte « 512. Banque »		Mouvements		Soldes	
		Débit	Crédit	Débiteur	Créditeur
18/01	Chèque n° 4569 à Sabin		*3 000*	9 000	
29/01	Remise Chèque n° 372 client Charles	*20 000*		29 000	
30/01	Virement des salaires		**(6)** 25 000	4 000	

- Les sommes non pointées qui sont *en italique* sont à reprendre lors de l'établissement de l'état de rapprochement au 31/01/N+1.

La remise du chèque n° 256 de Pierre correspond à une erreur d'enregistrement dans la comptabilité de l'entreprise : elle a été comptabilisée pour 12 000 € au lieu de 21 000 €. La différence d'enregistrement (21 000 – 12 000, soit 9 000 €) est alors à inscrire dans l'état de rapprochement au 31/01/N.

3. Présentez l'état de rapprochement bancaire au 31/01/N+1.

Compte « 512. Banque » dans la comptabilité de l'entreprise Camoglu			Compte de l'entreprise Camoglu dans la comptabilité de la banque		
	Débit	Crédit		Débit	Crédit
Solde avant rapprochement	4 000		Solde avant rapprochement	5 300	
Erreur sur remise du chèque n° 256 Pierre	9 000		Chèque n° 4567 à Valette	9 000	
Prélèvement Orange		6 000	Chèque n° 4568 à Leroux	10 000	
Dividendes sur VMP	2 000		Chèque n° 4569 à Sabin	3 000	
Domiciliation LCR échue		16 000	Remise chèque n° 372 de Charles		20 000
Frais de tenue de compte		100			
Intérêts sur découvert bancaire		200			
Total	15 000	22 300	Total	27 300	20 000
Solde créditeur après rapprochement	7 300		Solde débiteur après rapprochement		7 300

4. Enregistrez au journal de Camoglu les écritures de régularisation nécessaires.

		31/01/N+1		
51200		Banque	9 000	
	41100	Clients		9 000
		Erreur sur chèque n° 256 de Pierre, selon état de rapprochement		
		31/01/N+1		
40100		Fournisseurs	6 000	
	51200	Banque		6 000
		Prélèvement Orange, selon état de rapprochement		

		31/01/N+1		
51200		Banque	2 000	
	76400	Revenus de VMP		2 000
		Dividendes reçus, selon état de rapprochement		
		31/01/N+1		
62700		Services bancaires	100	
	51200	Banque		100
		Frais de tenue de compte		
		31/01/N+1		
40300		Fournisseurs, effets à payer	16 000	
	51200	Banque		16 000
		Domiciliation LCR échue, selon état de rapprochement		
		31/01/N+1		
66100		Charges d'intérêt	200	
	51200	Banque		200
		Intérêts sur découvert, selon état de rapprochement		

5. Indiquez le solde des comptes dans chaque comptabilité à la date du 01/02/N+1.

Au 01/02/N+1 :

- le solde du compte 512 dans la comptabilité de l'entreprise est égal, après écritures de régularisation, à un solde créditeur de 7 300 €.
- le solde du compte de l'entreprise à la banque est inchangé (en considérant qu'il n'y a pas eu d'écriture de régularisation) : il a donc un solde débiteur de 5 300 €.

6 Micoud

Compétence attendue

Citer les différentes modalités de règlement des dettes et créances, les **comptabiliser**

1. Expliquez l'utilité d'un effet de commerce pour un fournisseur.

Un effet de commerce est un instrument de paiement : le tireur de l'effet peut désigner un autre bénéficiaire que lui-même ; par ailleurs, le tireur de l'effet peut l'endosser au profit de l'un de ses propres fournisseurs.

Un effet de commerce peut aussi être remis à l'escompte à la banque pour faire face à un besoin de trésorerie. Cette remise à l'escompte permet d'obtenir de la banque le montant de la créance avant son échéance, sous déduction des agios (intérêts et commissions).

2. Indiquez les raisons pour lesquelles la lettre de change magnétique n'est pas traitée en comptabilité comme un véritable effet de commerce.

La lettre de change magnétique étant dématérialisée, elle ne bénéficie pas du droit cambiaire : elle n'est donc pas reconnue comme un effet de commerce.

Le droit cambiaire est l'ensemble de règles de droit applicables aux effets de commerce. À titre d'exemple, et en application du droit cambiaire, le bénéficiaire d'un effet de commerce comportant plusieurs signatures (celle du tireur, celle de l'acceptation, celle des endos) peut se retourner contre chacun des signataires individuellement en cas de non-paiement.

3. À partir de l'annexe, enregistrez dans le journal de la société Micoud les opérations courantes de l'année N.

		8/01/N		
40100		Fournisseurs	3 700	
	51200	Banque		3 700
		Avis de débit n° …		
		20/02/N		
60100		Achat de matières et fournitures	1 000	
66100		Charges d'intérêts	80	
62700		Services bancaires	30	
44566		État, TVA déductible sur autres biens et services (1 000 + 30) × 0,2	206	
	51200	Banque		1 316
		Achat de matières et fournitures à découvert		
		01/03/N		
51200		Banque	40 000	
	10800	Compte de l'exploitant		40 000
		Apport temporaire de l'exploitant		
		9/04/N		
51140		Effets à l'escompte	11 000	
	41300	Clients – Effets à recevoir		11 000
		Remise à l'escompte de la lettre de change n° 327		
		12/04/N		
51200		Banque	10 630	
62700		Services bancaires	50	
44566		État, TVA déductible sur autres biens et services (50 × 0,2)	10	
66100		Charges d'intérêts (360 – 50)	310	
	51140	Effets à l'escompte		11 000
		Avis de crédit n° … relatif à la lettre de change n° 327		

		06/06/N		
51200		Banque	6 000	
	41100	Client		6 000
		Chèque n° ... du client Lina		
		1/10/N		
10800		Compte de l'exploitant	40 000	
66100		Charges d'intérêts [40 000 × 0,03 × (7/12)]	700	
	51200	Banque		40 700
		Remboursement de l'apport de Mme Micoud		
		20/11/N		
40100		Fournisseurs	12 000	
	40300	Fournisseurs – effets à payer		12 000
		Émission du billet à ordre n° 47		

7 LARA

Compétence attendue

Justifier l'intérêt du rapprochement bancaire, l'établir puis comptabiliser les écritures nécessaires

1. Indiquez l'intérêt d'établir des états de rapprochement bancaires.

L'établissement des états de rapprochement bancaire permet de mettre en évidence et d'expliquer les écarts entre le compte « Banque » tenu par l'entreprise et le compte de l'entreprise ouvert à la banque. En cas d'erreurs ou d'omissions détectées, il permet de régulariser la comptabilité de l'entreprise ou, plus rarement, de la banque.

2. Présentez l'état de rapprochement au 31/03/N.

Compte « Banque » tenu par l'entreprise			Compte de l'entreprise tenu par la banque		
Opérations	Débit	Crédit	Opérations	Débit	Crédit
Solde avant rapprochement	25 600		Solde avant rapprochement		24 320
Virement du client Argos	1 800		Chèque à l'ordre de Boris	720	
Frais bancaires TTC		60	Remise d'espèces		4 700
Prélèvement EDF		820			
Intérêts sur compte rémunéré	780				
Erreur chèque fournisseur Lenoir (5 400 – 4 500)	900				

Compte « Banque » tenu par l'entreprise			Compte de l'entreprise tenu par la banque		
Opérations	Débit	Crédit	Opérations	Débit	Crédit
Intérêts sur bons du trésor	100				
Total	**29 180**	**880**	**Total**	**720**	**29 020**
Solde **débiteur** après rapprochement		**28 300**	Solde **créditeur** après rapprochement	**28 300**	

3. Enregistrez dans la comptabilité de l'entreprise LARA les écritures de régularisation nécessaires, faisant suite au rapprochement bancaire.

		31/03/N		
51200		Banque	1 800	
	41100	Clients		1 800
		Virement client Argos		
		31/03/N		
51200		Banque	780	
	76300	Revenus des autres créances		780
		Intérêts sur compte rémunéré		
		31/03/N		
51200		Banque	900	
	40100	Fournisseurs		900
		Erreur sur chèque Lenoir		
		31/03/N		
51200		Banque	100	
	76400	Revenus de VMP		100
		Intérêts bons du trésor		
		31/03/N		
62700		Services bancaires	50	
44566		État, TVA déductible sur autres biens et services	10	
	51200	Banque		60
		Frais bancaires		
		31/03/N		
40100		Fournisseurs	820	
	51200	Banque		820
		Prélèvement EDF		

CHAPITRE 10 Opérations courantes d'investissement et de placement

Évaluer les savoirs

1 QCM

1. b, d. Le véhicule de tourisme et le prêt constituent des immobilisations, donc des éléments utilisés pendant plusieurs exercices. En revanche, la location d'un appartement est une charge, engendrant un appauvrissement de l'entreprise. Même si la ponceuse est utilisée pendant plusieurs exercices et répond à la définition d'une immobilisation, ce matériel peut fiscalement être inscrit en charge car sa valeur unitaire n'excède pas 500 €.

2. a, b, d. Les immobilisations corporelles sont évaluées : au coût d'acquisition si elles sont acquises à titre onéreux ; au coût de production si elles sont produites par l'entreprise pour elle-même ; à la valeur vénale si elles acquises à titre gratuit ou par voie d'échange. Seules les immobilisations incorporelles produites par l'entreprise pour elle-même sont évaluées au coût de développement.

3. a, c. Chez le fournisseur, le compte « 4191. Clients – avances et acomptes reçus » est crédité lors de son versement et débité lors de la facturation. Ce compte ne porte pas sur une immobilisation du point de vue du fournisseur. Chez le client, le compte « 237/238. Avances et acomptes versés » est débité lors de son versement et crédité lors de la facturation.

4. b, d. Les VMP, acquises pour réaliser un gain à brève échéance, sont considérées comme de l'actif circulant enregistré dans les comptes « 50. VMP ». Elles sont acquises pour spéculer ou pour optimiser la gestion de trésorerie et non pour influer sur la gestion des entreprises.

5. b. L'achat de titres est comptabilisé dans des comptes de classe 2 ou 5 car les titres constituent des immobilisations financières ou des VMP. Ils ne constituent pas des charges. L'acquisition de titres est comptabilisée au coût d'acquisition ou à la valeur vénale. La TVA ne s'applique pas au coût d'acquisition des titres, mais aux frais éventuels liés à l'acquisition, soit aux frais prélevés par des tiers qui interviennent dans la transaction.

6. b. Dans le cas particulier de l'acquisition à titre onéreux d'un véhicule de tourisme, la TVA ne peut être récupérée et n'est donc pas déductible. La TVA est intégrée dans le coût d'acquisition du véhicule et ne mobilise donc pas les comptes relatifs à la TVA.

2 Identification des investissements et titres

1. Expliquez la distinction entre une immobilisation et une charge d'une part, puis entre une immobilisation et une valeur mobilière de placement d'autre part.

Une immobilisation se distingue d'une charge par le fait qu'elle est utilisée pendant plusieurs exercices et que sa valeur doit être significative (supérieure à 500 €).

Une immobilisation financière se distingue d'une VMP par le fait qu'elle est conservée durablement (au moins deux ans).

2. Précisez dans quelle rubrique des documents de synthèse la valeur d'entrée des charges, des immobilisations et des VMP se trouve.

	Rubrique des documents de synthèse où se trouve leur valeur d'entrée
Charges	Du côté débit (gauche) du compte de résultat
Immobilisations	Dans « l'actif immobilisé » du bilan (haut du bilan)
VMP	Dans « l'actif circulant » du bilan (bas du bilan)

3. Complétez la deuxième colonne du tableau et, si l'opération n'est pas une charge, complétez les deux dernières colonnes du tableau.

Opération	Charge, immobilisation ou VMP ?	Mode d'entrée et mode d'évaluation	Classement comptable (numéro et nom de compte)
1.	Immobilisation (incorporelle)	Production par l'entreprise pour elle-même évaluée au coût de développement	205. Concessions et droits similaires, brevets, licences, marques, procédés, logiciels, droits et valeurs similaires
2.	VMP	Acquisition à titre onéreux évaluée au coût d'acquisition	507. VMP – Bons du Trésor et bons de caisse à court terme
3.	Charge	–	–
4.	Immobilisation (financière)	Acquisition à titre onéreux, évaluée au coût d'acquisition	273. Titres immobilisés de l'activité de portefeuille (TIAP)
5.	Immobilisation (corporelle)	Acquisition à titre gratuit, évaluée à la valeur vénale	215. Installations techniques, matériels et outillages industriels
6.	Immobilisation (financière)	Acquisition à titre d'apport en nature, évaluée à la valeur vénale	271. Titres immobilisés autres que les TIAP (droit de propriété)
7.	Charge	–	–
8.	VMP	Acquisition à titre onéreux, évaluée au coût d'acquisition	506. VMP Obligation
9.	Immobilisation (financière)	Acquisition par voie d'échange, évaluée à la valeur vénale	261. Titre de participation
10.	Immobilisation (corporelle)	Production par l'entreprise pour elle-même évaluée au coût de production	2157. Agencements et aménagements du matériel et outillage industriels

❸ Acquisitions diverses

1. Enregistrez cette entrée dans le journal de l'entreprise Zentiva dans le cas où elle a acquis ce bureau aux conditions suivantes : montant brut de 1 000 € HT, remise de 10 %, frais de livraison de 120 € HT.

		27/01/N		
21840		Mobilier (1 000 × 0,9 + 120)	1 020	
44562		État, TVA déductible sur immobilisations	204	
	40400	Fournisseurs d'immobilisations		1 224
		Facture n°		

2. Enregistrez cette entrée dans le cas où ce bureau est fabriqué par deux salariés de l'entreprise. Les coûts de cette fabrication sont les suivants : 300 € de matières premières utilisées, 400 € de main-d'œuvre directe (charges sociales comprises), 100 € de quote-part de charges indirectes de production. Cette opération n'est pas soumise à TVA.

		27/01/N		
21840		Mobilier (300 + 400 + 100)	800	
	72200	Production immobilisée – immobilisations corporelles		800
		Décompte analytique n°		

3. Enregistrez cette entrée dans le cas où ce bureau a été donné par une entreprise partenaire. Ce bureau a une valeur de 600 € HT sur le marché de l'occasion, sachant que sa livraison nécessiterait la location d'un camion pour 150 €.

		27/01/N		
21840		Mobilier (600 – 150)	450	
	77880	Autres produits exceptionnels		450
		Selon attestation		

4. Enregistrez cette acquisition dans le journal de l'entreprise Zentiva dans le cas où elle a acquis ces actions pour réaliser un gain à brève échéance et où elle a opté pour inscrire les frais d'acquisition des actions dans le coût d'acquisition.

		../../..		
50300		Actions (300 × 140 + 70)	42 070	
44566		État, TVA déductible sur autres biens et services (70 × 0,2)	14	
	464	Dettes sur acquisitions de VMP		42 084
		Acquisition de 300 actions		

5. Enregistrez cette acquisition dans le cas où elle a acquis ces actions dans le cadre de sa stratégie de gestion de portefeuille à long terme et où elle a opté pour inscrire les frais d'acquisition des actions en charges.

		../../..		
27300		Titres immobilisés de l'activité de portefeuille	42 000	
62710		Frais sur titres	70	
44562		État, TVA déductible sur autres biens et services	14	
	40400	Fournisseurs d'immobilisations		42000
	40100	Fournisseurs		84
		Acquisition de 300 actions		

Maîtriser les compétences

❹ Entreprise Bertrand

Compétences attendues

- **Distinguer** les charges des immobilisations
- **Identifier** la nature d'une immobilisation
- **Justifier** les règles d'entrée des immobilisations et des valeurs immobilières de placement dans le patrimoine de l'entité
- **Évaluer et comptabiliser** l'entrée des immobilisations incorporelles et corporelles dans le patrimoine de l'entité

Enregistrez les opérations courantes réalisées par l'entreprise Bertrand au début du mois de mars N.

		01/03/N		
21540		Matériel industriel	42 639,80	
44562		État, TVA déductible sur immobilisations	8 527,96	
	23800	Avances et acomptes versés sur immobilisations corporelles		10 000,00
	40400	Fournisseurs d'immobilisation		41 167,76
		Facture n° 338		
		02/03/N		
21540		Matériel industriel	80,00	
44562		État, TVA déductible sur immobilisations	16,00	
	40400	Fournisseurs d'immobilisation		96,00
		Facture du transporteur TNT		

		03/03/N		
60223		Fournitures d'atelier	350,00	
44566		État, TVA déductible sur autres biens et services	70,00	
	51200	Banque		420,00
		Facture n° 352		
		07/03/N		
20500		Concessions et droits similaires, brevets…	45 000,00	
	20300	Frais de recherche et de développement		45 000,00
		Facture n° 352		
		Fin novembre N		
20300		Frais de recherche et de développement	45 000,00	
	72100	Production immobilisée – Immobilisations incorporelles		45 000,00
		Frais de recherche engagés		

Cette écriture fait suite à l'enregistrement en novembre N–1 des dépenses de recherche et de développement.

Préparer l'épreuve

5 Bricopro

Compétences attendues

- **Distinguer** les charges des immobilisations
- **Identifier** la nature d'une immobilisation
- **Justifier** les règles d'entrée des immobilisations et des valeurs immobilières de placement dans le patrimoine de l'entité
- **Évaluer et comptabiliser** l'entrée des immobilisations incorporelles et corporelles dans le patrimoine de l'entité

1. Quelles sont les conditions à remplir pour qu'une immobilisation soit inscrite à l'actif du bilan ?

Trois conditions doivent être remplies pour inscrire une immobilisation à l'actif :

Éléments identifiables	Possibilité de les individualiser et de les détacher des autres éléments du patrimoine.
Contrôlées par l'entreprise	Possibilité de les utiliser pour ses besoins et de bénéficier des revenus qu'elles procurent.
Avantages économiques futurs quantifiables	Permet de générer des entrées de fonds futures.

2. Enregistrez les opérations de mars N décrites en annexe dans le journal de l'entreprise Bricopro.

Même si l'imprimante répond à la définition d'une immobilisation, elle peut être inscrite en charge car sa valeur unitaire n'excède pas 500 € HT.

N'oubliez pas que dans le cas particulier de l'acquisition à titre onéreux d'un véhicule de tourisme, la TVA ne peut pas être récupérée : la TVA est alors intégrée dans le coût d'acquisition du véhicule.

		10/03/N		
21830		Matériel de bureau et informatique (2 × 2 000)	4 000	
20500		Logiciels	700	
44562		État, TVA déductible sur immobilisations	940	
60500		Achats de matériel, équipements et travaux	200	
60640		Achats de fournitures administratives (525 × 2)	50	
44566		TVA déductible sur ABS	50	
	40400	Fournisseur d'immobilisations		5 640
	40100	Fournisseurs		300
		Facture n° 480		
		15/03/N		
21820		Matériel de transport [(30 000 + 1 500 + 500) × 0,9 × 1,2]	34 560	
60610		Fournitures non stockables	100	
63540		Droits de timbre	400	
	40400	Fournisseur d'immobilisations		34 560
	40100	Fournisseurs		500
		Facture n° 372		
		16/03/N		
20500		Agencements des constructions (500 + 300 + 1 000 + 120)	1 920	
	72200	Production immobilisations corporelles		1 920
		Mise en service d'un logiciel conçu en interne		
		19/03/N		
21820		Matériel de transport	85 000	
44562		État, TVA déductible sur immobilisations	17 000	
	23800	Avances et acomptes versés sur commandes d'immobilisations corporelles		10 000
	40400	Fournisseurs d'immobilisations		92 000
		Facture n° 700		
		22/03/N		
21550		Outillage industriel (Valeur vénale = 1 200 – 150)	1 050	
	77800	Autres produits exceptionnels		1 050
		Présentoir reçu à titre gratuit		
		23/03/N		
21550		Outillage industriel (160 000 + 5 000 + 1 000 + 2000)	168 000	
44562		État, TVA déductible sur immobilisations	33 600	
	40400	Fournisseurs d'immobilisation		166 000
	51200	Banque (2 000 + 33 600)		35 600
		Importation d'un chariot élévateur		

6 Lambert

Compétences attendues

- **Justifier** les règles d'entrée des immobilisations financières et des valeurs mobilières de placement dans le patrimoine de l'entité
- **Évaluer** et **comptabiliser** l'entrée des immobilisations financières et des valeurs mobilières de placement dans le patrimoine de l'entité ainsi que les revenus associés

1. Quel intérêt l'entreprise Lambert peut-elle trouver à ne pas inscrire les frais d'acquisition à l'actif ?

L'entreprise Lambert peut avoir intérêt à enregistrer les frais d'acquisition en charges car cela diminue de façon immédiate le résultat de l'exercice, ce qui diminue la charge d'impôt sur le bénéfice de l'exercice actuel.

2. Pour chaque titre acquis au cours de l'année N, indiquez et justifiez son classement comptable.

Titres	Classement comptable	Justification
Parts sociales de la BNP	271. Titres immobilisés autres que TIAP (droits de propriété)	Titres bloqués jusqu'à l'échéance de l'emprunt par nécessité
Actions LITEC	261. Titres de participation	Détention de 13 % du capital (40 000/300 000) et volonté d'agir sur l'activité de LITEC
Obligations UTA	506. Valeurs mobilières de placement (obligations)	Placement de trésorerie à court terme
Actions BIC	273. Titres immobilisés de l'activité de portefeuille	Volonté de placement à long terme pour en tirer une rentabilité
Actions LENOVO	503. Valeurs mobilières de placement (actions)	Optique exclusivement spéculative.

3. Enregistrez dans le journal de l'entreprise Lambert les opérations relatives aux années N et N+1 décrites en annexe.

			Débit	Crédit
		01/02/N		
27100		Titres immobilisés autres que TIAP (droit de propriété)	2 000	
	51200	Banque		2 000
		Avis de débit n° 213		
		02/04/N		
26100		Titres de participations (40 000 × 40)	1 600 000	
	51200	Banque		1 600 000
		Virement bancaire n° 312		

		09/05/N		
50600		VMP – obligations (150 × 110)	16 500	
	51200	Banque		16 500
		Avis de débit n° 430		
		27/06/N		
27300		TIAP	27 000	
	40400	Fournisseurs d'immobilisation		27 000
		Actions BIC		
		30/06/N		
40400		Fournisseurs d'immobilisation	27 000	
62700		Services bancaires	40	
44566		État, TVA déductible sur ABS	8	
	51200	Banque		27 048
		Avis de débit n°…		
		20/08/N		
50300		VMP – actions (300 × 0,8 × 100)	24 000	
	46400	Dettes sur acquisition de VMP		24 000
		Actions LENOVO		
		31/08/N		
46400		Dettes sur acquisitions de VMP	24 000	
62700		Services bancaires	10	
44566		État, TVA déductible sur ABS	2	
66600		Pertes de change (25 200 – 24 000)	1 200	
	51200	Banque (300 × 0,84 × 100) + 12		25 212
		Avis de débit n° …		
		08/02/N+1		
51200		Banque	380	
	76100	Produits de participation		380
		Dividendes des actions LITEC		
		14/04/N+1		
51200		Banque	830	
	76400	Revenus des VMP		830
		Coupons des obligations UTA		

CHAPITRE 11

Opérations courantes liées aux cessions d'immobilisations et de VMP

Évaluer les savoirs

1 Quiz

1. Vrai. La cession des immobilisations corporelles et incorporelles n'est pas une opération financière et une opération d'exploitation liée à l'activité courante et normale de l'entreprise : elle met alors en jeu des comptes de produits et charges exceptionnels.

2. Faux. Dans cette configuration, elle enregistre une plus-value.

3. Vrai. Le résultat de cession correspond à la différence entre le prix de cession et la valeur nette comptable de l'immobilisation vendue.

4. Vrai. Si les titres cédés ont été comptabilisés à la classe 2 lors de leur acquisition, la cession des titres est constatée au travers des comptes 775 et/ou 675. S'ils ont été comptabilisés à la classe 5, leur cession est constatée au travers du compte 667 ou 767.

5. Faux. Cette méthode permet de déterminer le coût d'acquisition des titres cédés lorsque la cession porte sur des titres acquis à des dates et valeurs différentes.

6. Vrai. Le débit du compte 675 est utilisé pour sortir les titres de participation du bilan. Le crédit du compte 775 est utilisé pour constater la cession des titres de participation.

7. Vrai. Les commissions sur vente de titres sont enregistrées au débit du compte « 6271. Frais sur titres » avec la TVA déductible correspondante, venant diminuer le crédit du compte 775 utilisé pour constater la cession de titres de participation.

8. Vrai. La somme des montants portés au crédit des comptes 667 et 767 permet d'obtenir le total des ventes de VMP de l'année. Si l'entreprise vend également des immobilisations financières, le total des ventes devra être complété des montants inscrits au crédit des comptes 775 et 675.

9. Faux. La sortie de TIAP du patrimoine (et non l'enregistrement du prix de cession) mobilise le compte 675 (en cas de perte sur cession) ou 775 (en cas de gain sur cession) au débit et le compte d'immobilisation au crédit.

10. Vrai. Lors d'une cession de VMP, seul le compte 667 est employé en cas de perte sur cession ; ou seul le compte 767 en cas de gain sur cession.

2 Cessions diverses

1. Enregistrez la cession du terrain dans le journal de la société Pritolas.

		12/05/N		
46200		Créances sur cession d'immobilisations	80 000	
	77520	Produits des cessions d'éléments d'actif		80 000
		Facture n° …		

		12/05/N		
67520		Valeur comptable des éléments d'actif cédés	42 000	
	21150	Terrains bâtis		42 000
		Sortie du terrain du patrimoine		

2. Calculez et qualifiez le résultat relatif à cette cession de terrain.

80 000 – 42 000 = 38 000 €. Il s'agit d'une plus-value de cession.

3. Quelles auraient été les différences dans l'enregistrement si le résultat avait été de signe contraire ?

Si la cession avait généré une moins-value, les comptes utilisés auraient été identiques, mais le montant mentionné dans le compte 775 aurait été inférieur au montant mentionné dans le compte 675.

4. Calculez et qualifiez le résultat relatif à cette cession d'actions.

100 × 60 – 100 × 80 = –2 000 Il s'agit d'une moins-value de cession.

5. Enregistrez la cession dans le journal de la société Pritolas dans le cas où les actions sont :

- Des titres de participation

		12/06/N		
46200		Créances sur cession d'immobilisations	6 000	
	77560	Produits des cessions d'éléments d'actif		6 000
		Cession de 100 actions Tremplin		
		12/06/N		
67560		Valeur comptable des éléments d'actif cédés	8 000	
	26100	Titres de participation		8 000
		Sortie du bilan des actions Tremplin		

- Des titres immobilisés de l'activité de portefeuille (TIAP)

		12/06/N		
46200		Créances sur cession d'immobilisations	6 000	
	67500	Valeur comptable des éléments d'actif cédés		6 000
		Cession de 100 actions Tremplin		
		12/06/N		
67500		Valeur comptable des éléments d'actif cédés	8 000	
	27300	Titres immobilisés de l'activité de portefeuille		8 000
		Sortie du bilan des actions Tremplin		

- Des valeurs mobilières de placement (VMP)

		12/06/N		
46500		Créances sur cessions de VMP	6 000	
	66700	Charges nettes sur cessions de VMP		6 000
		Cession de 100 actions Tremplin		
		12/06/N		
66700		Charges nettes sur cessions de valeurs mobilières de placement	8 000	
	50300	Actions		8 000
		Sortie du bilan des actions Tremplin		

Maîtriser les compétences

❸ Lancelot

Compétences attendues

- **Analyser** les règles spécifiques de comptabilisation applicables aux cessions d'immobilisations et de valeurs mobilières de placement
- **Évaluer** et **comptabiliser** le prix de cession des immobilisations et des valeurs mobilières de placement cédées au cours de l'exercice

1. Calculez le coût d'acquisition des actions Laura et Adèle cédées puis déduisez-en le résultat sur cession, en supposant que l'entreprise utilise la méthode du coût unitaire moyen pondéré pour valoriser les sorties de titres.

	Coût d'acquisition des titres cédés	Résultat sur cession
Actions Laura	70 × [(50 × 170 + 30 × 220) / (50 + 30)] = 13 212,50 €	Moins-value de cession de : 13 212,5 – 70 × 185 = **262,5 €**
Actions Adèle	100 × [(30 × 60 + 50 × 80 + 40 × 70) / (30 + 50 + 40)] = 7 166,67 €	Plus-value de cession de : 100 x 75 – 7 166,67= **333,33 €**

2. Enregistrez au journal de l'entreprise Lancelot les cessions du 2 août N.

		02/08/N		
46200		Créances sur cession d'immobilisations (70 × 185)	12 950	
	77500	Produits des cessions d'éléments d'actif		12 950
		Cession de 70 actions Laura		

		02/08/N		
67500		Valeur comptable des éléments d'actif cédés	13 212,5	
	27100	Titres immobilisés autres que les TIAP		13 212,5
		Sortie du bilan de 70 actions Laura		
		02/08/N		
46500		Créances sur cessions de VMP (100 × 75)	7 500	
	76700	Produits nets sur cessions de VMP		7 500
		Cession de 100 actions Adèle		
		02/08/N		
76700		Produits nets sur cessions de valeurs mobilières de placement	7 166,67	
	50300	Actions		7 166,67
		Sortie du bilan de 100 actions Adèle		

3. Quel aurait été le résultat sur cession des actions Laura et Adèle si l'entreprise Lancelot utilisait la méthode du premier entré – premier sorti pour valoriser la sortie des titres ?

	Coût d'acquisition des titres cédés	Résultat sur cession
Actions Laura	50 × 170 + 20 × 220 = 12 900 €	Plus-value de cession de : 70 × 185 – 12 900 = **50 €**
Actions Adèle	30 × 60 + 50 × 80 + 20 × 70 = 7 200 €	Plus-value de cession de : 100 × 75 – 7 200 = **300 €**

Préparer l'épreuve

4 Cagnin

Compétences attendues

- **Analyser** les règles spécifiques de comptabilisation applicables aux cessions d'immobilisations et de valeurs mobilières de placement
- **Évaluer** et **comptabiliser** le prix de cession des immobilisations et des valeurs mobilières de placement cédées au cours de l'exercice

À partir de l'annexe, enregistrez l'ensemble des opérations dans le journal de l'entreprise Cagnin (tous les règlements s'effectuent par virement bancaire).

	12/01/N		
20700	Fonds commercial	35 000	
44562	État, TVA déductible sur immobilisations	7 000	
40400	Fournisseurs d'immobilisations		42 000
	Facture n° …		
	24/02/N		
50310	Actions cotées (500 × 35)	17 500	
62710	Frais sur titres (0,002 × 17 500)	35	
44566	État, TVA déductible sur autres biens et services	7	
51200	Banque		17 542
	Achat d'actions Gerblé		
	3/04/N		
50310	Actions cotées (400 × 30)	12 000,00	
62710	Frais sur titres (0,002 × 12 000)	24,00	
44566	État, TVA déductible sur autres biens et services	4,80	
51200	Banque		12 028,80
	Achat d'actions Gerblé		
	29/06/N		
51200	Banque	29 820	
62710	Frais sur titres (0,005 × 30 000)	150	
44566	État, TVA déductible sur autres biens et services	30	
77500	Produits des cessions d'éléments d'actif (1 500 × 20)		30 000
	Cession de 1 500 actions Free		
	29/06/N		
77500	Produits des cessions d'éléments d'actif	23 470,59	
27300	Titres immobilisés de l'activité de portefeuille		23 470,59
	Sortie du bilan des actions Free : 1 500 × [(600 × 16 + 400 × 18 + 700 × 14)/(600 + 400 + 700)]		
	29/06/N		
50310	Actions cotées	3 129,41	
27300	Titres immobilisés de l'activité de portefeuille		3 129,41
	Transfert des actions Free restantes en VMP : (600 × 16 + 400 × 18 + 700 × 14) – 23 470,59		

		11/07/N		
51200		Banque (700 × 40)	28 000	
	76700	Produits nets sur cessions de VMP		28 000
		Cession de 700 actions Gerblé		
		11/07/N		
76700		Produits nets sur cessions de VMP	22 944,45	
	50300	Actions cotées		22 944,45
		Sortie du bilan des actions Gerblé : 700 × [(500 × 35 + 400 × 30)/900]		
		23/10/N		
51200		Banque	2 400	
	66700	Charges nettes sur cessions de VMP		2 400
		Cession des dernières actions Free : 12 × [(600 + 400 + 700) – 1 500]		
		23/10/N		
66700		Charges nettes sur cessions de valeurs mobilières de placement	3 129,41	
	50310	Actions cotées		3 129,41
		Sortie du bilan des dernières actions Free		
		02/11/N		
51200		Banque	16 800	
	77510	Produits des cessions d'éléments d'actif		14 000
	44571	État, TVA collectée		2 800
		Facture n° …		
		02/11/N		
67520		Valeur comptable des éléments d'actif cédés	22 000	
	20500	Concessions et droits similaires, brevets…		22 000
		Sortie du brevet du patrimoine		
		14/12/N		
51200		Banque	44 400	
	77510	Produits des cessions d'éléments d'actif		37 000
	44571	État, TVA collectée		7 400
		Facture n° …		
		14/12/N		
67520		Valeur comptable des éléments d'actif cédés	35 000	
	20700	Fonds commercial		35 000
		Sortie du fonds commercial du patrimoine		

CHAPITRE 12 Opérations courantes de financement

Évaluer les savoirs

1 QCM

1. a, c. Le financement par capitaux propres est assuré grâce au réinvestissement des bénéfices antérieurement réalisés et non distribués, aux apports durables de l'exploitant et aux subventions d'investissement (aides à caractère public). Les apports temporaires de l'exploitant, qui doivent être remboursés à brève échéance, permettent de financer l'exploitation mais ne constituent pas un financement à long terme au travers des capitaux propres.

2. c, d. Les subventions d'investissement permettent de financer des activités de long terme et l'acquisition de biens d'équipement. En revanche, ce sont les subventions d'exploitation qui permettent de compenser un excès de charges. Les subventions d'équilibre compensent quant à elles la perte globale d'une entreprise.

3. d. Les annuités d'emprunt, qui peuvent être variables ou constantes, sont constituées des intérêts inscrits au débit du compte 661 et des remboursements (ou amortissements) inscrits au débit du compte 164.

4. a. L'amortissement d'un emprunt correspond à la part du capital emprunté qui est remboursée. Il ne correspond pas à une charge (et donc n'impacte pas le résultat) mais à une diminution de la dette financière. Cette diminution de la dette s'enregistre au débit du compte 164. Cette inscription permet de réduire le solde créditeur du compte 164.

5. b, d. Le remboursement d'un emprunt par amortissement constant, c'est-à-dire par remboursement constant, amène à payer des annuités plus importantes en début d'emprunt. Les intérêts étant calculés sur le capital restant à rembourser en début de période, ils sont décroissants. Ils sont par ailleurs d'un montant moindre à partir de la deuxième période (soit à partir du premier remboursement) comparativement à un remboursement *in fine*.

6. b, d. Alors même que les conditions d'inscription des biens à l'actif du bilan sont satisfaisantes, les biens durables financés par crédit-bail s'enregistrent au travers de charges d'exploitation (redevances) et non d'immobilisations car l'entreprise n'est pas propriétaire des biens pendant toute la durée de la location. Si le loueur lève l'option d'achat à l'échéance, il acquiert les biens qui sont alors enregistrés en immobilisation.

7. a, d. Si les charges d'intérêts et les redevances de crédit-bail constituent des charges, les apports définitifs du propriétaire sont enregistrés au crédit du compte 101 et les dépôts et cautionnements versés dans le cadre de crédit-bail sont enregistrés au débit du compte 275. Ces deux derniers comptes sont des comptes de bilan.

Maîtriser les compétences

2 Salomon Info

Compétences attendues

- **Identifier** les différents financements
- **Comptabiliser** les opérations de financement

1. Enregistrez, dans le journal de l'entreprise Salomon, les différents apports effectués.

		01/11/N		
20500		Concessions, brevets, logiciels…	2 000	
21550		Outillages industriels	3 000	
51200		Banque	10 000	
	10100	Capital		15 000
		Création de l'entreprise Salomon par rachat et dépôt en banque		

2. Après avoir caractérisé les aides accordées, enregistrez ces dernières dans le journal de l'entreprise Salomon.

La prime de la préfecture est une subvention d'investissement car elle permet de financer une activité de long terme qu'est la création de l'entreprise.

L'aide du conseil régional est une subvention d'équipement car elle permet de financer l'acquisition d'une immobilisation.

		08/11/N		
44100		État – subventions à recevoir	3 000	
	13100	Subventions d'équipement		3 000
		Réception de la décision d'octroi d'une prime de création d'entreprise		
		23/11/N		
51200		Banque	3 000	
	44100	État – subventions à recevoir		3 000
		Perception de la subvention, avis de crédit n°…		
		06/12/N		
44300		Opérations particulières avec les collectivités publiques	10 000	
	13800	Autres subventions d'investissement		10 000
		Réception de la décision d'octroi		

		20/12/N		
51200		Banque	10 000	
	44300	Opérations particulières avec les collectivités publiques		10 000
		Perception de la subvention, avis de crédit no		

3. Calculez le montant total des capitaux propres de l'entreprise Salomon faisant suite à ces différentes opérations de financement.

Capitaux propres = Capital initial + Subventions d'investissement et d'équipement = 15 000 + 3 000 + 10 000 = 28 000 €.

❸ Valenta

Compétences attendues

- **Identifier** les différents types de financement
- **Comptabiliser** les opérations de financement
- **Élaborer** les différents tableaux d'amortissement d'emprunts bancaires

1. Le CIC étant la banque de l'entreprise Valenta, enregistrez les pièces comptables suivantes dans le journal de cette entreprise.

		01/09/N		
51200		Banque	49 000,00	
27500		Dépôts et cautionnements versés	520,00	
62700		Services bancaires	400,00	
44566		État, TVA déductible sur autres biens et services	80,00	
	16400	Emprunts auprès d'établissements de crédit		50 000,00
		Avis de crédit n° 245		
		01/09/N+1		
16400		Emprunts auprès d'établissements de crédit	8 869,82	
66100		Charges d'intérêt	3 000,00	
	51200	Banque		11 869,82
		Avis de débit n° 1028		

2. Déduisez-en la modalité de remboursement du prêt n° 218 et présentez le tableau d'amortissement correspondant (en arrondissant au centime d'euro le plus proche).

La modalité de remboursement est par annuités constantes car la première annuité de 11 869,82€ (mentionnée dans la deuxième pièce comptable) :

- est conforme à la formule de l'annuité : $50\ 000 \times \frac{0{,}06}{1-(1+0{,}06)^{-5}} = 11\ 869{,}82$ €
- n'est pas conforme à la première annuité relative à la modalité de remboursement *in fine* (celle-ci étant égale à 3 000 €) et à la modalité de remboursement par amortissements constants (celle-ci étant égale à 50 000/5 + 3 000 = 13 000 €).

Échéances	Capital restant dû en début de période	Intérêts	Amortissements	Annuités	Capital restant dû en fin de période
1/09/N+1	**50 000,00**	3 000,00	8 869,82	11 869,82	41 130,18
1/09/N+2	41 130,18	2 467,81	9 402,01	11 869,82	31 728,17
1/09/N+3	31 728,17	1 903,69	9 966,13	11 869,82	21 762,04
1/09/N+4	21 762,04	1 305,72	10 564,10	11 869,82	11 197,94
1/09/N+5	11 197,94	671,88	11 197,94	11 869,82	**0**
Totaux	–	9 349,10	**50 000**	**59 349,10**	–

Calculs explicatifs des deux premières lignes du tableau :

– Échéance du 1/09/N+1

Intérêts = Capital restant dû en début de période × Taux d'intérêt = 50 000 × 6 % = 3 000 €.

Amortissement = Annuité constante – Intérêts de la première échéance = 11 869,82 – 3 000 = 8 869,82 €

Capital restant dû en fin de période = 50 000 – 8 869,82 = 41 130,18 €

– Échéance du 1/9/N+2

Intérêts = 41 130,18 × 6 % = 2 467,81 €

Amortissement = 11 869,82 – 2 467,81= 9 402,01 €

Capital restant dû en fin de période = 41 130,18 – 9 402,01 = 31 728,17 €

3. Présentez le compte en T du compte « Emprunt » au 01/09/N+4.

Au 31/12/N+3, le solde à nouveau est égal au montant de l'emprunt diminué de l'ensemble des remboursements qui ont eu lieu avant cette échéance, soit le montant du capital restant dû au début de la période N+4.

16400. Emprunt auprès d'établissements de crédit	
(01/09/N+4) 10 564,10	21 762,04 (SAN)

SD : 11 197,94

4. Réalisez le tableau de remboursement de l'emprunt (avec les mêmes taux et échéancier) dans le cas des deux autres modalités de remboursement.

- Tableau d'amortissement de l'emprunt remboursé *in fine*

Échéances	Capital restant dû en début de période	Intérêts	Amortissements	Annuités	Capital restant dû en fin de période
1/09/N+1	50 000	3 000	–	3 000	50 000
1/09/N+2	50 000	3 000	–	3 000	50 000
1/09/N+3	50 000	3 000	–	3 000	50 000
1/09/N+4	50 000	3 000	–	3 000	50 000
1/09/N+5	50 000	3 000	50 000	53 000	0
Totaux	–	**15 000**	**50 000**	**65 000**	–

- Tableau d'amortissement de l'emprunt remboursé par amortissement constant

Échéances	Capital restant dû en début de période	Intérêts	Amortissements	Annuités	Capital restant dû en fin de période
1/09/N+1	50 000	3 000	10 000	13 000	40 000
1/09/N+2	40 000	2 400	10 000	12 400	30 000
1/09/N+3	30 000	1 800	10 000	11 800	20 000
1/09/N+4	20 000	1 200	10 000	11 200	10 000
1/09/N+5	10 000	600	10 000	10 600	0
Totaux	–	**9 000**	**50 000**	**59 000**	–

- Calculs explicatifs des deux premières lignes du tableau :
  - Remboursement constant égal à : 50 000/5 = 10 000 €.
  - Intérêts de la première période (à payer le 1/09/N+1) : 50 000 × 6 % = 3 000 €.
  - Première annuité à payer : 3 000 + 10 000 = 13 000 €.
  - Intérêts de la seconde période (à payer le 1/09/N+2) : (50 000 – 10 000) × 6 % = 2 400 €.
  - Deuxième annuité à payer : 2 400 + 10 000 = 12 400 €.

5. Quelles seraient les différences dans l'enregistrement des annuités si ces deux autres modalités avaient été privilégiées ?

Les écritures comptables sont identiques dans le cadre du remboursement par amortissements constants et *in fine* (hormis l'absence de remboursement avant la dernière échéance dans ce dernier cas), mais avec des montants différents lors du paiement de chaque annuité.

❹ Yogi

Compétences attendues

- **Analyser** pour une modalité de financement donnée ses caractéristiques et en **déduire** ses avantages et inconvénients
- **Comptabiliser** les opérations de financement

1. Enregistrez le versement du dépôt de garantie et le paiement de la première redevance dans le journal de l'entreprise Yogi.

		19/02/N		
27500		Dépôts et cautionnements versés	1 000	
61200		Redevances de crédit-bail	900	
44566		État, TVA déductible sur autres biens et services	180	
	51200	Banque		2 080
		Souscription d'un contrat de crédit-bail sur une imprimante 3D		

2. Enregistrez la levée d'option à l'échéance du contrat, dans le journal de l'entreprise Yogi, dans le cas où :

- Le prix de levée d'option HT est fixé de telle manière que l'entreprise Yogi n'ait aucun déboursement à effectuer

		19/02/N+5		
21540		Matériel industriel (1 000/1,2)	833,33	
44562		État, TVA déductible sur immobilisations	166,67	
	27500	Dépôts et cautionnements versés		1 000
		Levée d'option sur contrat de crédit-bail		

- Le prix de levée d'option est égal à 1 200 € HT

		05/03/N+4		
21540		Matériel industriel	1 200	
44562		État, TVA déductible sur immobilisations	240	
	27500	Dépôts et cautionnements versés		1 000
	51200	Banque (1 200 + 240 – 1 000)		440
		Levée d'option sur contrat de crédit-bail		

3. Décrivez l'impact de ces différentes opérations dans le bilan de l'entreprise Yogi.

- Si le paiement de la première redevance impacte seulement la rubrique « disponibilité » à l'actif du bilan, le versement du dépôt de garantie est inscrit dans la rubrique « Autres » de l'actif relatif aux immobilisations financières.
- La levée d'option permet de diminuer la rubrique « Autre » de l'actif d'immobilisation financière pour augmenter la rubrique d'immobilisation corporelle du montant du prix de la levée d'option.

4. Réalisez les enregistrements nécessaires dans le journal de l'entreprise Yogi dans le cas où elle décide de ne pas lever l'option.

		05/03/N+4		
51200		Banque	1 000	
	27500	Dépôts et cautionnements versés		1 000
		Fin du contrat de crédit-bail – Récupération du dépôt de garantie		

5. Sous quelles conditions aurait-il été préférable pour l'entreprise Yogi de financer cette imprimante 3D par emprunt bancaire ?

Il aurait été préférable pour l'entreprise Yogi de financer cette imprimante 3D par emprunt bancaire si :

- le coût total de l'emprunt était inférieur à celui du crédit-bail ;
- elle souhaitait bénéficier de « l'effet de levier », c'est-à-dire de l'accroissement de la rentabilité des capitaux propres dès lors que le taux d'intérêt est inférieur à la rentabilité économique de l'investissement ;
- l'endettement constaté n'était pas susceptible d'inquiéter les tiers ;
- elle n'était pas trop pressée pour acquérir ce bien car les délais pour contracter un emprunt sont souvent relativement plus élevés que pour contracter un crédit-bail.

Préparer l'épreuve

5 Financement diversifié d'un investissement

Compétences attendues

- **Élaborer** les tableaux d'amortissement d'emprunts bancaires
- **Analyser** pour une modalité de financement donnée ses caractéristiques et en **déduire** ses avantages et inconvénients
- **Comptabiliser** les opérations de financement

1. Déterminez le coût d'acquisition de la machine.

Coût d'acquisition = Prix d'achat – Remise + Frais de port + Frais d'installation :
50 000 – 10 % × 50 000 + 1 000 + 2 000 = 48 000 € HT

2. Enregistrez la facture d'achat de la machine dans le journal de l'entreprise Electronix.

		28/03/N		
21540		Matériel industriel	48 000	
44562		État, TVA déductible sur immobilisations – UE	9 600	
	40400	Fournisseur d'immobilisation		48 000
	44520	État, TVA due intracommunautaire		9 600
		Facture n° 131		

3. Présentez les deux premières lignes du tableau d'amortissement de l'emprunt en explicitant vos calculs.

Échéance	Capital dû en début de période	Intérêt	Amortissement du capital	Annuité de remboursement
01/03/N+1	40 000	800	10 000	10 800
01/03/N+2	30 000	600	10 000	10 600

Amortissement constant du capital : 40 000/4 = 10 000 €
Intérêt première année : 40 000 × 0,02 = 800 €
Annuité de remboursement pour la première année : 10 000 + 800 = 10 800 €
Capital dû en début de période N+1 : 40 000 – 10 000 = 30 000 €

4. Enregistrez au 01/03/N et au 01/03/N+1 les écritures concernant l'emprunt.

		01/03/N		
51200		Banque	40 000	
	16400	Emprunt auprès des établissements de crédit		40 000
		Obtention emprunt BNP		
		01/03/N+1		
16400		Emprunt auprès des établissements de crédit	10 000	
66110		Intérêts des emprunts et dettes	800	
	51200	Banque		10 800
		1re annuité emprunt BNP		

5. Expliquez les particularités du crédit-bail en détaillant pourquoi il s'agit d'un moyen de financement.

Le crédit-bail est un contrat qui conjugue la location d'un bien (moyennant des redevances régulières) et une option d'achat du bien à l'échéance de la location. Cette option, si elle est levée, implique le versement d'un prix (prix de levée d'option) fixé dès l'origine du contrat.

Le crédit-bail est un outil de financement car le preneur bénéficie des avantages économiques liés au bien loué sans mobiliser les fonds pour l'acquérir dès la première utilisation. Au terme du contrat, il peut en devenir propriétaire, grâce aux redevances versées et au prix d'option.

6. Enregistrez dans le journal les écritures de crédit-bail nécessaires au 01/04/N.

		01/04/N		
27500		Dépôts et cautionnements versés	15 000	
	51200	Banque		15 000
		Versement du dépôt de garantie		
		01/04/N		
61220		Crédit-bail mobilier	20 000	
44566		État, TVA déductible sur ABS	4 000	
	51200	Banque		24 000
		1re trimestrialité de crédit-bail		

7. Enregistrez les écritures d'avril N+3 si l'entreprise Electronix décide de lever l'option d'achat.

		01/04/N+3		
21540		Matériel industriel	20 000	
44562		État, TVA déductible sur immobilisation	4 000	
	27500	Dépôts et cautionnements versés		15 000
	51200	Banque		9 000
		Levée de l'option d'achat		

8. Énoncez des arguments en faveur du financement par emprunt relativement au financement par crédit-bail.

Relativement au financement par crédit-bail, le financement par emprunt permet :

- souvent d'avoir un financement moins coûteux ;
- de s'ajuster au besoin de financement, soit ici 40 000 euros ;
- de posséder, dès l'acquisition, la machine que l'entreprise a choisi d'acheter ;
- de bénéficier d'un effet de levier, c'est-à-dire d'une hausse de la rentabilité des capitaux propres si le taux d'intérêt est inférieur à la rentabilité économique de l'investissement.

9. Citez un avantage du financement par apport du propriétaire.

Le financement par apport du propriétaire permet de disposer de capitaux sans devoir prévoir leur remboursement.

10. Enregistrez l'apport dans le journal de l'entreprise Electronix.

		12/05/N		
51200		Banque	1 200	
	10100	Capital		1 200
		Apport définitif de M. Vieille		

11. Quelles sont les caractéristiques des subventions d'équipement ?

Les subventions d'équipement ont comme caractéristiques d'être :

- accordées gratuitement par des organismes publics ou professionnels ;
- destinées à acquérir ou produire une immobilisation ;
- d'être enregistrées en tant que capitaux propres.

12. Enregistrez dans le journal de l'entreprise Electronix les écritures de notification et de versement de la subvention.

		01/06/N		
44100		État – subventions à recevoir	6 000	
	13100	Subventions d'équipement		6 000
		Notification de la décision d'octroi		
		18/06/N		
51200		Banque	6 000	
	44100	État – subventions à recevoir		6 000
		Perception de la subvention, avis de crédit no		

❶ Opérations courantes d'achat et de vente

1. Après avoir identifié l'émetteur de chaque document généré dans le cas de l'achat de moteurs électriques (première opération de l'annexe), précisez si ces documents conduisent à un enregistrement comptable.

Document	Émetteur	Enregistrement comptable ?
Facture n° W3D	*Fournisseur Bosch*	*OUI*
Devis n° 13177	*Fournisseur Bosch*	*NON*
Bon de commande n° 310	*Entreprise Jardina*	*NON*
Bon de livraison n° 388	*Fournisseur Bosch*	*NON*

2. Présentez la facture schématique n° 04-01 adressée au client JEFF.

Société JARDINA Doit : Société JEFF Facture N° 04-01	Date : 2/04/N
Brut HT – Remise de 10 %	30 000 – 3 000
Net commercial – Escompte de 1 %	27 000 – 270
Net financier HT + Frais de port HT	26 730 + 270
Total HT TVA 20 %	27 000 + 5 400
Net à payer TTC	**32 400**

3. À quelle catégorie comptable appartiennent les différents éléments de calcul du montant à payer relatifs à cette facture ?

Éléments	Catégorie comptable
Remise	Réduction commerciale
Escompte	Réduction financière
Frais de port	Frais accessoire de vente

4. Comptabilisez les opérations de l'annexe 1 dans le journal de la société Jardina.

		01/04/N		
60502		Achat de matériel, équipements et travaux – UE	4 200	
445662		État, TVA déductible sur autres biens et services	840	
	40102	Fournisseur – UE		4 200
	44520	État, TVA due intracommunautaire		840
		Facture n° W3D		
		02/04/N		
41100		Clients	32 400	
66500		Escomptes accordés	270	
	70100	Ventes de produits finis		27 000
	70850	Ports facturés		270
	44571	État, TVA collectée		5 400
		Facture n° 04-01 à JEFF		
		08/04/N		
41100		Clients	1 200	
	70600	Prestations de services		1 000
	44580	État, TVA à régulariser		200
		Facture n°04-02 à Desjardins		
		09/04/N		
51200		Banque	27 400	
41910		Clients – Avances et acomptes reçus sur commandes	5 000	
	41100	Clients		32 400
		Chèque de la société Jeff		
		10/04/N		
62100		Personnel extérieur à l'entreprise	4 000	
44566		État, TVA déductible sur ABS	800	
	40100	Fournisseur		4 800
		Facture n° 789 de la société d'interim XYS		
		12/04/N		
60100		Achats stockés, matières premières et fournitures (10 000 – 1 000)	9 000	
62410		Transports sur achats	200	
44566		État, TVA déductible sur ABS (9 200 × 20 %)	1 840	
	40100	Fournisseurs		11 040
		Facture n° *1567 de Trevor*		

		15/04/N		
40100		Fournisseurs	4 644	
	60100	Achats stockés, matières et fournitures (4 000 – 400)		3 600
	60910	RRR obtenus sur achats (6 000 – 600) × 5 %		270
	44566	État, TVA déductible sur ABS (3 870 × 20 %)		774
		Facture d'avoir n° A238 de Trevor		
		16/04/N		
51130		Effets à l'encaissement	750	
	41300	Clients – Effets à recevoir		750
		Bordereau n° 300, remise à l'encaissement du billet à ordre n° 310		
		17/04/N		
51200		Banque	1 200	
44580		État, TVA à régulariser	200	
	41100	Clients		1 200
	44571	État, TVA collectée		200
		Chèque reçu de Desjardins		
		20/04/N		
51200		Banque	738	
62750		Frais sur effets	10	
44566		État, TVA déductible sur autres biens et services	2	
	51130	Effets à l'encaissement		750
		Avis de crédit n° 412		
		25/04/N		
41100		Clients	22 000	
	70100	Ventes de produits finis (13 200/0,60)		22 000
		Facture n° 04-03 à Scott		
		27/04/N		
51200		Banque (13 200/0,66)	20 000	
66600		Perte de change	2 000	
	41100	Clients		22 000
		Avis de crédit n° 248		
		28/04/N		
41960		Clients – dettes pour emballages et matériels consignés (80 × 2)	160	
	41100	Clients		124
	70860	Bonis sur reprise d'emballes consignés (80 – 65) × 2		30
	44571	État, TVA collectée		6
		Facture d'avoir n°AV0258		

		30/04/N		
40910		Fournisseurs débiteurs, avances et acomptes versés sur commande	3 600	
44566		État, TVA déductible sur autres biens et services (3 600/6)	600	
	44580	État, TVA à régulariser		3 600
	51200	Banque		600
		Chèque n° 423 à Publicom		

5. Citez deux autres modalités de règlement que l'entreprise Jardina aurait pu utiliser pour payer l'avance du 30 avril N.

L'entreprise aurait pu payer son avance par carte de crédit ou par virement (elle ne peut pas réaliser ce paiement par espèces car la loi interdit des paiements en espèces au-delà de 1 000 €).

6. Comment l'entreprise Jardina peut-elle contrôler l'exactitude des enregistrements qu'elle a réalisés dans son compte 512 ?

Elle peut contrôler ces enregistrements en réalisant un rapprochement bancaire qui consiste à vérifier que les enregistrements du compte 512 sont conformes aux montants présents sur le relevé bancaire relatif à ce compte.

2 Déclaration de TVA

1. Rappelez les règles applicables en matière de TVA pour les opérations avec l'étranger.

Les ventes à l'étranger (en UE et hors UE) sont exonérées de TVA. En revanche, les achats en Union européenne donnent lieu à l'enregistrement à la fois d'une TVA déductible et d'une TVA due intracommunautaire. Enfin, les achats hors de l'UE entraînent l'enregistrement d'une TVA déductible lors du dédouanement.

2. Calculez le montant de la TVA due au titre du mois de mars (présentez vos calculs dans un tableau).

Éléments	Montant	Calcul	TVA collectée	TVA déductible
Ventes de biens facturées en France	250 000 HT	250 000 × 20 %	50 000	
Ventes de biens facturées dans l'UE	137 000 HT	Exonérées		
Ventes de biens facturées hors UE	95 000 HT	Exonérées		
Prestations de service facturées en France	120 000 HT	Régime des encaissements		

Éléments	Montant	Calcul	TVA collectée	TVA déductible
Prestations de services encaissées en France	108 000	108 000 / 6	18 000	
Acquisition de biens et services facturée en France	88 000 HT	88 000 × 20 %		17 600
Acquisition de biens et services facturée dans l'UE	75 000 €	75 000 × 20 %	15 000	15 000
Acquisition d'immobilisation facturée en France	100 000 HT	100 000 × 20 %		20 000
Crédit de TVA février				6 000
		Total	**83 000**	**58 600**

TVA à payer au titre de mars : 83 000 – 58 600 = 24 400

3. Enregistrez la liquidation de la TVA pour le mois de mars et l'éventuel règlement le 20 avril.

		31/03/N		
44571		État, TVA collectée (50 000 + 18 000)	68 000	
44520		État, TVA due intracommunautaire	15 000	
	44562	État, TVA déductible sur immobilisations		20 000
	445662	État, TVA déductible sur ABS – UE		15 000
	44566	État, TVA déductible sur ABS		17 600
	44567	Crédit de TVA de février		6 000
	44551	TVA à décaisser		24 400
		Déclaration TVA de mars N		
		20/04/N		
44551		TVA à décaisser	24 400	
	51200	Banque		24 400
		Liquidation de la TVA de mars N		

❸ Opérations avec le personnel

1. Citez cinq mentions obligatoirement présentes sur un bulletin de paie.

Nom et adresse de l'employeur, nom et emploi du salarié, période et nombre d'heures de travail, montant de la rémunération brute, cotisations salariales et patronales, net à payer…

2. Présentez l'enregistrement comptable du livre de paie fin avril N à partir des informations figurant sur l'extrait du livre de paie en annexe 3.

		Fin avril N		
64100		Rémunérations du personnel	89 700	
	42100	Personnel – rémunérations dues		89 700
		Salaires bruts, avril N		
		Fin avril N		
42100		Personnel – rémunérations dues	23 700	
	43100	Sécurité sociale (URSSAF)		14 900
	43700	Autres organismes sociaux		4 300
	42500	Personnel, avances et acomptes		3 500
	42700	Personnel, oppositions		1 000
		Cotisations salariales, avril N		
		Fin avril N		
64500		Charges de Sécurité sociale et de prévoyance	39 000	
	43100	Sécurité sociale (URSSAF)		32 300
	43700	Autres organismes sociaux		6 700
		Cotisations patronales, avril N		
		Fin avril N		
42100		Personnel – rémunérations dues	4 500	
	44210	Prélèvement à la source (impôt sur le revenu)		4 500
		Impôts sur le revenu prélevés à la source, avril N		

3. Présentez l'enregistrement comptable du règlement par virements bancaires des salaires nets à payer aux salariés à la fin du mois.

		30/04/N		
42100		Personnel, rémunérations dues (89 700 – 23 700 – 4 500)	61 500	
	51200	Banque		70 500
		Virements bancaires		

4. Déterminez le coût total du personnel pour le mois d'avril.

Le coût salarial total correspond à la somme des salaires bruts et des charges sociales patronales (soit les totaux qui sont enregistrés au débit des comptes de charges 641 et 645), soit 89 700 + 39 000 = **128 700 €**.

❹ Opérations d'investissement et de financement

1. Définissez la valeur pour laquelle les immobilisations doivent être inscrites à l'actif lors de leur entrée dans le patrimoine :

– lorsqu'il s'agit d'une acquisition à titre onéreux ;

– lorsqu'il s'agit d'une immobilisation produite par l'entreprise pour elle-même.

Mode d'entrée	Méthode d'évaluation
Acquisition à titre onéreux	**Coût d'acquisition** qui comprend : le prix d'achat, y compris les droits de douanes et taxes non récupérables, après déduction des réductions ; tous les coûts directement attribuables engagés pour mettre l'immobilisation en place et en état de fonctionner (frais de livraison, d'installation, de mise en service…).
Production par l'entité pour elle-même	• Pour les immobilisation corporelles : **Coût de production** qui comprend : le coût d'acquisition des matières et fournitures entrant dans la composition de l'immobilisation produite ; les charges directes et indirectes pouvant être rattachées de manière certaine à la production de l'immobilisation.
	• Pour les immobilisation incorporelles : **Coût de développement** composé de toutes les dépenses nécessaires à la création, la production et la préparation de l'immobilisation afin qu'elle soit en mesure de fonctionner.

2. L'entreprise Jardina souhaite enregistrer la facture n° 4566 du 12 avril au travers de comptes de charges. Est-ce possible ?

L'entreprise Jardina peut enregistrer cette facture au travers de comptes de charges car :

- la cartouche d'encre est un petit équipement potentiellement consommé durant l'exercice ;
- l'imprimante, même si elle répond à la définition d'une immobilisation, correspond à un matériel de bureau dont la valeur unitaire HT est inférieure à 500 €.

3. Présentez au journal les écritures relatives aux opérations décrites en annexe 4.

Débit	Crédit	10/04/N	Débit	Crédit
21830		Matériel de bureau et informatique	2 000	
20500		Concessions, brevets, licences, marques, logiciels (700 + 100)	800	
44562		État, TVA déductible sur immobilisations	560	
	40400	Fournisseurs d'immobilisations		3 360
		Facture Microcontact		

		12/04/N		
60630		Fournitures d'entretien et petit équipement	400	
60640		Fournitures administratives	100	
44566		État, TVA déductible sur ABS	100	
	40100	Fournisseurs		600
		Facture Fnac		
		15/04/N		
21820		Matériel de transport	21 168	
	40400	Fournisseurs d'immobilisations		21 168
		Facture Renault		
		18/04/N		
21840		Mobilier	1 300	
	23184	Immobilisations en cours, mobilier		820
	72200	Production immobilisée, immobilisations corporelles		480
		Achèvement mobilier d'exposition, d'après décompte analytique		

5 Opérations sur titres

1. Énoncez et définissez les quatre catégories de titres proposées par le PCG.

261. Titres de participation	Titres dont la détention durable permet de contribuer à l'activité de la société émettrice. Cette contribution est présumée lorsque les titres représentent une fraction du capital supérieure à 10 %
271. Titres immobilisés autres que les TIAP (droit de propriété) 272. Titres immobilisés (droit de créance)	Titres, autres que les titres de participation, que l'entreprise n'a pas la possibilité ou l'intention de revendre à bref délai
273. Titres immobilisés de l'activité de portefeuille (TIAP)	Titres acquis en vue d'une détention durable motivée par des perspectives de rentabilité intéressantes dans le cadre de la gestion d'un portefeuille

2. Enregistrez dans le journal de la société Jardina les opérations réalisées au cours de l'exercice N, présentées en annexe 5. La société Jardina a opté pour l'inscription des commissions dans les comptes de charges.

		10/04/N		
50600		VMP, Obligations (70 × 200)	14 000	
62710		Frais sur titres (70 × 200 × 0,01)	140	
44566		État, TVA déductible sur autres biens et services	28	
	51200	Banque		14 168
		Avis de débit de la banque		
		20/04/N		
51200		Banque (21 000 – 252)	20 748	
62700		Services bancaires (21 000 × 0,01)	210	
44566		État, TVA déductible sur ABS	42	
	76700	Produits nets sur cessions de VMP (100 × 210)		21 000
		Cession des titres Renco		
		20/04/N		
76700		Produits nets sur cessions de VMP	20 000	
	50300	VMP, actions		20 000
		Sortie titres Renco (coût d'acquisition des titres cédés : 100 × 200)		
		25/04/N		
26100		Titres de participation (100 × 50)	5 000	
	51200	Banque		5 000
		Achat titres Dupraz (achat de plus de 10 % du capital de la société émettrice des titres)		
		27/04/N		
51200		Banque	1 150	
	76200	Produits des autres immobilisations financières		450
	76400	Revenus des VMP		700
		Virement, perception de revenus des titres Harry et Meghan		

CHAPITRE 13

Principes d'évaluation à l'inventaire

Évaluer les savoirs

1 QCM

1. a, b, c. L'inventaire comptable consiste à l'évaluation des actifs et passifs et à l'ajustement de certains postes à l'arrêté des comptes en vue de l'élaboration des documents de synthèse.

2. a, c. Les écritures d'ajustement consistent à comptabiliser les variations de stocks, les amortissements, les dépréciations, les provisions et les régularisations des charges et des produits.

3. c. En inventaire intermittent, l'entreprise réalise le recensement et l'évaluation chiffrée en quantité et en valeur de ses stocks lors de l'arrêté de ses comptes. Les entrées et sorties des stocks s'enregistrent au cours de l'exercice à travers les achats, ventes et prestations. Les comptes de stocks ne sont mouvementés qu'à l'inventaire.

4. a. En inventaire intermittent, les comptes de stocks ne sont modifiés qu'à l'inventaire.

5. a, c. La variation de stocks de produits finis est égale la différence entre le stock final de produits finis et le stock initial. Si cette différence est positive, cela signifie donc que le stock final est supérieur au stock évalué initial, soit que l'entreprise a stocké des produits finis et que sa production n'a pas été totalement vendue.

6. a, b. Seules les méthodes de valorisation au coût moyen pondéré (CMP) et au premier entrée-premier sorti (PEPS) ou *First In-First Out* (FIFO) sont autorisées en France. La méthode du dernier entré-premier sorti ou *Last In-First Out* (LIFO) n'est pas permise en France, mais l'est aux États-Unis.

7. a, b, d. Si l'entreprise déstocke des matières premières, son stock final de matières premières inscrit à l'actif enregistre cette diminution. Cela signifie également que la consommation de matières premières est constituée de ces éventuels achats, mais aussi des matières premières extraites du stock. Le déstockage apparaît alors comme un élément de charges supplémentaire au travers d'une variation de stocks de matières premières positive. Attention, le stock a certes diminué, mais la variation de stock, selon la définition comptable, est positive (Variation de stocks de matières premières = Stock initial – Stock final).

2 Opérations d'inventaire et principes comptables

1. Présentez les différentes étapes des travaux d'inventaire.

L'inventaire ne correspond pas uniquement au comptage des stocks à une date donnée. Comptablement, il s'effectue en plusieurs étapes :

Inventaire des éléments du patrimoine	Mise en place d'un inventaire physique de tous les éléments composant le patrimoine de l'entreprise.
Écritures d'ajustement des comptes	• Stocks • Amortissements • Dépréciations • Provisions • Autres régularisations

Écritures de regroupement d'inventaire	En vue de la détermination du résultat, établissement de la balance après inventaire.
Établissement des documents de synthèse	Compte de résultat, bilan et annexe

2. Indiquez pour chacun de ces éléments s'il y a lieu de réaliser des travaux d'inventaire. Si oui, précisez lesquels et les principes comptables en les justifiant.

Opération	Travaux d'inventaire : Oui/Non	Précisions des travaux à réaliser	Principes comptables
1	Oui	Calcul du stock final Stock final de marchandises = Stock initial + Achats – Ventes	Principe du coût historique : évaluation des éléments à la valeur d'entrée dans le patrimoine, compte tenu des entrées et sorties
2	Oui	Comptage des éléments des stocks de marchandises afin de les comparer avec le stock final théorique Détermination des excédents ou des manquants dans le stock final (erreur, vol, détérioration)	Dans le souci d'image fidèle, les charges exceptionnelles (vol, détérioration…) doivent être constatées. Si la perte de valeur du stock de marchandises n'est pas encore avérée à l'inventaire mais probable, du fait du principe de prudence, elle doit être comptabilisée.
3	Non	Opération de contrôle des comptes qui n'est pas une opération d'inventaire (rapprochement bancaire). Enregistrement de la charge	
4	Oui	Constatation de l'amortissement de l'ordinateur	Principe de prudence afin de comptabiliser la valeur de l'ordinateur nette de l'utilisation de ses avantages attendus
5	Oui	Le client n'est peut-être pas en mesure de régler. L'entreprise doit constater une dépréciation de la créance client. Si elle considère que la créance est irrécouvrable, elle constate une perte certaine et ce n'est plus un enregistrement d'inventaire mais la constatation d'une perte exceptionnelle	Principe de prudence afin de constater la perte probable liée à l'impayé

Opération	Travaux d'inventaire : Oui/Non	Précisions des travaux à réaliser	Principes comptables
6	Oui	Constatation de la charge probable liée au litige non résolu à la clôture de l'exercice. Constatation d'une provision	Principe de prudence afin de constater la charge probable liée au litige
7	Non	Les prises de valeur du patrimoine ne sont pas considérées	Selon le principe de prudence, il n'est pas tenu compte des gains qui ne sont pas certains ; en revanche, les pertes probables devront être comptabilisées
8	Oui	Écriture de régularisation pour n'enregistrer que les charges qui concernent l'exercice	Le principe d'indépendance des exercices se traduit dans la régularisation des charges et des produits. Ce principe consiste à rattacher les charges et les produits à l'exercice au cours duquel ils ont été engagés.
9	Non	C'est une opération courante : constatation de la sortie du patrimoine de la machine	
10	Non	Une éventuelle baisse dechiffre d'affaires n'induit pas la constatation d'une provision (absence d'engagement)	

Maîtriser les compétences

3 Entreprise François

Compétence attendue

Évaluer et **comptabiliser** les différentes opérations d'inventaire : les stocks

1. Quelles sont les méthodes possibles pour calculer la valeur du stock de raccords de cuivre à la fin de l'année ?

Afin de valoriser le stock final de raccords de cuivre, l'entreprise François doit calculer la valeur de sortie de ses stocks. Dans le cadre de la législation française, l'entreprise François peut appliquer les méthodes suivantes :

- La méthode du coût unitaire moyen pondéré (CUMP), soit :
  - la méthode du CUMP après chaque entrée ;
  - la méthode du CUMP en fin de période.
- La méthode du premier entré-premier sorti (PEPS) ou *First In-First Out* (FIFO).

2. Calculez le stock final de raccords de cuivre de l'entreprise François selon ces différentes méthodes ? Commentez le résultat.

- Stock de raccords de cuivre selon la méthode du CUMP après chaque entrée

Dates	Mouvements	Entrées			Sorties			Stocks		
		Q	PU HT	Montant	Q	PU HT	Montant	Q	PU HT	Montant
01/01	Stock initial							80	3,20	256,00
05/04	Entrée	100	3,40	340				180	(1) 3,31	596,00
11/04	Sortie				50	3,31	165,50	130	(3) 3,31	(2) 430,50
17/06	Sortie				80	3,31	264,80	50	(5) 3,32	(4) 165,70
18/09	Entrée	100	3,45	345				150	(6) 3,41	510,70
21/09	Sortie				60	3,41	204,60	90	3,41	306,90
25/10	Sortie				40	3,41	136,40	50	3,41	170,50
27/11	Entrée	150	3,50	525				200	3,48	695,50
15/12	Sortie				40	3,48	139,20	160	3,48	556,80
Total		**350**		**1 210**	**270**					**910,50**

(1) (80 × 3,2 + 100 × 3,4)/(80 + 100)
(2) 596 – 165,5
(3) 430,5/130
(4) 430,5 – 264,8
(5) 165,7/50
(6) (165,7 + 345)/(50 + 100)

- Stock de raccords de cuivre selon la méthode du CUMP à la fin de la période

Dates	Mouvements	Entrées			Sorties			Stocks		
		Q	PU HT	Montant	Q	PU HT	Montant	Q	PU HT	Montant
01/01	Stock initial							80	3,20	256,00
05/04	Entrée	100	3,4	340,00						
11/04	Sortie				50					
17/06	Sortie				80					
18/09	Entrée	100	3,45	345						
21/09	Sortie				60					
25/10	Sortie				40					
27/11	Entrée	150	3,5	525,00						
15/12	Sortie				40		27,27	160	3,41	545,60
Total		**433**	(1) 3,41	**1 466**	**270**	**3,41**	**920,7**			

(1) 1 466/430

• Stock de raccords de cuivre selon la méthode du PEPS

Dates	Mouvements	Entrées			Sorties			Stocks		
		Q	PU HT	Montant	Q	PU HT	Montant	Q	PU HT	Montant
01/01	Stock initial							80	3,20	256,00
05/04	Entrée	100	3,40	340				80	3,20	256,00
								100	3,40	340,00
11/04	Sortie				50	3,20	160	30	3,20	96,00
								100	3,40	340,00
17/06	Sortie				30	3,2	96,00	50	3,40	170,00
					50	3,4	170,00			
18/09	Entrée	100	3,45	345				50	3,40	17,00
								100	3,45	345,00
21/09	Sortie				50	3,4	170,00	90	3,45	310,50
					10	3,45	345,00			
25/10	Sortie				40	3,45	138,00	50	3,45	172,50
27/11	Entrée	150	3,5	525				50	3,45	372,50
15/12	Sortie				40	3,45	138,00	10	3,45	34,50
								150	3,50	525,00
Total		70		**242**	**54**		**181,3**	**160**		**559,5**

3. Enregistrez les écritures d'inventaire des stocks si l'entreprise François opte pour la méthode qui maximise la valeur du stock final de raccords de cuivre.

Le stock final est le plus élevé lorsque c'est la méthode du premier entré-premier sorti qui est appliquée (le coût unitaire augmente au cours de la période).

Ces deux écritures ne doivent pas être fusionnées, la comptabilisation en deux écritures améliorant la lecture du grand livre et évitant nombre d'erreurs.

		31/12/N		
60370		Variation de stocks de marchandises	256,00	
	37000	Stocks de marchandises		256,00
		Annulation du stock initial		
		31/12/N		
37000		Stocks de marchandises	559,50	
	60370	Variation de stocks de marchandises		559,50
		Constatation du stock final		

❹ UIP

> **Compétence attendue**
> **Évaluer** et **comptabiliser** les différentes opérations d'inventaire : les stocks

1. Indiquez si l'entreprise a stocké ou déstocké des matières premières et des produits finis.

Calculez les variations de stocks de matière premières et de produits finis telle qu'elles apparaissent dans le compte de résultat.

- Stock de matières premières fin N = 25 000 euros
- Stock de matières premières fin N–1 = 20 000 euros
- Stock de matières premières fin N > Stock de matières premières fin N–1 donc l'entreprise a stocké des matières premières.
- Stock de produits finis fin N = 5 000 euros
- Stock de produits finis fin N–1 = 10 000 euros
- Stock de produits finis fin N < Stock de produits finis fin N–1 donc l'entreprise a déstocké des produits finis.
- Variation de stocks de matières premières = Stock initial de matières premières – Stock final de matières premières = 20 000 – 25 000 = (5 000) euros
- Variation de stocks de produits finis = Stock final de produits finis – Stock initial de produits finis = 5 000 – 10 000 = (5 000) euros

Attention au calcul de la variation de stocks selon qu'il s'agit d'un stock d'éléments achetés (= stock initial – stock final) ou produits (= stock final – stock initial).

2. Calculez la consommation de matières premières pendant l'exercice N

La consommation de matières premières de l'exercice correspond à la somme des achats de matières premières et de la variation de stocks des matières premières.

Consommation de matières premières –	Achats de matières premières	45 000
	+ Stock initial de matières premières	20 000
	– Stock final de matières premières	25 000
		40 000 €

3. Calculez la production de l'exercice N.

La production de produits finis de l'exercice correspond à la somme des ventes de produits finis et de la variation de stocks de produits finis.

Production de l'exercice =	Ventes de produits finis	98 000
	+ Stock final de produits finis	5 000
	– Stock final de produits finis	10 000
		93 000 €

4. Indiquez les informations concernant les stocks de matières premières et de produits finis qui apparaîtront dans le bilan et le compte de résultat après inventaire au 31 décembre N. Présentez vos réponses à l'aide de l'extrait d'un bilan et d'un compte de résultat.

Bilan fin N			
Actif		**Passif**	
Stocks de matières premières	25 000		
Stocks de produits finis	5 000		

Compte de résultat fin N			
Charges		**Produits**	
Achats de matières premières	45 000	Ventes de produits finis	98 000
Variation de stocks de matières premières	<5 000>	Production stockée	<5 000>

5 Noisetta

Compétence attendue

Expliquer la finalité et les enjeux des opérations d'inventaire

1. Comment le consommateur peut-il suivre sa consommation de Noisetta ? Qualifiez ces méthodes. À votre avis, quelle est la méthode de référence ?

Notre consommateur dispose de deux possibilités pour l'évaluation de sa consommation :

- L'**inventaire permanent** : à chaque fois qu'il prend un pot de Noisetta, il coche une case dans un tableau. Il se rendra compte qu'il oubliera parfois de cocher, que parfois il cochera deux fois pour le même pot, et que des invités auront pu se servir sans imputation...
- La comptabilisation des achats avec **inventaire intermittent** : en début de période, notre consommateur va compter les pots de Noisetta en stock. Il prendra soin de conserver les factures relatives à ses achats, puis refera un inventaire en fin de mois. Il pourra ainsi déduire sa consommation mensuelle : **Stock initial + Achats – Stock final.**

Si la première méthode peut être admise en gestion interne des stocks pour des raisons de commodité, seule la seconde pourra satisfaire une déontologie comptable. Elle présente l'inconvénient d'une certaine lourdeur (car il faudra inventorier et comptabiliser non seulement les pots de Noisetta, mais aussi le lait, le beurre, le riz etc.), en contrepartie d'un avantage en termes de fiabilité : l'inventaire physique va inclure dans les consommations, outre les pots de Noisetta réellement consommés, ceux qui auront été cassés ou volés.

On aura compris, en transposant, que la première méthode ne saurait, en ce qui concerne la comptabilité des entreprises, servir de base au calcul du résultat.

2. Indiquez les difficultés induites par l'inventaire permanent. Prenez l'exemple d'un suivi de matières premières dans une entreprise industrielle.

Lorsque l'entreprise achète des matières premières, la question à se poser pour déterminer l'enregistrement adéquat est :

« Cet emploi est-il :

- un **emploi définitif** pour l'entreprise (donc un appauvrissement, donc une charge à faire figurer au compte de résultat...) ;
- ou un **emploi transformable** (donc un simple « emploi » à faire figurer à l'actif du bilan) ? »

Spontanément, on pourrait penser que c'est un emploi transformable et donc mouvementer au débit le compte 37. Stock de marchandises et au crédit le compte 401. Fournisseurs. Mais alors :

- À chaque prélèvement de matières du stock matières premières vers la production, il faudrait constater un mouvement entre le stock de matières premières et le stock d'en-cours de production…, puis suivre tous les mouvements internes de stocks, etc.
- De plus, à chaque vente, il faudrait identifier la marge réalisée, afin de ventiler l'opération entre transformation d'actif et réalisation de marge, ce qui serait très lourd, voire impossible.
- D'autant que l'entreprise, d'un point de vue de pure information financière, n'a pas besoin à chaque instant, de connaître le montant stocké.

C'est la comptabilité analytique qui lui permet de suivre régulièrement l'évolution de ses coûts de revient et de ses marges. D'où la difficulté de pratiquer l'inventaire dit « permanent », et le recours à la pratique de l'inventaire comptable « intermittent ».

3. Quelles sont les méthodes d'évaluation envisageables pour évaluer le stock final ?

Notre consommateur a acheté ses pots de Noisetta à différents tarifs et ne saura pas forcément, lors de l'inventaire, de quel approvisionnement datent les pots restants. Deux options se présentent :

- Soit il considère que tous les pots ont une même valeur unitaire moyenne, ceux consommés et ceux restants étant évalués sur cette même base.
- Soit il fait l'hypothèse d'une chronologie des consommations : les pots les plus anciens ont été consommés en premier ; ceux qui restent sont donc les plus récents.

La première option consiste à pratiquer le **coût unitaire moyen pondéré (CUMP)**, la seconde équivaut à la méthode dite du **premier entré-premier sorti** (FIFO, pour *First In-First Out* en anglais).

4. Évaluez le stock final selon ces différentes méthodes.

Selon la première méthode, on a CUMP = (10 + 18 + 24)/(4 + 6 + 12) = 2,36 euros, donc Stock final = 2 × 2,36 = 4,72 euros.

Selon la seconde méthode, on doit définir la provenance des pots en stock final. Comme il ne reste que deux pots, ils proviennent du dernier achat : achat de 12 pots pour 24 euros, d'où une valeur unitaire du stock final de 2 euros et un total de 4 euros.

La première option valorise donc le stock final à un montant supérieur.

5. Calculez le coût d'achat des marchandises vendues, pour chacune des modalités d'évaluation des stocks. Déduisez-en, pour chacune des méthodes, le résultat correspondant et commentez.

Les sorties de stock sont telles que : Stock initial (4) + Achats (6 + 12) – Sorties = Stock final (2), on a donc 20 unités sorties.

Selon la méthode CUMP, le coût d'achat des marchandises vendues est donc égal à :

20 × 2,36 = 47,20 euros

Ainsi, le résultat serait de : 20 × 3,5 – 47,20 = 22,80 euros

Selon la méthode PEPS, le coût d'achat des marchandises vendues est égal à :

10 + 18 + (24/12 × 10) = 48 euros

Ainsi, le résultat serait de : 20 × 3,5 – 48 = 22 euros

La méthode du CUMP conduit à un coût d'achat des marchandises plus faible et donc à un résultat plus élevé que la méthode PEPS. Le choix de la méthode de valorisation des stocks n'est donc pas neutre et influence aussi bien la valeur des stocks que le résultat de l'entreprise.

NOTRE CONSEIL

Veillez à bien identifier les unités des données chiffrées. Ici, les montants mentionnés en euros correspondent à des valeurs totales et non à des valeurs unitaires.

6 La pratique des entreprises en matière de comptabilisation des stocks

Compétence attendue

Expliquer la finalité et les enjeux des opérations d'inventaire

1. Quels sont les choix comptables au niveau des stocks qui peuvent avoir un impact sur le résultat de l'entreprise ? Précisez les mécanismes, impacts et limites de ces choix ?

Si l'entreprise opte pour l'inventaire intermittent ou permanent, elle obtiendra à la fin de l'exercice le même résultat et le même niveau de stock. Ce choix ne joue donc pas sur la valorisation du patrimoine.

Les stocks sont valorisés à l'entrée au coût d'acquisition pour les éléments achetés, au coût de production pour les éléments produits et à la valeur vénale pour les éléments reçus à titre gratuit ou par voie d'échange. L'estimation du coût de production et de la valeur vénale peut impacter la valorisation des stocks et donc le résultat *via* l'enregistrement de la variation des stocks à l'inventaire.

L'entreprise a le choix, dans le cadre des règles françaises, de choisir de valoriser les sorties de stocks au coût unitaire moyen pondéré ou au premier entrée-premier sorti. Ce choix modifie la valorisation des stocks et du résultat. Du fait du principe de permanence des méthodes, la méthode de valorisation de sortie des stocks doit être conservée d'un exercice à l'autre, sauf choix de changement de méthode comptable exceptionnel et à justifier.

L'entreprise a obligation tous les 12 mois de réaliser un inventaire physique. La qualité du recensement et le comptage des quantités influencent la valorisation du patrimoine. De plus, l'entreprise doit réaliser une estimation de la valeur actuelle des éléments en stocks (valeur vénale ou valeur d'usage). Ces estimations conduiront éventuellement à constater une dépréciation (↳ chapitre 15). Cette estimation doit être la plus objective possible et justifiée car elle est susceptible d'impacter la valeur des stocks et le résultat de l'entreprise.

Le tableau suivant récapitule les choix en matière de stocks qui peuvent impacter la valorisation du patrimoine :

Mécanisme	Impact sur les comptes	Limite	Nature du procédé
Incorporation de charges financières au coût de production des stocks	• Augmentation du résultat l'année du transfert de charges • Diminution du résultat l'année de l'annulation du stock	• Difficulté de définition des capitaux empruntés et du financement de la fabrication • Justification et montant des frais doivent figurer en annexe	• Option • Évaluation
Changement de méthode de valorisation des stocks (PEPS, CUMP)	• Modification du résultat en fonction du changement	• Information nécessaire en annexes • Changement de méthode à justifier	• Option • Évaluation

Mécanisme	Impact sur les comptes	Limite	Nature du procédé
Incorporation du coût de la sous-activité dans la valorisation des stocks	• Transfert de la perte de sous-activité sur l'exercice suivant • Majoration du résultat de l'exercice en-cours • Diminution du résultat de l'exercice suivant	• Le plan comptable stipule qu'en principe le coût de la sous-activité ne doit pas entrer en ligne de compte dans l'évaluation des stocks • Difficulté de détermination de la production « normale »	• Option • Évaluation
Surestimation ou sous-estimation de la valeur actuelle des stocks	• Constatation d'une dépréciation qui conduit à une diminution du stock et du résultat • Constatation d'une reprise qui conduit à une revalorisation du stock et à une augmentation du résultat	• Le principe de prudence énonce qu'il faut tenir compte des pertes probables futures	• Évaluation

2. L'entreprise peut-elle changer de méthode d'évaluation des stocks afin d'optimiser son résultat ?

Le PCG offre la possibilité aux entreprises de choisir de valoriser leurs stocks selon la méthode du CUMP ou PEPS. Cette liberté comptable est cependant contrainte par l'obligation de conserver la méthode choisie d'un exercice à l'autre, conformément au principe de permanence des méthodes. L'entreprise peut choisir de changer exceptionnellement de méthode si elle connaît une modification importante de sa situation et qu'un changement de méthode de valorisation des stocks lui permet de donner une image plus fidèle de la réalité. Si tel est le cas, elle doit informer et justifier ce changement dans les annexes des comptes et présenter l'impact de changement sur le résultat.

3. Quels critères l'entreprise peut-elle considérer pour choisir son mode d'évaluation des stocks ? En particulier, quel est l'impact de la variation des prix d'achat sur la valeur des stocks et sur son résultat ?

Rappelons, tout d'abord, que le choix de la méthode de valorisation des stocks doit être guidé par l'objectif de traduire l'image fidèle de l'entreprise. En pratique, ce choix est influencé par :

- le type d'activité ;
- l'organisation de l'entreprise ;
- le type de produit (la méthode PEPS est préférée pour des éléments périssables, par exemple) ;
- la variation des prix d'achat.

Plus particulièrement, en cas de hausse des prix d'achat, comparativement à la méthode du CUMP, la méthode PEPS conduit à :

- une valorisation des sorties plus faible ;
- une valorisation du stock final plus élevée ;
- un résultat plus élevé.

Les impacts sont inversés dans le cas d'une baisse des prix d'achat.

Préparer l'examen

❼ Entreprise P&G

Compétences attendues

- **Expliquer** la finalité et les enjeux des opérations d'inventaire
- **Établir** l'articulation entre les principes comptables et les opérations d'inventaire
- **Évaluer** et **comptabiliser** les différentes opérations d'inventaire : les stocks

1. Rappelez les obligations légales en matière d'inventaire.

Le Code de commerce indique dans l'article L. 123-12 : tout commerçant, personne physique ou morale, contrôle l'existence et la valeur des éléments actifs et passifs du patrimoine par inventaire au moins tous les 12 mois et établit des comptes annuels au vu de l'inventaire.

L'existence passe par le recensement exhaustif des éléments actifs ou passifs :

- recensement, comptage des quantités : soit par observation physique, soit à partir des comptes, soit par confirmation auprès de tiers ;
- estimation des éléments actifs ou passifs selon leur valeur d'inventaire, égale à la valeur actuelle qui s'apprécie en fonction du marché (valeur vénale) et/ou de l'utilité du bien pour l'entreprise (valeur d'usage).

Ces différentes opérations de recensement et d'estimation permettent d'établir le document d'inventaire, puis les comptes annuels et enfin le livre d'inventaire.

Pour les stocks, l'inventaire extracomptable comprend les deux opérations suivantes :

- l'établissement de la liste complète, par groupe de marchandises, matières et produits correspondants à la classification des comptes, des divers éléments composant les stocks ;
- et l'évaluation des existants réels ainsi constatés.

2. Définissez les expressions suivantes : inventaire intermittent, inventaire physique.

L'inventaire physique (appelé aussi inventaire extracomptable) peut être défini comme le recensement matériel (dénombrement détaillé article par article) des existants du patrimoine de l'entreprise. Il doit concerner, non seulement les stocks, mais aussi les immobilisations, les effets, les titres, les espèces.

L'inventaire permanent est une organisation des comptes de stocks qui, par l'enregistrement des mouvements, permet de connaître de façon constante, en cours d'exercice, les existants chiffrés en quantités et en valeurs. Dans le cas où l'entreprise n'a pas mis en place un système d'inventaire permanent, l'inventaire physique doit normalement être réalisé au moins une fois par an, à la date de clôture de l'exercice, en principe. On parle d'inventaire intermittent.

3. Déterminez le stock final de sacs (montant en euros) selon les méthodes autorisées par le PCG. Déduisez-en le coût d'achat des sacs vendus (montants en euros).

Les méthodes autorisées sont le CUMP ou le PEPS.

- Valorisation des stocks selon le CUMP après chaque entrée = (Stock initial + Montant des achats)/Nombre de sacs du stock initial et achetés après chaque entrée

Dates	Mouvements	Entrées			Sorties			Stocks		
		Q	PU HT	Montant	Q	PU HT	Montant	Q	PU HT	Montant
	Stock initial	200	20	4 000				200	20	4 000
01/03	Entrée	10	25	250						
10/03	Entrée	100	16	1 600						
15/03	Entrée	500	10	5 000						
16/03	Sortie				20	(1) 18,87	377,4			
20/03	Sortie				200	(2) 13,39	2 678			
26/03	Sortie				500	13,39	6 695			
Total		810	13,39	10 850	720	13,39	9 640,8	**90**	**13,39**	1 250,1

(1) (200 × 20 + 10 × 25 + 100 ×16)/(200 + 10 + 100) = 18,87
(2) (200 × 20 + 10 × 25 + 100 × 16 + 500 × 10)/(200 + 10 + 100 + 500) = 13,39

Si l'entreprise applique le CUMP pour valoriser la sortie de ses stocks, le stock final est valorisé à 1 250,10 €.

- Valorisation des stocks selon le CUMP à la fin de la période = (Stock initial + Montant des achats)/Nombre de sacs du stock initial et achetés

CUMP à la fin de la période = (200 × 20 + 10 × 25 + 100 × 16 + 500 × 10) / (200 + 10 + 100 + 500) = 13,39 €

Dates	Mouvements	Entrées			Sorties			Stocks		
		Q	PU HT	Montant	Q	PU HT	Montant	Q	PU HT	Montant
	Stock initial	200	20	4 000				200	20	4 000
01/03	Entrée	10	25	250						
10/03	Entrée	100	16	1 600						
15/03	Entrée	500	10	5 000						
16/03	Sortie				20	13,39	267,8			
20/03	Sortie				200	13,39	2 678			
26/03	Sortie				500	13,39	6 695			
Total		810	13,39	10 850	720	13,39	9 640,8	**90**	**13,39**	1 250,1

Si l'entreprise applique le CUMP pour valoriser la sortie de ses stocks, le stock final est valorisé à 1 250,1 euros.

- Valorisation des stocks selon le PEPS

Dates	Mouvements	Entrées			Sorties			Stocks		
		Q	PU HT	Montant	Q	PU HT	Montant	Q	PU HT	Montant
	Stock initial	200	20	4 000				200	20	4 000
01/03	Entrée	10	25	250						
10/03	Entrée	100	16	1 600						
15/03	Entrée	500	10	5 000						
16/03	Sortie				20	20	400			
20/03	Sortie				180 100 100	20 25 16	4 010			
26/03	Sortie				90 410	16 10	5 540			
Total		810	13,39	10 850	720	13,82	9 950	**90**	**40**	**900**

Si l'entreprise applique le PEPS pour valoriser la sortie de ses stocks, le stock final est valorisé à 900 euros

Le coût d'achat des sacs vendus correspond à :

Achats des sacs + Stock initial de sacs – Stock final de sacs

- Si l'entreprise applique le CUMP, coût d'achat des sacs vendus = 10 850 + 4 000 – 1 250,1 = 13 599,90 €.
- Si l'entreprise applique le PEPS, coût d'achat des sacs vendus = 10 850 + 4 000 – 900 = 13 950 €.

Attention ! Lors du calcul du coût d'achat des marchandises vendues, il ne faut pas tenir compte que des éléments achetés au cours de la période. L'entreprise ayant déstocké, le coût d'achat des éléments vendus correspond aux éléments achetés et aux éléments pris du stock. Selon la méthode de valorisation des stocks, ce coût diffère.

4. Comptabilisez au journal les écritures d'inventaire des stocks si la société retient la méthode PEPS. Présentez un extrait du bilan et du compte de résultat traduisant l'impact des opérations d'inventaire.

60370		Variation de stocks de marchandises	4 000	
	37000	Stocks de marchandises		4 000
		Annulation du stock initial		
37000		Stocks de marchandises	900	
	60370	Variation de stocks de marchandises		900
		Constatation du stock final		

Bilan fin N			
Actif		Passif	
Stocks de marchandises	900		

Compte de résultat fin N			
Charges		Produits	
Achats de marchandises	10 850	Ventes de marchandises	72 000
Variation de stocks de matières premières	3 100		

CHAPITRE 14 Amortissements

Évaluer les savoirs

1 QCM

1. a. Il ne faut pas confondre amortissement et dotation aux amortissements. La dotation aux amortissements est la constatation de l'utilisation du bien durant l'exercice ; l'amortissement est la constatation de l'utilisation du bien depuis son entrée dans le patrimoine.

2. a, b, c. Il existe plusieurs mesures pour apprécier la durée d'amortissement. On utilise généralement des critères physiques, techniques, juridiques ou économiques. Le critère physique mesure l'usure physique subie par l'immobilisation soit par le passage du temps, soit par l'utilisation que l'entreprise en fait. Le critère technique mesure l'obsolescence d'une immobilisation du fait d'un changement de l'environnement général ou de progrès technique. Le critère économique mesure la durée d'utilisation définie par la durée d'exploitation ou de protection limitée dans le temps juridiquement.

3. a, c. La base amortissable correspond à la valeur d'origine de l'immobilisation diminuée de la valeur résiduelle. La valeur résiduelle doit être déterminée de manière fiable dès l'entrée de l'immobilisation dans le patrimoine. Elle correspond à la valeur de marché à la revente de l'immobilisation en fin de période d'utilisation : condition de vente ferme, option de vente, catalogue de prix d'occasion… nette des coûts directement engagés pour mettre l'immobilisation en état d'être vendue.

4. a, b. La valeur nette comptable correspond, à une date donnée (souvent calculée en fin d'exercice), à la valeur de l'immobilisation compte tenu de l'utilisation des avantages économiques utilisés soit : Valeur origine – Somme des amortissements constatés. Attention, la valeur résiduelle est à considérer dans la base amortissable, mais la valeur nette comptable est bien définie à partir de la valeur d'origine.

5. a, c. L'amortissement traduit la consommation des avantages économiques attendus pour une immobilisation. Il dépend donc du contexte et modèle économique de l'entreprise. Le mode d'amortissement est alors fonction de l'utilisation de l'immobilisation par l'entreprise. Il peut être variable dans le temps selon l'utilisation du bien. L'administration fiscale définit des durées d'usage sur lesquelles l'entreprise peut s'appuyer pour définir les durées d'utilisation. De même, l'administration fiscale peut proposer des modes d'amortissements avantageux que l'entreprise peut choisir d'appliquer.

6. b, c. Si l'immobilisation est acquise en cours d'exercice, il faut appliquer le *prorata temporis*. L'amortissement linéaire est calculé entre la date de mise en service de l'immobilisation et la fin de l'exercice. L'amortissement variable correspond au nombre d'unités d'œuvre déterminant l'utilisation entre la date de mise en service de l'immobilisation et la fin de l'exercice.

7. a, b. L'enregistrement d'une dotation aux amortissements conduit à constater : une charge traduisant l'utilisation du bien et un amortissement soit une valeur soustractive de l'immobilisation qui perd de la valeur compte tenu de son utilisation. C'est une charge calculée donc sans impact sur la trésorerie.

② Machines à café

1. Comment choisir les critères permettant de mesurer l'utilisation de chacune des machines à café afin de constater leurs amortissements ?

Le mode d'amortissement retenu doit traduire au mieux le rythme de consommation des avantages économiques attendus par l'entreprise. Le mode d'amortissement pourra, en conséquence, être linéaire, croissant ou décroissant, etc. (unités de temps), ou calculé en fonction du nombre de cafés, d'heures de fonctionnement, etc. (unités d'œuvre). Si plusieurs critères s'appliquent, il convient de retenir l'utilisation la plus courte résultant de l'application de ces critères (selon la DAP de la première année). L'utilisation des machines est différente entre les entreprises ; ainsi, même s'ils ont les mêmes caractéristiques, leurs utilisations seront différentes. L'amortissement doit traduire ces différentes utilisations.

2. Déterminez les dotations aux amortissements des deux machines pour l'exercice N.

Il convient de choisir le critère mesurant l'amortissement.

Lorsqu'une entreprise choisit une unité d'œuvre pour calculer l'amortissement d'un type d'immobilisations, elle doit l'appliquer à toutes les immobilisations de même catégorie.

Entreprise Cymaise		Entreprise Corep	
Critères	DAP	Critères	DAP
Année	5 000/5 × 9/12 = 750	Année	5 000/5 × 9/12 = 750
Nombre de cafés	5 000 × 1 000 000/5 000 000 = 1 000	Nombre de cafés	5 000 × 10 000/ 5 000 000 = 10

Pour l'entreprise CYMAISE, l'amortissement de la machine à café est défini selon le nombre de cafés. DAP_N = 1 000 €.

Pour l'entreprise COREP, l'amortissement de la machine à café est défini selon le nombre d'années. DAP_N = 750 €.

③ Société Cerise

1. La société Cerise doit-elle obligatoirement enregistrer un amortissement de ces machines ?

Selon l'article 322-4, alinéa 1, du PCG : « À la clôture de l'exercice, une dotation aux amortissements est comptabilisée conformément au plan d'amortissement pour chaque actif amortissable même en cas d'absence ou d'insuffisance de bénéfice. » La société Cerise doit donc obligatoirement enregistrer l'amortissement de ses machines.

2. Comment interpréter la constatation des amortissements ?

L'article 322-1 du PCG explicite très bien la définition d'un amortissement : « Un actif amortissable est un actif dont l'utilisation par l'entité est déterminable. L'utilisation pour une entité se mesure par la consommation des avantages économiques attendus de l'actif. [...] L'amortissement d'un actif est la répartition systématique de son montant amortissable en fonction de son utilisation. »

3. Présentez le plan d'amortissement de la machine F101.

Immobilisation : machine F101 Durée d'utilisation : 8 ans Rythme d'amortissement : linéaire	Date de mise en service : 1er janvier N Valeur au bilan : 40 000 euros Base amortissable : 40 000 euros

Années	Base amortissable	Annuités d'amortissement	Annuités cumulées	Valeur nette comptable
N	40 000	(1) 5 000	5 000	35 000
N+1	40 000	5 000	10 000	30 000
N+2	40 000	5 000	15 000	25 000
N+3	40 000	5 000	20 000	20 000
N+4	40 000	5 000	25 000	15 000
N+5	40 000	5 000	30 000	10 000
N+6	40 000	5 000	35 000	5 000
N+7	40 000	5 000	40 000	0

(1) 40 000 × 1/8

Attention ! Les amortissements sont calculés à partir de la base amortissable (= Coût d'acquisition – Valeur résiduelle). En revanche, la VNC (valeur nette comptable) en fin d'exercice est calculée à partir du coût d'acquisition.

4. Quelle est la base d'amortissement de la machine F805 ?

Selon l'article 322-1 du PCG : « Le montant amortissable d'un actif est sa valeur brute sous déduction de sa valeur résiduelle. La valeur résiduelle est le montant, net des coûts de sortie attendus, qu'une entité obtiendrait de la cession de l'actif sur le marché à la fin de son utilisation. La valeur résiduelle d'un actif n'est prise en compte pour la détermination du montant amortissable que lorsqu'elle est à la fois significative et mesurable. »
La base amortissable de la machine F805 est donc : 120 000 – 1/6 × 120 000 = 100 000 €.

5. Présentez le plan d'amortissement de la machine F805.

Immobilisation : machine F805 Durée d'utilisation : 5 ans Rythme d'amortissement : linéaire	Date de mise en service : 1er juillet N Valeur au bilan : 120 000 euros Base amortissable : 100 000 euros

Années	Base amortissable	Annuités d'amortissement	Annuités cumulées	Valeur nette comptable
N	100 000	(1) 10 000	10 000	110 000
N+1	100 000	20 000	30 000	90 000
N+2	100 000	20 000	50 000	70 000
N+3	100 000	20 000	70 000	50 000
N+4	100 000	20 000	90 000	30 000
N+5	100 000	10 000	100 000	20 000

(1) 100 000 × 1/5 × 6/12

Remarques :

- La machine a été acquise le 1er juillet N. Elle est donc amortie pour l'exercice N entre le 1er juillet N et le 31 décembre N, soit 6 mois, et non pour une année complète. On constate donc 6/12 (6 mois sur 12 mois) d'une annuité complète d'amortissement (c'est le *prorata temporis*).

- La machine n'a été utilisée que 6 mois au cours de l'exercice N. La période d'amortissement comprend alors l'exercice N (6 mois), les exercices N+1 à N+4 (4 ans) et l'exercice N+5 (6 mois).
- La valeur nette comptable (VNC) d'un actif correspond à sa valeur brute diminuée des amortissements cumulés et des dépréciations. Donc pour l'exercice N, en absence de dépréciation, VNC = 120 000 – 10 000 = 110 000.

Maîtriser les compétences

4 PME Alban

Compétence attendue

Évaluer et **comptabiliser** les différentes opérations d'inventaire

1. Quelle est la durée d'amortissement à retenir pour définir l'amortissement économiquement justifié ?

Selon l'article 322-1, alinéa 2, du PCG, « l'utilisation pour une entité se mesure par la consommation des avantages économiques attendus de l'actif. Elle peut être déterminable en termes d'unités de temps ou d'autres unités d'œuvre lorsque ces dernières reflètent plus correctement le rythme de consommation des avantages économiques attendus de l'actif. »

La PME Alban doit donc calculer l'amortissement économique de l'immobilisation sur une durée de 8 ans.

2. Quel est le mode d'amortissement à retenir pour définir l'amortissement économiquement justifié ?

Selon l'article 322-4, alinéa 5, du PCG, « le mode d'amortissement doit permettre de traduire au mieux le rythme de consommation des avantages économiques attendus de l'actif par l'entité. Il est appliqué de manière constante pour tous les actifs de même nature ayant des conditions d'utilisation identiques. Le mode linéaire est appliqué à défaut de mode mieux adapté. »

La PME Alban doit donc calculer l'amortissement économique de l'immobilisation selon le mode linéaire.

3. Définissez l'amortissement dégressif. La PME Alban peut-elle appliquer ce mode d'amortissement ?

L'amortissement dégressif est une disposition fiscale permettant de constater un amortissement plus rapide de l'immobilisation durant les premières années d'utilisation du bien. Ceci permet à l'entreprise de constater dans un premier temps des dotations aux amortissements plus élevées. L'entreprise enregistre alors des charges plus importantes au début de la période d'utilisation de l'immobilisation. Ceci a pour effet de diminuer dans un premier temps sa base imposable. Le système dégressif ne permet pas de constater l'amortissement économique du bien. L'objectif n'est pas en effet de constater la consommation des avantages économiques. Il permet néanmoins de constater un amortissement fiscal, autorisé par l'administration fiscale. Si l'amortissement fiscal est supérieur à l'amortissement économique les premières années, l'entreprise peut constater un amortissement dérogatoire.

Selon l'article 322-2, alinéa 2, du PCG : « Par exception, des textes particuliers prescrivent ou autorisent la comptabilisation d'amortissements dérogatoires ou de provisions réglementées ne correspondant pas à l'objet normal d'un amortissement ou d'une dépréciation. »

La PME Alban peut donc appliquer également ce mode d'amortissement.

4. Calculez les dotations aux amortissements que l'entreprise enregistre à la fin de l'exercice N, si elle adopte le mode linéaire et considère la durée d'utilisation. Présentez l'impact de ces dotations sur un extrait de bilan et de compte de résultat.

Dotation amortissement selon le mode linéaire sur 8 ans : 30 000 × 1/8 × 6/12 = 1 875 €

Bilan fin N					
Actif				Passif	
Immobilisation	30 000	1 875	28 125	Résultat	(1 875)

Compte de résultat fin N			
Charges		Produits	
Dotations aux amortissements	1 875		

5. La PME Alban aurait-elle pu calculer l'amortissement économiquement justifié selon la durée d'usage (durée définie par l'administration fiscale) ?

Selon la mesure en faveur des PME issues du Règlement CRC 2005-09 du 3/11/2005 et du décret 2005-1757 du 30/12/2005, les personnes physiques ou morales ayant la qualité de commerçants qui ne dépassent pas, pour les exercices ouverts à compter du 1er janvier 2005, 2 des 3 critères de présentation de l'annexe des comptes annuels dite simplifiée suivants :

- Total bilan = 3 650 000 € ;
- Total chiffre d'affaires = 7 300 000 € ;
- Nombre moyen de salariés permanents = 50 ;

... peuvent retenir dans les comptes individuels, et pour les immobilisations ne faisant pas l'objet d'une décomposition, les durées d'usage.

Afin de savoir si l'entreprise peut appliquer par simplification les durées d'usage, il faut apprécier ces critères de taille.

6. Calculez les dotations aux amortissements que l'entreprise enregistrerait à la fin des exercices N et N+1, si elle applique le mode dégressif et adopte la durée d'usage.

Immobilisation : n°...
Durée d'utilisation : 8 ans
Durée d'usage : 5 ans
Mode d'amortissement : dégressif
Taux : 35 %

Date de mise en service : 1er juillet N
Valeur d'origine : 30 000 €
Valeur résiduelle : –
En euros

Années	Base amortissable	Annuité d'amortissement	Amortissements cumulés	Valeur comptable nette
N	30 000	30 000 × 35 % × 6/12 = 5 250	5 250	24 750
N+1	24 750	24 750 × 35 % = 8 662,5	13 912,5	16 087,50

5 Société Larivière

Compétence attendue

Évaluer et **comptabiliser** les différentes opérations d'inventaire

1. Pourquoi la dotation aux amortissements est différente des amortissements ?

Il ne faut pas confondre amortissement et dotation aux amortissements. La dotation aux amortissements est la constatation de l'utilisation du bien durant l'exercice (20 000 €) ; l'amortissement est la constatation de l'utilisation du bien depuis son entrée dans le patrimoine (50 000 €).

2. À partir des informations communiquées, déterminez la durée d'amortissement et la date d'acquisition de la machine.

Base amortissable = Valeur d'origine – Valeur résiduelle = 120 000 – 20 000 = 100 000 €

DAP = Base amortissable × Taux amortissement avec taux amortissement = 1/Durée d'amortissement

Pour l'exercice d'acquisition, DAP = Base amortissable × Taux amortissement × *Prorata temporis* calculé entre la date de mise en service de l'immobilisation et la fin de l'exercice

On a donc :

- DAP_N = 100 000 × 1/Durée amortissement = 20 000
- Durée amortissement = 5
- Amortissement = Somme des DAP depuis l'acquisition = 100 000 × 1/5 × (période entre la date d'acquisition et la fin de l'exercice N) = 50 000
- Période entre la date d'acquisition et la fin de l'exercice N = 2,5 ans

La machine a donc été acquise 2,5 ans avant la fin de l'exercice N, soit le 1er juillet N–2.

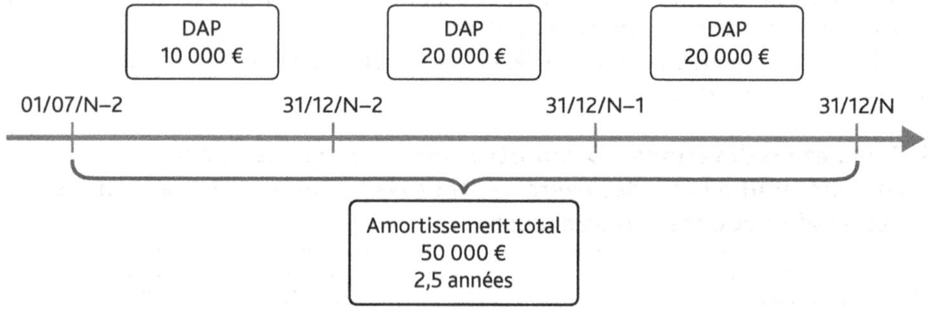

Préparer l'examen

6 Aline Mondiot

Compétence attendue

Évaluer et **comptabiliser** les différentes opérations d'inventaire

1. Aline Mondiot s'interroge sur les travaux d'amortissements à réaliser. Doit-elle amortir la machine nouvellement acquise ? Doit-elle amortir les fournitures achetées ? Justifiez vos réponses.

Une immobilisation dont la durée d'utilisation est limitée est amortie sur cette durée selon un plan d'amortissement. La machine a une durée d'utilisation finie ; elle est donc amortie. Les fournitures n'étant pas des immobilisations, mais des consommables, ne sont donc pas amorties.

2. Quels sont les principes comptables associés à la comptabilisation d'amortissements à la clôture de l'exercice ?

Plusieurs principes peuvent justifier la constatation d'un amortissement :

- Selon l'article L. 123-20, l'obligation d'amortir semble relever du **principe de continuité d'exploitation** qui intègre que l'entreprise poursuit son exploitation au-delà de la date de clôture de l'exercice. Selon ce principe, la valeur d'une immobilisation utilisée sur plusieurs exercices à la clôture de l'exercice correspond aux avantages économiques futurs attendus de cette immobilisation, soit la valeur d'origine diminuée de l'amortissement.
- L'entreprise investit dans des immobilisations pour les exploiter pendant plusieurs exercices. L'application du **principe de séparation des exercices** induit de répartir le coût de l'immobilisation afin que chaque exercice supporte une charge correspondant aux avantages tirés de l'utilisation du bien (les DAP).
- Le **principe de rattachement des charges aux produits** consiste à analyser les charges de l'exercice et à les rattacher à l'exercice ou à des exercices ultérieurs selon que les produits correspondants sont constatés dans l'exercice ou non. Or, selon l'article 322-1 du PCG, « le plan d'amortissement est la traduction de la répartition de la valeur amortissable d'un actif selon le rythme de consommation des avantages économiques attendus en fonction de son utilisation probable ». L'amortissement consiste à constater les charges attachées à l'utilisation de l'immobilisation en relation avec les revenus générés par cette immobilisation, en cohérence avec le principe de rattachement des charges aux produits.

3. Présentez le plan d'amortissement de la machine.

Immobilisation : machine n°... Durée d'utilisation : 3 ans Mode d'amortissement : linéaire			Date de mise en service : 1er juillet N Valeur d'origine : 3 000 € Valeur résiduelle : – *En euros*	
Années	**Base amortissable**	**Annuité d'amortissement**	**Amortissements cumulés**	**Valeur comptable nette**
N	3 000	3 000 × 1/3 × 6/12 = 500	500	2 500
N+1	3 000	3 000 × 1/3 = 1 000	1 500	1 500
N+2	3 000	3 000 × 1/3 = 1 000	2 500	500
N+3	3 000	3 000 × 1/3 × 6/12 = 500	3 000	0

4. Présentez les écritures d'amortissement de l'exercice N et N+1.

		31/12/N		
68100		Dotations aux amortissements – charges d'exploitation	500	
	28100	Amortissements des immobilisations corporelles		500
		D'après plan d'amortissement		
		31/12/N+1		
68100		Dotations aux amortissements – charges d'exploitation	1 000	
	28100	Amortissements des immobilisations corporelles		1 000
		D'après plan d'amortissement		

5. Présentez l'impact de la constatation des amortissements sur les extraits des bilans et comptes de résultat de l'exercice N et N+1.

- Extrait Bilan 31/12/N

ACTIF			
	Valeur brute	Amortissements	Valeur nette comptable
Machine	3 000 €	500 €	2 500 €

- Extrait Compte de résultat 31/12/N

CHARGES		PRODUITS	
DAP	500 €		

- Extrait Bilan 31/12/N+1

ACTIF			
	Valeur brute	Amortissements	Valeur nette comptable
Machine	3 000 €	1 500 €	1 500 €

- Extrait Compte de résultat 31/12/N+1

CHARGES		PRODUITS	
DAP	1 000 €		

6. Si l'entreprise avait considéré une durée d'amortissement de 5 ans au lieu de 3 ans, quel aurait été l'impact sur :

- Le montant des dotations aux amortissements fins N ?

$DAP_N = 3\,000 \times 1/5 \times 6/12 = 300$

- Le montant des amortissements fin N ?

Somme des DAP = $DAP_N = 300$

- La valeur nette de la machine fin N ?

VNC = 3 000 – 300 = 2 400

- Le résultat de l'entreprise fin N ?

Impact de la DAP = (300)

- La trésorerie de l'entreprise fin N ?

La constatation d'amortissement n'a pas d'impact car l'enregistrement des amortissements conduit à enregistrer une charge calculée mais non décaissée.

- Le total des amortissements constatés à la fin de la période (3 *versus* 5 ans) ?

Le total des amortissements à la fin des 3 ans ou des 5 ans est identique ; il est égal au montant amortissable soit 3 000 euros.

7. L'entreprise est-elle libre de choisir la durée d'amortissement de ces immobilisations ? Si oui, quels sont les éléments qui peuvent guider son choix ? Concluez sur la fiabilité et la pertinence des amortissements.

Le caractère limité de la durée d'utilisation d'un actif est déterminé, soit à l'origine, soit en cours d'utilisation, au regard de critères généralement physiques, techniques, juridiques ou économiques. C'est à l'entreprise de l'apprécier. Une immobilisation peut avoir une durée d'utilisation plus courte que sa durée de vie. C'est un choix de l'entreprise guidé par des critères économiques. L'administration fiscale propose des durées généralement admises d'après les usages de chaque nature d'industrie, de commerce ou d'exploitation (Code général des impôts, article 39). L'entreprise peut invoquer des circonstances exceptionnelles pour s'écarter de plus ou moins 20 % de la durée d'usage dans la profession. La constatation de l'amortissement doit être guidée par la volonté de refléter une image fidèle de la réalité de l'entreprise. Néanmoins, les variables de calcul de l'amortissement sont sujettes à subjectivité, voire opportunisme qui peut nuire à la fiabilité et à la pertinence des amortissements.

CHAPITRE 15 Dépréciations

Évaluer les savoirs

1 QCM

1. a, b, c, d. Les dépréciations concernent tous les éléments d'actif : les actifs amortissables ou non amortissables peuvent être dépréciés.

2. a, b. Les dépréciations présentent un caractère réversible. À chaque fin d'exercice, elles sont ajustées par une dotation pour dépréciation complémentaire ou une reprise de dépréciation selon la nouvelle appréciation de la valeur actuelle à la clôture de l'exercice. Si une perte de valeur avait déjà été définie antérieurement et si l'entreprise considère que la perte de valeur de l'actif à la clôture de l'exercice est plus importante, elle constate une dotation pour dépréciation pour la perte de valeur supplémentaire constatée. La reprise de dépréciation vient reprendre pour tout ou partie une dépréciation antérieure qui n'est plus justifiée à la clôture de l'exercice si la perte de valeur de l'actif est considérée moindre ou n'est plus justifiée.

3. a, b. L'enregistrement d'une dépréciation conduit à constater une charge correspondant à la perte de valeur probable d'un actif (DAP au niveau du compte de résultat) et une diminution de la valeur de l'actif concerné (dépréciation au niveau du bilan). La dépréciation est une charge calculée non décaissée, elle n'impacte donc pas la liquidité.

4. b. La reprise de dépréciation vient reprendre pour tout ou partie une dépréciation antérieure qui n'est plus justifiée à la clôture de l'exercice si la perte de valeur de l'actif est considérée moindre ou si elle n'est plus justifiée. Si la valeur de l'actif devient supérieure à la valeur d'origine, il n'est pas considéré de prise de valeur au-delà de la valeur d'origine (principe de prudence).

5. b. La valeur actuelle est le maximum entre la valeur vénale et la valeur d'usage.

2 Action Dunamis

Attention, une reprise ne peut correspondre qu'à une diminution ou une annulation d'une dotation pour dépréciation antérieurement enregistrée, mais pas à constater une prise de valeur d'un actif supérieure à sa valeur d'origine.

1. Quel est, selon cette écriture, le cours de l'action Dunamis au 31 décembre N ?

Si l'entreprise a constaté une dépréciation de 400 euros, cela signifie que le portefeuille d'actions a perdu 400 euros de valeur soit, pour une action 400 / 100 = 4 euros. Le cours de l'action au 31/12/N est donc de 20 – 4 = 16 euros.

2. La société Alpha doit-elle comptabiliser une reprise ou une dotation ? Pour quel montant ?

La dépréciation n'est plus justifiée et doit être reprise en totalité, soit 400 euros. Les titres sont valorisés dans le bilan à 20 euros l'unité et pas au-delà du fait du principe de prudence, même si le cours est supérieur.

❸ Actifs Cédric

Définissez, pour chaque cas, les actifs susceptibles d'enregistrer une dépréciation et les indices de perte de valeur caractérisant cette dépréciation.

Informations	Indices de perte de valeur	Actifs susceptibles d'enregistrer une dépréciation
1	Cours de cotation des actions	Actions
2	Réglementation sur les normes de sécurité	Barrière de sécurité
3	Innovation technologique	Matériel informatique
4	–	–
5	–	–
6	Construction de l'axe autoroutier (impact positif ou négatif)	Biens immobiliers
7	–	–
8	Sur utilisation de la chaîne automatique	Tapis roulant
9	Blocage organisationnel	Machine
10	Inondation	Stock

Attention à ne pas confondre dépréciations et provisions (↪ chapitre 16). Par ailleurs, la constatation d'une dépréciation induit d'être en mesure de définir si un changement de l'environnement, un événement a un impact négatif sur un actif et de le mesurer.

(4) L'augmentation des temps de pause du personnel n'est pas un actif dépréciable.

(5) Il n'est pas indiqué une perte de valeur potentielle de l'entrepôt de livraison de l'entreprise.

(7) L'utilisation normale dans le cycle de production ne correspond pas à un indice de perte de valeur donnant lieu à dépréciation. On constate une dépréciation quand il y a une perte de valeur en plus de l'utilisation normale de l'actif.

Maîtriser les compétences

❹ Tondeur

Compétence attendue

Évaluer et **comptabiliser** les différentes opérations d'inventaire

1. Existe-t-il un indice de perte de valeur justifiant la réalisation de tests de dépréciation des machines M1 et M2 ?

Selon, l'article 322-5, alinéa 2, du PCG : « Pour apprécier s'il existe un quelconque indice qu'un actif ait pu perdre de la valeur, une entreprise doit au minimum considérer les indices suivants :

- Externes : valeur de marché, changements importants, taux d'intérêt ou de rendement.
- Internes : obsolescence ou dégradation physique, changements importants dans le mode d'utilisation, performances inférieures aux prévisions. »

L'apparition de nouveaux procédés constitue un changement de l'environnement de l'entreprise Tondeur. C'est un indice de perte de valeur externe qui explique l'obsolescence des machines M1 et M2 donc leurs pertes de valeur potentielles.

2. Déterminez les valeurs actuelles des machines M1 et M2 à la fin de l'exercice N.

En milliers d'euros	Machine M1	Machine M2
Valeur vénale	400 (énoncé)	1 400 (énoncé)
Valeur d'usage (sans actualisation)	200 + 300 + 200 + 200 + 200 = 1 100	400 + 300 + 300 + 300 + 200 = 1 500
Valeur actuelle	1 100	1 500

Selon l'article 322 -1, alinéa 11, du PCG : « La valeur d'usage d'un actif est la valeur des avantages économiques futurs attendus de son utilisation et de sa sortie. Elle est calculée à partir des estimations des avantages économiques futurs attendus. Dans la généralité des cas, elle est déterminée en fonction des flux nets de trésorerie. Si ces derniers ne sont pas pertinents pour l'entité, d'autres critères devront être retenus pour évaluer les avantages futurs attendus. ». Le PCG ne requiert pas l'application de l'actualisation des flux futurs.

La valeur actuelle correspond au maximum entre la valeur vénale et la valeur d'usage.

3. Définissez les dépréciations éventuelles des machines M1 et M2 à constater à la fin de l'exercice N.

	Machine M1	Machine M2
Valeur actuelle	1 100	1 500
Valeur nette comptable	600	1 800
Dépréciation	Aucune	300

4. Comptabilisez au livre journal les écritures relatives aux dépréciations de la machine M2 à constater à la fin de l'exercice N.

		31/12/N		
68162		Dotations pour dépréciations des immobilisations corporelles	300	
	29154	Dépréciations des matériels industriels		300
		Selon test de dépréciation machine M2		

5. Si l'entreprise constate, à la fin de l'exercice N+1, une dépréciation nécessaire de la machine M1 pour 100 000 € et de 200 000 € pour la machine M2, comptabilisez au livre journal les écritures nécessaires relatives aux dépréciations des machines à la fin de l'exercice N+1.

	Machine M1	Machine M2
Dépréciation existante	0	300
Dépréciation nécessaire	100	200
Dépréciation/Reprise à réaliser	Dotation : 100	Reprise : 100

		31/12/N+1		
68162		Dotations pour dépréciations des immobilisations corporelles	100	
	29154	Dépréciations des matériels industriels		100
		Selon test de dépréciation machine M1		
		31/12/N+1		
29154		Dépréciations des matériels industriels	100	
	78162	Reprises pour dépréciations des immobilisations corporelles		100
		Selon test de dépréciation machine M2		

❺ Thomas

Compétence attendue

Évaluer et **comptabiliser** les différentes opérations d'inventaire

1. Présentez le plan d'amortissement prévu initialement.

Immobilisation : machines industrielles
Durée d'utilisation : 5 ans
Rythme d'amortissement : linéaire

Date de mise en service : 1er janvier N
Valeur au bilan : 150 000 euros
Base amortissable : 150 000 euros

Années	Base amortissable	Annuités d'amortissement	Annuités cumulées	Valeur nette comptable
N	150 000	30 000	30 000	120 000
N+1	150 000	30 000	60 000	90 000
N+2	150 000	30 000	90 000	60 000
N+3	150 000	30 000	120 000	30 000
N+4	150 000	30 000	150 000	0

2. Présentez le tableau d'amortissement révisé suite à la prise en compte des dépréciations éventuelles.

Immobilisation : machines industrielles Durée d'utilisation : 5 ans Rythme d'amortissement : linéaire					Date de mise en service : 1er janvier N Valeur au bilan : 150 000 euros Base amortissable : 150 000 euros					
Exercice	Amortissement théorique			Valeur actuelle	Amortissement réel			Dépréciations / Reprises	Dépréciations cumulées	VNC réelle
	Base	Dotation	VNC sans dépréciation		Base	Dotation	VNC provisoire			
N	150	30	120	126	150	30	120	0	0	120
N+1	150	30	90	76,5	120	30	90	Dotation : 13,5	13,5	76,5
N+2	150	30	60	67,5	76,5	25,5	51	Reprise : 9	4,5	60
N+3	150	30	30	30	60	30	30	0	4,5	30
N+4	150	30	0	0	30	30	0	0	4,5	0

En milliers d'euros

Explications :

L'amortissement théorique correspond aux calculs des dotations aux amortissements et de la VNC sans considérer les dépréciations constatées.

L'amortissement réel présente la base amortissable et les dotations aux amortissements correspondantes lorsque sont considérées les dépréciations. La VNC provisoire exprime la VNC calculée avec les amortissements avant ajustement des dépréciations de l'exercice.

- Exercice N : la valeur actuelle étant supérieure à la valeur nette comptable (VNC), il n'est donc pas nécessaire de constater une dotation aux dépréciations en plus des amortissements. Le plan d'amortissement n'est pas révisé.
- Exercice N+1 : la valeur actuelle étant inférieure à la VNC (76,5 k€ < 90 k€), il convient de constater une dotation aux dépréciations : 90 k€ – 76,5 k€ = 13,5 k€. Le plan d'amortissement sera donc révisé pour les exercices suivants : la nouvelle base amortissable est 76,5 k€ pour les 3 exercices à suivre, d'où une dotation aux amortissements à constater de 76,5 k€/3 = 25,5 k€.
- Exercice N+2 : l'entreprise constate une dotation aux amortissements de 25,5 k€. La VNC provisoire est égale à 76,5 k€ – 25,5 k€ = 51 k€. Cette dernière étant supérieure à la valeur actuelle (67,5 k€), il convient de reprendre une partie de la dotation aux dépréciations enregistrée l'exercice précédent et qui n'est plus justifiée. Si on compare la VNC théorique et la valeur actuelle, il apparaît que la valeur actuelle et supérieure à la VNC théorique. Il convient alors de ramener la valeur des machines industrielles à la VNC théorique. En effet, le fait de constater des dépréciations en plus des amortissements (qui sont mécaniquement réduits dès lors qu'on constate des dépréciations 25,5 k€ versus 30 k€) ne doit pas conduire à constater une valeur comptable supérieure à une valeur d'inventaire uniquement déterminée par déduction des amortissements. Il faut donc que la reprise sur dépréciations R soit telle que 76,5 k€ – 25,5 k€ + R = 60 k€. Il convient donc de constater une reprise de 9 des dotations aux dépréciations. Le cumul des dotations est égal à 13,5 k€ – 9 k€ = 4,5 k€. De ce fait, la VNC réelle est égale à 51 k€ + 9 k€ + 60 k€. Les dotations aux amortissements des exercices suivants sont déterminées sur cette base, soit des dotations aux amortissements égales à 60 k€/2 = 30 k€.
- Exercice N+3 : l'entreprise constate une dotation aux amortissements égale à 30 k€. La VNC provisoire étant égale à 30 k€ (150 k€ – 30 k€ – 30 k€ – 25,5 k€ – 30 k€), soit la valeur actuelle, il n'y a pas d'ajustement à apporter au plan d'amortissement. La base amortissable pour l'exercice suivant est égale à 30 k€.
- Exercice N+4 : l'entreprise constate une dotation de 30 k€. La VNC est égale à zéro.

3. Présentez les écritures comptables à enregistrer au journal de l'entreprise Thomas.

- au 31 décembre N+1

		31/12/N+1		
68110		Dotations aux amortissements des immobilisations corporelles	30 000	
	28150	Amortissements du matériel industriel		30 000
		D'après plan d'amortissement		
		31/12/N+1		
68160		Dotations aux dépréciations des immobilisations corporelles	13 500	
	29150	Dépréciation du matériel industriel		13 500
		D'après test de dépréciation		

- au 31 décembre N+2

		31/12/N+2		
68110		Dotations aux amortissements des immobilisations corporelles	25 500	
	28150	Amortissements du matériel industriel		25 500
		D'après plan d'amortissement		
		31/12/N+2		
29150		Dépréciation du matériel industriel	9 000	
	7816	Reprise pour dépréciation des immobilisations		9 000
		D'après test de dépréciation		

- au 31 décembre N+3

		31/12/N+3		
68110		Dotations aux amortissements des immobilisations corporelles	30 000	
	28150	Amortissements du matériel industriel		30 000
		D'après plan d'amortissement		

- au 31 décembre N+4.

		31/12/N+4		
68110		Dotations aux amortissements des immobilisations corporelles	30 000	
	28150	Amortissements du matériel industriel		30 000
		D'après plan d'amortissement		

4. Présentez un extrait de l'actif de l'entreprise Thomas...

- au 31 décembre N+1

Actif			
Fin N+1	**Valeur brute**	**Amortissements et dépréciations**	**Valeur nette comptable**
Machines industrielles	150 000	73 500	76 500

2 × 30 + 13,5 = 73,5 k€

- au 31 décembre N+2

Actif			
Fin N+2	**Valeur brute**	**Amortissements et dépréciations**	**Valeur nette comptable**
Machines industrielles	150 000	90 000	60 000

73,5 + 25,5 – 9 = 90 k€

- au 31 décembre N+3

Actif			
Fin N+2	**Valeur brute**	**Amortissements et dépréciations**	**Valeur nette comptable**
Machines industrielles	150 000	90 000	60 000

73,5 + 25,5 – 9 = 90 k€

- au 31 décembre N+4

Actif			
Fin N+4	**Valeur brute**	**Amortissements et dépréciations**	**Valeur nette comptable**
Machines industrielles	150 000	150 000	150 000

6 Kelly

Compétence attendue

Évaluer et **comptabiliser** les différentes opérations d'inventaire

1. Donnez une définition des comptes « Dotations pour dépréciation ».

Selon le PCG, une dotation pour dépréciation est la constatation d'un amoindrissement de la valeur d'un élément d'actif résultant de causes dont les effets ne sont pas jugés irréversibles. Elle correspond à la perte de valeur d'éléments d'actif en plus de l'amoindrissement de valeur engendré par la consommation des avantages économiques de cet élément. Cette perte de valeur est considérée probable mais ni certaine, ni définitive (sauf cas exceptionnel).

2. Indiquez à quel principe comptable obéit la constitution d'une dépréciation et les conséquences de l'application de ce principe.

La constatation d'une dépréciation obéit au principe de prudence. Le PCG (art. 120-3) indique en effet que « la comptabilité est établie sur la base d'appréciations prudentes pour éviter le risque de transfert, sur les périodes à venir, d'incertitudes présentes susceptibles de grever le patrimoine et le résultat de l'entité ». Il convient donc d'enregistrer les pertes de valeur probables du patrimoine *via* la comptabilisation des dépréciations des éléments d'actif.

Cependant, l'application de ce principe conduit à une différence de traitement des pertes probables et des gains probables de la valeur des éléments d'actif :

- les moins-values latentes sont toujours constatées sous forme de dépréciation ; alors que les plus-values latentes ne le sont jamais sauf dans les cas expressément prévus par le PCG ;
- une charge probable doit être comptabilisée alors qu'un produit seulement probable ne l'est pas.

3. Comptabilisez les écritures d'inventaire des titres nécessaires au 31/12/N.

- Dépréciation des titres de participation

		31/12/N		
26100		Titres de participation	20 000,00	
	27100	Titres immobilisés		20 000,00
		Correction compte 271		
		d°		
68660		Dotations aux dépréciations des éléments financiers	2 800,00	
	29610	Dépréciation des titres de participation		2 800,00
		Dotations provisions N (20 000 × 14 %)		

- Dépréciation des actions
  - BICMA

Dépréciation au 31/12/N : (70 – 69) × 200	200
Dépréciation au 31/12/N–1 : (70 – 64,40) × 200	– 1 120
Reprise	(920) €

  - CADIC

Dépréciation au 31/12/N : Pas de dépréciation, le cours étant supérieur au prix d'achat	0
Dépréciation au 31/12/N–1 : (96 – 90) × 300	– 1 800
Reprise	(1 800) €

  - GAMB

Dépréciation au 31/12/N : (164 – 159,60) × 100	440
Dépréciation au 31/12/N–1 : Pas de dépréciation, les titres étant acquis en N	– 0
Dotation	440 €

  - SDC

Dépréciation au 31/12/N : (142 – 136,40) × 250	1 400
Dépréciation au 31/12/N–1 : Pas de dépréciation, le cours des titres étant supérieur au prix d'achat	– 0
Dotation	1 400 €

		31/12/N		
68660		Dotations aux dépréciations des éléments financiers	1 840	
	59030	Dépréciation des actions		1 840
		Titres GAMB et SDC (440 + 1 400)		
		d°		
59030		Dépréciation des actions	2 720	
	78100	Reprise des dépréciations des éléments financiers		2 720
		Titres BICMA et CADIC (920 + 1 800)		

4. Présentez l'impact de ces écritures sur le bilan et le compte de résultat.

Les dotations pour dépréciation ont pour impact de diminuer la valeur des actifs concernés et le résultat de l'entreprise. À l'inverse, les reprises des dépréciations ont pour impact de supprimer toutes ou parties des pertes de valeur constatées sur les actifs et d'augmenter en conséquence le résultat de l'entreprise en éliminant une charge qui avait été anticipée et qui n'est plus justifiée.

Pour le cas étudié, l'impact global des écritures concernant les dépréciations et reprises de dépréciations des titres est :

- la révision de la valeur des titres : + 880 € (somme des dotations et reprises des actions) pour la valeur nette comptable des actions ;
- la constatation d'une charge future dans le résultat (1 840 €), ainsi que l'annulation d'une charge future préalablement anticipée (2 720 €), soit un impact total positif sur le résultat de + 880 €.

Cependant, du fait du principe de non-compensation, il convient d'enregistrer les différents événements affectant la situation patrimoniale de l'entreprise même si ces événements se compensent entre eux. Les dotations et les reprises ne peuvent être compensées car il convient d'apprécier distinctement la valeur de chacun des titres. Mais surtout, du fait du principe de prudence, seuls sont considérés les événements qui affectent de façon défavorable la situation patrimoniale de l'entreprise (perte de valeur), donc seules les moins-values probables (dépréciations) sont constatées ; la seule exception étant les reprises mais ces dernières viennent corriger des moins-values préalablement constatées.

7 Dorian

Compétence attendue

Évaluer et **comptabiliser** les différentes opérations d'inventaire

1. Énoncez le principe comptable qui conduit à constater les dépréciations sur les stocks.

Le principe comptable qui conduit à constater la dépréciation sur les stocks est **le principe de prudence.** Ce principe stipule que « *la comptabilité est établie sur la base d'appréciations prudentes, pour éviter le risque de transfert, sur des périodes à venir, d'incertitudes présentes susceptibles de grever le patrimoine et le résultat de l'entité.* » Ainsi, si à l'inventaire, la valeur des stocks est dépréciée, ce principe conduit à constater la diminution de valeur probable correspondante afin de considérer dès à présent l'impact défavorable sur la situation financière de l'entreprise.

2. Enregistrez au journal de l'entreprise Dorian, stock par stock, toutes les écritures nécessaires au 31 décembre N.

- Stocks de produits finis

		31/12/N		
71350		Variation des stocks de produits	28 680	
	35000	Stocks de produits finis		28 680
		Annulation du stock initial		

		31/12/N		
39500		Dépréciation des stocks de produits finis	2 340	
	78100	Reprise sur amortissements, dépréciations et provisions – produits d'exploitation		2 340
		Annulation de la dépréciation sur stock initial		
		31/12/N		
35000		Stocks de produits finis	32 900	
	71350	Variation des stocks de produits		32 900
		Constatation du stock final		
		31/12/N		
68100		Dotations aux amortissements, dépréciations et provisions – charges d'exploitation	1 200	
	39500	Dépréciation des stocks de produits finis		1 200
		Dotation de l'exercice N (6 000 × 20 %)		
		31/12/N		
39500		Dépréciation des stocks de produits finis	1 140	
	78100	Reprise sur amortissements, dépréciations et provisions – produits d'exploitation		1 140
		Ajustement de la dépréciation sur stock de produits finis (2 340,00 – 6 000 × 20 %)		

- Stocks de marchandises

La solution qui consiste à ne passer qu'une écriture pour l'ajustement de la dépréciation est également acceptable.

		31/12/N		
60370		Variation des stocks de marchandises	8 650	
	37000	Stocks de marchandises		8 650
		Annulation du stock initial		
		31/12/N		
37000		Stocks de marchandises	5 800	
	60370	Variation des stocks de marchandises		5 800
		Constatation du stock final		
		31/12/N		
68100		Dotations aux amortissements, dépréciations et provisions – charges d'exploitation	1 200	
	39700	Dépréciation des stocks de marchandises		1 200
		Dotation de l'exercice N (1 600 × 3/4)		

3. Enregistrez au journal de l'entreprise Dorian, client par client, toutes les écritures nécessaires au 31 décembre N.

- Client Benjamin

Le client étant insolvable, sa créance HT va être soldée, la TVA récupérée et la dotation reprise.

- Montant HT de la perte : 10 000 – 2 000 = 8 000 €
- TVA récupérable : 8 000 × 20 % = 1 600 €

Remarque : la perte sur le client n'est plus probable mais réelle. Il n'y a plus lieu de constater une dépréciation mais une perte exceptionnelle correspondant au montant restant dû. Il faut bien penser à reprendre la dépréciation existante pour ne pas compter doublement la perte (anticipation de la perte probable par l'enregistrement d'une dépréciation et constatation de la perte réelle par la comptabilisation d'une charge exceptionnelle : pertes sur créances irrécouvrables).

		31/12/N		
65400		Pertes sur créances irrécouvrables	8 000	
44571		État, TVA collectée	1 600	
	41610	Client douteux Benjamin		9 600
		Perte sur créance Benjamin devenue irrécouvrable		
		31/12/N		
49161		Dépréciation des comptes clients – Benjamin	2 550	
	78173	Reprises sur amortissements, dépréciations et provisions		2 550
		Annulation de la dépréciation devenue sans objet		

NOTRE CONSEIL

Pensez bien à calculer les dépréciations à partir des montants HT et à définir la dotation ou reprise sur dépréciation à constater compte tenu des dépréciations déjà constatées et des règlements effectués.

- Client Salomé

Ajustement de la dépréciation au 31/12/N :

- Dotation existante : 3 600 €
- Dotation nécessaire : 60 % × (12 000 – 2 500) = 5 700 €
- Dotation à effectuer : 5 700 – 3 600 = 2 100 €

		31/12/N		
68100		Dotations aux amortissements, dépréciations et provisions – charges d'exploitation	2 100	
	49162	Dépréciation des comptes clients – Salomé		2 100
		Dotation de l'exercice		

Préparer l'examen

8 Sigma

Compétence attendue

Évaluer et **comptabiliser** les différentes opérations d'inventaire

1. Définissez les termes suivants : créances douteuses, créances litigieuses, créances échues et créances irrécouvrables. Faut-il appréhender de la même manière ces différentes créances dans les travaux relatifs à la détermination des dépréciations des créances clients ?

La créance est un droit qu'une personne (le créancier) a d'exiger quelque chose de quelqu'un (le débiteur), notamment une somme d'argent. Il peut y avoir plusieurs sortes de créances.

La **créance douteuse** est une créance qui présente un risque probable ou certain de non-recouvrement total ou partiel.

La **créance litigieuse** est une créance qui est contestée sur son montant ou son principe.

Une créance peut revêtir un caractère douteux ou litigieux si un document officiel le justifie. Par exemple, un courrier d'un avocat ou tout autre courrier officiel relatif à un litige commercial, à une notification de faillite...

Une **créance échue** est une créance pour laquelle la date d'échéance est atteinte ; le délai de règlement accordé est expiré.

Une **créance irrécouvrable** est une créance pour laquelle il existe une certitude de non-paiement. La créance est irrécouvrable dès que l'on sait avec précision que l'on ne sera pas payé.

Ces différentes créances ne sont pas appréhendées de la même manière lors de l'étude des risques de non-recouvrement.

Les créances de la catégorie des créances douteuses ou litigieuses sont considérées comme des créances à risque, soit des créances qui doivent être suivies pour apprécier le montant de la perte de valeur probable à constater. Les créances échues sont des créances qui doivent être contrôlées afin d'apprécier si le non-paiement du client provient de défaillances de l'entreprise (exemple : absence ou mauvaise comptabilisation) ou de réels litiges ou difficultés de l'entreprise. Dans ce dernier cas, des dépréciations sont à constater. Enfin, une créance irrécouvrable ne conduit pas à la constatation de dépréciations puisque le risque est avéré. Les dépréciations des créances irrécouvrables sont reprises.

2. Précisez les différents types de titres financiers dont l'entreprise peut disposer. Faut-il appréhender de la même manière ces différents titres financiers dans les travaux relatifs à la détermination des dépréciations des titres ?

Les titres détenus par une entité sont affectés en **classe 2** (immobilisations) ou en **classe 5** (comptes financiers) selon la durée prévue de leur détention. Les valeurs mobilières de placement (compte 500) sont acquises en vue de réaliser un gain rapidement. Elles sont plus liquides. En revanche, les titres de participation (compte 261) et les titres immobilisés (compte 271, 271, 273) relèvent d'une volonté de conservation durable.

Des règles particulières s'appliquent pour la détermination de la valeur actuelle des titres, et des comptes spécifiques sont utilisés pour constater les dépréciations de ces différents titres :

Type de titre	Valeur actuelle	Compte de dépréciations
Titres de participation	Valeur d'utilité, soit « ce que l'entité accepterait de décaisser pour obtenir cette participation si elle avait à l'acquérir »	296. Dépréciations des titres de participation
Titres immobilisés et VMP cotés	Cours moyen du dernier mois	297. Dépréciations des titres immobilisés
Titres immobilisés et VMP non cotés	Valeur probable de négociation, le PCG restant flou sur sa détermination	590. Dépréciations des valeurs mobilières de placement

3. Précisez les différents types de stocks dont il est fait référence dans les annexes. D'une façon générale, faut-il appréhender de la même manière ces différents stocks dans les travaux relatifs à la détermination des dépréciations des stocks ? La constatation de la variation des stocks intègre-t-elle les dépréciations éventuelles des stocks ?

Se distinguent au niveau des stocks : les stocks de biens achetés (matières premières, marchandises, fournitures…) et les stocks de biens produits (produits en cours, produits finis, produits résiduels…).

Concernant l'entreprise Sigma, il est fait référence aux :

- stocks de matières premières ;
- stocks de produits finis.

Quel que soit le type de stocks, les travaux d'inventaire à réaliser sont identiques :

- constatation des stocks finals ;
- ajustement des dépréciations des stocks.

Ces opérations se font en deux temps. La comptabilisation de la variation des stocks consiste à constater l'évolution de la valeur des stocks compte tenu des entrées et sorties de stocks. L'ajustement des dépréciations des stocks consiste à considérer l'évolution de la perte de valeur des stocks finals.

4. Enregistrez toutes les écritures nécessaires concernant les comptes clients, stocks et titres pour la présentation des états financiers au 31 décembre N de l'entreprise Sigma.

		31/12/N		
41610		Client douteux ou litigieux – Gamma	30 000	
	41110	Client Gamma		30 000
		Transfert en clients douteux ou litigieux		
		d°		
68100		Dotations aux amortissements, dépréciations et provisions – charges d'exploitation	20 000	
	49161	Dépréciation des comptes clients – Gamma		20 000
		Dotations de l'exercice = 30 000/1,2 × 80 %		

		d°		
65400		Pertes sur créances irrécouvrables	3 900	
44571		État, TVA collectée	780	
	41620	Client douteux Alpha		4 680
		Perte sur créance ALPHA devenue irrécouvrable		
		d°		
49162		Dépréciation des comptes clients – Alpha	1 900	
	78170	Reprises sur amortissements, dépréciations et provisions		1 900
		Annulation de la dépréciation Alpha devenue sans objet		
		d°		
60310		Variation des stocks de matières premières	14 000	
	31000	Stocks de produits matières premières		14 000
		Annulation du stock initial		
		d°		
31000		Stocks de matières premières	12 500	
	60310	Variation des stocks de matières premières		12 500
		Constatation du stock final		
		d°		
71350		Variation des stocks de produits	24 000	
	35000	Stocks de produits finis		24 000
		Annulation du stock initial		
		d°		
35000		Stocks de produits finis	21 800	
	71350	Variation des stocks de produits		21 800
		Constatation du stock final		
		d°		
68100		Dotations aux amortissements, dépréciations et provisions – charges d'exploitation	3 000	
	39500	Dépréciation des stocks de produits finis		3 000
		Dotation de l'exercice N : 3 000		
		d°		
68660		Dotations aux dépréciations des éléments financiers	21 000	
	29610	Dépréciation des titres de participation		21 000
		Dotations provisions N (140 000 – 85 × 1 400)		

5. Enregistrez toutes les écritures nécessaires concernant les comptes clients, stocks et titres pour la présentation des états financiers au 31 décembre N+1 de l'entreprise Sigma.

		31/12/N+1		
60310		Variation des stocks de matières premières	12 500	
	31000	Stocks de matières premières		12 500
		Annulation du stock initial		
		d°		
31000		Stocks de matières premières	15 000	
	60310	Variation des stocks de matières premières		15 000
		Constatation du stock final		
		d°		
71350		Variation des stocks de produits	21 800	
	35000	Stocks de produits finis		21 800
		Annulation du stock initial		
		d°		
35000		Stocks de produits finis	18 500	
	71350	Variation des stocks de produits		18 500
		Constatation du stock final		
		d°		
39500		Dépréciation des stocks de produits finis	3 000	
	78100	Reprises aux amortissements, dépréciations et provisions – charges d'exploitation		3 000
		Annulation de la dotation de l'exercice N		
		d°		
31000		Dépréciation des comptes clients – Gamma	12 000	
	78100	Reprises aux amortissements, dépréciations et provisions – charges d'exploitation		12 000
		Diminution de la perte de valeur de la créance Gamma [20 000 – (30 000 – 18 000)/1,2 × 80 %]		
		d°		
51200		Banques	91 000	
	77500	Produits des cessions des éléments d'actifs cédés		91 000
		(1 400 / 2 × 130)		
		d°		
67500		Valeur comptable des éléments d'actifs cédés	70 000	
	26100	Titres de participation		70 000
		Sortie des titres de participation		
		d°		

29610		Dépréciation des titres de participation	21 000	
	78600	Reprises sur amortissements, dépréciations et provisions		21 000
		Annulation de la dépréciation des titres de participation devenue sans objet		
		d°		
41630		Client douteux ou litigieux – Delta	143 520	
	41130	Client Delta		143 520
		Transfert en clients douteux ou litigieux		
		d°		
68100		Dotations aux amortissements, dépréciations et provisions – charges d'exploitation	120 000	
	49163	Dépréciation des comptes clients – Delta		120 000
		Dotations de l'exercice (144 000/1,2 × 100 %)		
		d°		
68660		Dotations aux dépréciations des éléments financiers	42 000	
	59030	Dépréciation des VMP		42 000
		Dotations provisions N+1 [(200 – 158) × 1 000]		

6. Présentez un extrait du bilan (actif) après inventaire au 31 décembre N+1 de l'entreprise Sigma.

Actif			
	Valeur brute	**Amortissements et dépréciations cumulées**	**Valeur nette comptable**
Titres de participation	70 000	0	70 000
Stock Matières premières	15 000	0	15 000
Stock produits finis	18 500	0	18 500
Client GAMMA	12 000	8 000	4 000
Client DELTA	144 000	120 000	24 000
VMP	200 000	42 000	158 000

CHAPITRE 16 Provisions

Évaluer les savoirs

1 QCM

1. b, c. Une provision est un passif dont la sortie de ressources est probable. L'incertitude du risque ou de la charge associé aux provisions porte sur l'échéance de l'obligation et/ou sur le montant de l'obligation.

2. b. Les provisions constituent des passifs externes. Ce sont des dettes probables. En tant que passifs externes, les provisions sont constatées au crédit des sous-comptes du compte « 15. Provisions ».

3. a, b, c. Plusieurs réponses sont possibles compte tenu de l'appréciation de la charge probable. Soit l'entreprise considère qu'elle va gagner en appel et qu'elle n'aura donc pas de charges futures (provision nulle), soit elle considère qu'elle devra régler le montant défini en janvier N (provision 5 millions) ou le montant défini le 12/12/N (provision 4 millions). Les provisions pour risques et charges sont évaluées pour le montant correspondant à la meilleure estimation de la sortie de ressources nécessaire à l'extinction de l'obligation. Cette estimation peut être déterminée en se basant sur des obligations similaires (ex. : comparaison avec des litiges similaires, jurisprudence) ; en présence de plusieurs hypothèses d'évaluation de la sortie de ressources, le montant à provisionner est, en général, celui qui correspond à l'hypothèse la plus probable. Les incertitudes relatives aux autres hypothèses d'évaluation doivent faire l'objet d'une mention en annexe (ex. : établissement de différents scénarios selon la responsabilité de l'entreprise, d'accords à l'amiable avec les victimes).

4. c, d. L'entreprise n'a plus de provisions à constater car la dette est certaine. Elle doit donc reprendre les provisions existantes et constater une dette.

5. a, c. La comptabilisation d'une provision conduit à constater une charge, ce qui vient diminuer le résultat, et un passif.

2 Entreprise Anna

Tous les critères doivent être remplis pour qu'un élément réponde à la définition d'une provision.

Pour chacune des dix informations présentées, indiquez si l'entreprise Anna doit constater une provision au 31 décembre N. Si oui, précisez-en le type.

	1	2	3	4	5	6	7	8	9	10
Obligation de l'entreprise envers un tiers	Oui	Oui	Oui	Non	Oui	Oui	Non	Oui	Oui	Oui
Obligation existant à la clôture de l'exercice N	Oui Jugement en appel	Oui Acquisition en N–3	Non		Oui Émission d'obligation à rémunérer	Oui Annonce du plan		Oui Conclusion du contrôle fiscal	Oui Convention collective et embauche du personnel	Oui Discours commercial

	1	2	3	4	5	6	7	8	9	10
Sortie de ressources	Oui	Oui			Oui	Oui		Oui	Oui	Oui
Absence de contre-partie au moins équivalente attendue	Oui	Oui			Non	Oui		Oui	Oui	Oui
Montant ou échéance incertains	Oui	Oui				Oui		Oui	Oui	Oui
Objet du risque nettement précisé	Oui	Oui				Oui		Oui	Oui	Oui
Estimation fiable de l'obligation	Oui	Oui				Oui		Oui	Oui	Non
Provisions	Oui	Oui	Non	Non	Non	Oui	Non	Oui	Oui	Non
Nature de la provision	1511. Provisions pour litiges	157. Provisions pour charges à répartir sur plusieurs exercices	–	–	–	154. Provisions pour restructurations	–	1514. Provisions pour amendes et pénalités	153. Provisions pour pensions et obligations similaires	–

❸ AXJ

1. Justifiez la comptabilisation par le groupe d'une provision au titre de la responsabilité civile liée au sinistre d'AXJ.

Afin d'examiner si le groupe doit enregistrer une provision au titre de la responsabilité civile liée au sinistre d'AXJ, il convient d'apprécier si les critères de comptabilisation d'une provision sont satisfaits :

Obligation de l'entreprise envers un tiers	Oui : les victimes et l'État
Obligation existant à la clôture de l'exercice N	Oui : explosion en septembre N–7
Sortie de ressources	Oui : Condamnation, réparations préjudices

Absence de contrepartie au moins équivalente attendue	Oui
Montant ou échéance incertains	Oui
Objet du risque nettement précisé	Oui
Estimation fiable de l'obligation	Oui : estimation des avocats
Provisions	Oui

2. Comptabilisez cette provision pour les exercices N–7 à N–1.

- En N–7 :
  - Estimation des dommages à supporter par le groupe : 941 000 000 €
  - Constitution d'une provision de 941 000 000 €

		31/12/N–7		
68700		Dotations aux provisions – charges exceptionnelles	941 000 000	
	15110	Provisions pour litiges		941 000 000
		Constitution d'une provision au titre de responsabilité civile liée au sinistre d'AXJ		

- En N–6 :
  - Provision N–6 : 995 000 000 €
  - Provision N–7 : 941 000 000 €
  - Dotations N–6 : 54 000 000 €

		31/12/N–6		
68700		Dotations aux provisions – charges exceptionnelles	54 000 000	
	15110	Provisions pour litiges		54 000 000
		Constitution d'une dotation complémentaire aux provisions au titre de responsabilité civile liée au sinistre d'AXJ		

- En N–5 :
  - Provision N–5 : 276 000 000 €
  - Provision N–6 : 995 000 000 €
  - Reprises N–5 : 719 000 000 €

		31/12/N–5		
15110		Provisions pour litiges	719 000 000	
	78700	Reprises des provisions – charges exceptionnelles		719 000 000
		Ajustements des provisions au titre de responsabilité civile liée au sinistre d'AXJ		

- En N–4 :
  - Dotation N–4 : 150 000 000 €
  - Reprise N–4 : 316 000 000 €

		31/12/N–4		
68700		Dotations aux provisions – charges exceptionnelles	150 000 000	
	15110	Provisions pour litiges		150 000 000
		Constitution d'une dotation complémentaire aux provisions au titre de responsabilité civile liée au sinistre d'AXJ		
		31/12/N–4		
15110		Provisions pour litiges	316 000 000	
	78700	Reprises des provisions – charges exceptionnelles		316 000 000
		Ajustements des provisions au titre de responsabilité civile liée au sinistre d'AXJ		

Une seule écriture peut être réalisée, le document de référence fait néanmoins référence de manière distincte à la dotation et à la reprise.

- En N–3 :
  - Dotation N–3 : 100 000 000 €
  - Reprise N–3 : 77 000 000 €

		31/12/N–3		
68700		Dotations aux provisions – charges exceptionnelles	100 000 000	
	15110	Provisions pour litiges		100 000 000
		Constitution d'une dotation complémentaire aux provisions au titre de responsabilité civile liée au sinistre d'AXJ		
		31/12/N–3		
15110		Provisions pour litiges	77 000 000	
	78700	Reprises des provisions – charges exceptionnelles		77 000 000
		Ajustements des provisions au titre de responsabilité civile liée au sinistre d'AXJ		

- En N–2 :
  - Dotation N–2 : 100 000 000 €
  - Reprise N–2 : 57 000 000 €

			Débit	Crédit
		31/12/N–2		
68700		Dotations aux provisions – charges exceptionnelles	100 000 000	
	15110	Provisions pour litiges		100 000 000
		Constitution d'une dotation complémentaire aux provisions au titre de responsabilité civile liée au sinistre d'AXJ		
		31/12/N–3		
15110		Provisions pour litiges	57 000 000	
	78700	Reprises des provisions – charges exceptionnelles		57 000 000
		Ajustements des provisions au titre de responsabilité civile liée au sinistre d'AXJ		

- En N–1 :
  - Reprise N–1 : 42 000 000 €

			Débit	Crédit
		31/12/N–1		
15110		Provisions pour litiges	42 000 000	
	78700	Reprises des provisions – charges exceptionnelles		42 000 000
		Ajustements des provisions au titre de responsabilité civile liée au sinistre d'AXJ		

3. Précisez le montant de la provision pour les exercices N–7 à N–1. Commentez l'évolution de ces montants.

	Provisions (en millions d'euros)
N–7	941 (énoncé)
N–6	995 (énoncé)
N–5	276 (énoncé)
N–4	276 + 150 – 316 = 110
N–3	110 + 100 – 77 = 133
N–2	133 + 100 – 57 = 176
N–1	176 – 42 = 134

À la suite de l'explosion, le groupe a anticipé des risques et charges futurs élevés à supporter, d'où une constatation d'une provision de 941 millions en N–7 puis 995 millions d'euros en N–6. Par la suite, avec les accords à l'amiable et les constatations de la justice quant aux responsabilités du groupe, celui-ci revoit à la baisse les risques et charges futurs liés à cette affaire. Par conséquent, le groupe ajuste ces provisions en comptabilisant des reprises de provisions. Cependant, en parallèle, le groupe continue de constituer des dotations complémentaires.

Malheureusement, les états financiers du groupe ne communiquent pas les raisons et justifications des montants de reprises et dotations enregistrées. Aussi, dans un premier temps, l'enregistrement de cette provision conduit à grever fortement le résultat (dotations). À cet effet, le groupe précise dans sa communication financière que ces dotations constituent des charges non récurrentes. Puis, dans un second temps, lorsque le groupe enregistre des reprises de ces dotations, le résultat est mécaniquement augmenté. À cet égard, le groupe ne précise pas que le résultat est constitué en partie d'un produit non récurrent, soit les reprises de provisions au titre de responsabilité civile dans le sinistre d'AXJ.

4. Quel enregistrement relatif à la provision doit être enregistré à la clôture de l'exercice N ?

Le jugement attendu en septembre N doit donner fin à l'affaire AXJ. Aussi, après cette date, les risques et charges liés au titre de responsabilité civile dans le sinistre AXJ ne revêtent plus le caractère de provisions car l'obligation attachée à cette responsabilité n'est plus incertaine. Il convient donc de reprendre la provision existante et de constater la dette définie lors du procès.

		31/12/N		
15110		Provisions pour litiges	134 000 000	
	78700	Reprises des provisions – charges exceptionnelles		134 000 000
		Ajustements des provisions au titre de responsabilité civile liée au sinistre d'AXJ		

Maîtriser les compétences

❹ PixRemix

Compétence attendue

Évaluer et **comptabiliser** les différentes opérations d'inventaire

1. Définissez la provision pour restructuration.

Une restructuration est une réorganisation de l'entreprise ayant un effet significatif sur la nature ou les activités de l'entreprise. Une provision pour restructuration (154) correspond à des provisions de charges futures induites par un programme de restructuration. Seules certaines dépenses sont sujettes à provision et sous condition que les critères de comptabilisation d'une provision soient respectés.

2. L'entreprise PixRemix peut-elle enregistrer une provision concernant son programme de restructuration ? Justifiez votre réponse.

L'entreprise PixRemix enregistre une provision pour restructuration si les critères de comptabilisation sont respectés :

Obligation de l'entreprise envers un tiers	Oui
Obligation existant à la clôture de l'exercice N	Oui : annonce du plan de restructuration avant la clôture de l'exercice
Sortie de ressources	Oui
Absence de contrepartie au moins équivalente attendue	Oui : Aucune contrepartie n'est attendue des tiers concernés par la restructuration, sauf de la part du personnel qui continuera à travailler pour l'entreprise après la restructuration
Montant ou échéance incertains	Oui
Objet du risque nettement précisé	Oui
Estimation fiable de l'obligation	Oui : estimation des avocats
Provisions	Oui : Provision pour restructuration (154)

3. Quels sont les coûts à provisionner ?

Les coûts attachés au plan de restructuration à provisionner sont les charges qui se rapportent aux activités qui s'arrêtent. Pour ces activités, il n'y a pas de contrepartie attendue. L'entreprise ne peut pas inclure les dépenses liées aux activités poursuivies. Ainsi, la provision de restructuration de PixRemix comprend les éléments suivants :

- les coûts sociaux ;
- les coûts des conflits sociaux ;
- les coûts liés aux indemnités de rupture de contrat.

La provision est donc égale à 90 % du coût total de la restructuration, soit 90 % × 4 milliards = 3,6 milliards d'euros.

4. Enregistrez la provision pour restructuration.

		31/12/N		
68100		Dotations aux provisions – charges d'exploitation	3 600 000 000	
	15400	Provisions pour restructurations		3 600 000 000
		Coût de restructuration à provisionner : 90 % × 4 milliards		

5. Quel est l'impact de la comptabilisation d'une provision pour restructuration sur le résultat ? Faut-il considérer les dotations aux provisions pour restructuration comme des charges d'exploitation ou comme des charges exceptionnelles ?

Comme le suggère Vernimmen : « Les provisions pour restructuration consistent à impacter le compte de résultat une année donnée pour couvrir un programme de restructuration (fermeture de sites, licenciements…) dont les charges futures seront neutralisées par la reprise progressive de cette provision, permettant ainsi de lisser le résultat futur. D'un point de vue financier, la question est de savoir s'il faut classer ces dotations aux provisions en résultat d'exploitation ou en résultat non récurrent. Il semble qu'aujourd'hui, où les restructurations dans telle ou telle branche sont incessantes, ces provisions ont le plus souvent, pour des grands groupes, un caractère structurel qui doit les faire rattacher au résultat d'exploitation. Il peut en être autrement dans les PME ou le caractère exceptionnel est plus marqué. » Dans le cadre de l'entreprise PixRemix, qui connaît des programmes de restructuration à répétition, les dotations des provisions pour restructuration peuvent être considérées comme des charges d'exploitation.

Préparer l'examen

5 Global et OMG

Compétence attendue

Évaluer et **comptabiliser** les différentes opérations d'inventaire

1. Quels sont les risques et charges liés aux contraintes environnementales supportés par les entreprises Global et les entreprises OMG ?

	Entreprise Global	Entreprise OMG
Risques et charges environnementaux	• Risque de dérive de la plateforme • Coût de démantèlement • Pollution	• Pollution de l'air : mauvaise odeur • Pollution des sols : terre et eau • Risque économique

2. Ces risques et charges doivent-ils être pris en compte dans la comptabilité des deux entreprises ? Si oui, indiquez si une provision doit être enregistrée.

- Entreprise Global

Risques et charges environnementaux	Comptabilisation
• Risque de dérive de la plateforme	Ce risque est conditionné par la survenance effective de cette dérive. Le risque de dérive de la plateforme est donc enregistré comme un passif éventuel.
• Coût de démantèlement	Le démantèlement de la plateforme conduit à constater une provision pour remise en état (compte 1581). Les critères de comptabilisation sont satisfaits. Comme la dégradation du milieu est immédiate, la contrepartie de la provision est un élément du coût de la plateforme.
• Pollution	La pollution engendrée par l'activité de l'entreprise Global et sa volonté d'agir (obligation tacite) conduisent à constater une provision (compte 158. Autres provisions pour risques).

- Entreprise OMG

Risques et charges environnementaux	Comptabilisation
• Pollution de l'air	La pollution de l'air a généré des litiges avec les voisins. Ces litiges sont susceptibles de donner lieu à des dommages et intérêts. L'entreprise OMG doit alors constater une provision pour litiges (compte 1511).
• Pollution des sols	La pollution générée par l'activité de l'entreprise OMG la contraint à respecter des obligations légales. L'entreprise OMG, en s'y soustrayant, risque de supporter des amendes pour non-conformité. Elle doit enregistrer une provision à cet effet : provisions pour amende (compte 1514). En revanche, l'entreprise ne peut constater une provision pour mise en conformité dès lors que cette mise en conformité revalorise les équipements.
• Risque économique	Même si l'entreprise constate une difficulté financière et anticipe des charges futures nécessaires pour améliorer sa situation (adaptation des machines pour réduire les coûts), elle n'a pas le droit de constituer une provision à cet effet. Ces dépenses correspondent soit à la constatation d'une nouvelle immobilisation ou composant, soit à une charge courante des prochains exercices. L'entreprise n'a pas d'obligations à la clôture à cet effet et cette dépense présente une contrepartie (modernisation des équipements).

3. Les entreprises Global et OMG exercent leurs activités dans des secteurs particuliers plus enclins à supporter des risques et charges environnementaux. De manière générale, quelles charges et risques liés à des coûts futurs environnementaux peuvent donner lieu à la comptabilisation de provisions ?

L'entreprise doit constituer des provisions dès lors que les critères de comptabilisation sont satisfaits, indépendamment du secteur d'activité de l'entreprise. Plus particulièrement, des risques et charges environnementaux sont susceptibles d'être provisionnés :

- contamination des sols, des eaux, de l'air ;
- amendes, pénalités pour non-conformité ;
- procès ;
- obligations légales, etc.

Ces différents éléments conduisent alors à constater les provisions suivantes : provisions pour litiges, provisions pour amendes et pénalités, provisions pour remise en état, etc.

4. Comment estimer les risques et charges environnementaux ? En pratique, les comptables sont-ils en mesure de le faire ?

Selon l'avis du CNC n° 00-01, le montant d'une provision correspond à la meilleure estimation de ressources nécessaires à l'extinction de l'obligation existant à la clôture de l'exercice comptable. Il n'est pas possible de compenser ce montant du montant des actifs venant en contrepartie (ex. : remboursement d'assurances).

La prise en compte du coût environnemental par la comptabilité est restrictive. Ne sont pas comptabilisés les coûts des actions préventives ou les coûts qui ne sont pas directement liés (ex. : perte de productivité liée aux incapacités ou aux mauvaises conditions de travail).

Les évolutions des attentes et exigences en matière de communication financière ne peuvent se faire sans une évolution des métiers de la comptabilité. En outre, les comptables sont de plus en plus entourés de personnes expertes dans d'autres domaines que la comptabilité. Les comptables sont amenés à consulter davantage les opérationnels et les juristes.

5. Qu'est-ce qui justifie de comptabiliser ces provisions ? Quel est l'intérêt de cette information ?

Une situation économique ne peut être appréciée sans considérer sa dimension environnementale, car cette dernière influence la rentabilité et le risque de l'entreprise. De plus, le cadre légal tend à rendre de plus en plus responsables les entreprises à cet égard. De ce fait, afin de mieux refléter l'image de l'entreprise, il faut comptabiliser les passifs attachés à ces risques et charges environnementaux.

Le risque en comptabilité se traduit par une provision au passif (si les conditions sont satisfaites). Dès lors, les risques et charges environnementaux doivent être traduits en provisions.

6. Eu égard au respect de certains principes comptables, quelles sont les difficultés rencontrées dans la comptabilisation des provisions pour risques et charges environnementaux ?

Principes comptables	Difficultés rencontrées
Image fidèle	Quelles obligations la comptabilité reflète-t-elle ? Légale ? Sociétale ? Tacite ?
Comparabilité	Les risques et charges doivent être évalués. Quels éléments de coût considérer ? Quelles hypothèses considérer ? Ne faudrait-il pas développer des normes sectorielles pour homogénéiser la prise en compte des risques et charges environnementaux (ex. : au niveau des provisions pour démantèlement, la comparaison reste difficile) ?
Sincérité	Les provisions sont constatées selon l'interprétation des charges et risques.
Disponibilité	Pour plus de pertinence, les entreprises doivent être transparentes sur ces provisions et sur les hypothèses de calcul retenues.
Permanence des méthodes	La constatation des provisions doit être réalisée avec des méthodes de calculs stables dans le temps.

Selon une étude de l'INSEE, en 2016, en France, un quart des entreprises reconnaissent spontanément que leur activité a un impact fort ou très fort sur l'environnement. Or, peu d'entre elles enregistrent et communiquent des provisions pour risques environnementaux.

CHAPITRE 17

Sorties des immobilisations et VMP du patrimoine

Évaluer les savoirs

1 QCM

1. a, b, c. La sortie d'un élément d'immobilisations du patrimoine se réalise essentiellement en cas de cession (vente d'une immobilisation par l'entreprise parce qu'elle a besoin de trésorerie, parce qu'elle va la remplacer, parce qu'elle n'en est pas satisfaite, etc.), disparition volontaire (mise au rebut) ou involontaire (destruction à la suite d'un sinistre, incendie ou accident, mise hors service d'un bien ne respectant plus les normes de sécurité ou environnementales, etc.).

2. c. La sortie d'une immobilisation consiste à constater le produit exceptionnel, l'amortissement de l'actif si c'est une immobilisation amortissable, la reprise sur dépréciation antérieurement constatée si c'est un actif déprécié, et la sortie de l'actif.

3. b. La valeur comptable de l'élément d'immobilisation sorti correspond à la valeur d'entrée de l'immobilisation nette des amortissements.

4. a. Dans le cas d'une cession, la dotation aux amortissements constatée (DAP) correspond à l'amortissement entre le début de l'exercice et la date de cession.

5. b. Si un actif déprécié est sorti du patrimoine, la dépréciation antérieurement constatée n'est plus justifiée et doit être reprise.

6. a, b, c. La comptabilisation de la destruction d'une immobilisation consiste à enregistrer la sortie de l'immobilisation du patrimoine (675) et l'amortissement de l'immobilisation sortie si elle est amortissable. Si le bien n'est pas totalement amorti, il faut constater l'amortissement de l'exercice entre le début de l'exercice et la date de sortie (681) et la fraction des amortissements restante entre la date de sortie et la date initialement prévue de fin d'utilisation du bien. Ces dotations aux amortissements sont exceptionnelles (687). La destruction est éventuellement indemnisée par une assurance. L'indemnité est enregistrée comme un produit de cession à la sortie de l'actif (775).

7. b. Le résultat exceptionnel lié à la sortie de l'immobilisation correspond à la différence entre le produit de cession et la valeur comptable des éléments d'actifs cédés ; la valeur comptable de l'élément d'immobilisation sorti correspond à la valeur d'entrée de l'immobilisation nette des amortissements. Si le prix de cession est équivalent à la valeur résiduelle et si le bien est cédé en fin de durée d'amortissement, le résultat de cession peut être nul.

8. b, c. Les sorties d'actif sont des opérations à caractère exceptionnel pour les immobilisations et à caractère financier pour les VMP.

❷ Société Vallée

NOTRE CONSEIL

Identifiez si le bien cédé est amorti et déprécié pour réaliser l'ensemble des écritures nécessaires relatives à la cession.

1. Enregistrez les écritures relatives à la cession des différents biens.

		12/05/N		
46200		Créance sur cession d'immobilisations	557 000	
	77500	Produits des cessions d'éléments d'actif (358 000 + 199 000)		557 000
		Cession d'un ensemble immobilier		
		24/05/N		
46200		Créance sur cession d'immobilisations	268 800	
	77500	Produits des cessions d'éléments d'actif		224 000
	44571	État, TVA collectée (224 000 × 20 %)		44 800
		Cession matériel industriel		
		30/05/N		
46200		Créance sur cession d'immobilisations	13 000	
	77500	Produits des cessions d'éléments d'actif		13 000
		Cession Renault Scenic		

Si les actifs ne sont pas complètement amortis, il faut constater une dotation sur la période entre le début d'exercice et la date de cession.

- Dotations complémentaires
  - Dotation relative à l'immeuble cédé le 12 mai N : 125 000/30 × 132/360 = 1 527,78 €
  - Dotation relative au matériel industriel cédé le 25 mai N : 652 000/10 × 145/360 = 26 261,11 €
  - Dotation relative au Renault Scenic cédé le 30 mai N : (29 000 – 10 000)/2 × 150/360 = 3 858,33 €

		31/12/N		
68112		Dotations aux amortissements sur immobilisations corporelles	31 647,22	
	28130	Amortissement des constructions		1 527,78
	28150	Amortissement du matériel industriel		26 261,11
	28180	Amortissement du matériel de transport		3 858,33
		Dotation complémentaire		

La valeur comptable des actifs cédés correspond à la valeur d'origine nette de la somme des dotations aux amortissements enregistrés (dont la DAP complémentaire de l'exercice).

- Sortie du patrimoine
  - Terrain cédé le 12 mai N

Prix d'acquisition (immobilisation non amortissable) :	75 000,00
Valeur comptable :	75 000,00

  - Immeuble cédé le 12 mai N

Prix d'acquisition :	125 000,00
Total amortissements : 125 000/10 × (140/360 + 14 ans + 132/360)	61 481,48

Valeur comptable :	63 518,52
– Matériel industriel cédé le 25 mai N	
Prix d'acquisition :	652 000,00
Total amortissements : 652 000/10 × (5 + 145/360)	352 261,11
Valeur comptable :	299 738,89
– Renault Scenic cédé le 30 mai N	
Prix d'acquisition :	29 000,00
Total amortissements : (29 000 – 10 000)/2 × 2	19 000,00
Valeur comptable :	10 000,00

		31/12/N		
67500		Valeur comptable des éléments d'actif cédés (75 000 + 63 518,52 + 299 738,89 + 10 000)	448 257,41	
28130		Amortissement des constructions	61 481,48	
28150		Amortissement du matériel industriel	352 261,11	
28180		Amortissement du matériel de transport	19 000,00	
	21100	Terrains		75 000,00
	21300	Constructions		125 000,00
	21500	Matériel industriel		652 000,00
	21800	Matériel de transport		2 900,00
		Sortie du patrimoine		

2. Calculez les résultats relatifs à ces cessions.

Immobilisation	Coût d'acquisition	Amortissement	Valeur comptable	Prix de cession	Résultat
Terrain	75 000,00	–	75 000,00	199 000,00	124 000,00
Immeuble	125 000,00	61 481,48	63 518,52	358 000,00	294 481,48
Matériel industriel	652 000,00	352 261,11	299 738,89	224 000,00	(1) – 75 738,89
Renault Scénic	29 000,00	19 000,00	10 000,00	13 000,00	3 000,00
Totaux	881 000,00	43 742,59	448 257,41	794 000,00	**345 742,59**

(1) Moins-value

Maîtriser les compétences

❸ Société Jeanne

Compétence attendue

Évaluer et **comptabiliser** les différentes opérations d'inventaire

1. Déterminez la valeur nette comptable de la marque en N–3, N–2, N–1 et N.

La marque est une immobilisation incorporelle non amortie mais qui connaît des pertes de valeur :

- 31/12/N–3 : VNC = 200 000 €
- 31/12/N–2 : VNC = 200 000 – 20 000 = 180 000 €
- 31/12/N–1 : VNC = 180 000 – 30 000 = 150 000 €
- 01/07/N : VNC = 150 000 €

2. Enregistrez la cession de la marque et les écritures d'inventaire nécessaires.

Si l'actif cédé est déprécié, il faut reprendre les dépréciations enregistrées.

		01/07/N		
46200		Créances sur cessions d'immobilisations	12 000	
	77500	Produits des cessions d'éléments d'actif		10 000
	44571	État, TVA collectée		2 000
		Cession de la marque		
		31/12/N		
67500		Valeur comptable des éléments d'actif cédés	200 000	
	20500	Marques		200 000
		Sortie de la marque cédée		
		31/12/N		
29050		Dépréciations des marques	50 000	
	78100	Reprise sur dépréciations		50 000
		Reprises des dépréciations de la marque cédée		

3. Calculez le résultat de cession de la marque

Le résultat de cession correspond à la différence entre le produit de cession et la valeur comptable de l'élément d'actif cédé soit 10 000 – 200 000 = (190 000) €. L'entreprise a réalisé une moins-value lors de la cession de sa marque.

❹ Société Abdel

> **Compétence attendue**
>
> **Évaluer** et **comptabiliser** les différentes opérations d'inventaire

Conseil : pour les VMP, le résultat de cession est constaté directement et s'enregistre comme un résultat financier et non exceptionnel

Passez les écritures liées à la cession des actions.

Les sorties d'actif sont des opérations à caractère financier pour les VMP. Les écritures de cessions des actions consistent à comptabiliser :

- un résultat de cession (667 ou 767 selon que la cession génère une moins-value ou une plus-value) ;
- la reprise de dépréciations des VMP sortis si l'actif cédé est déprécié.

• Calcul du résultat de cession

	Actions A	Actions B
Valeur d'origine	1 200 × 10 = 12 000 €	700 × 40 = 28 000 €
Produit de cession	1 300 × 10 = 13 000 €	500 × 40 = 20 000 €
Résultat de cession	13 000 – 12 000 = 1 000 €	20 000 – 28 000 = (8 000) €

		09/05/N		
46500		Créances sur cessions de valeurs mobilières de placement	13 000	
	76700	Produits nets sur cessions de valeurs mobilières de placement		1 000
	50000	Valeurs mobilières de placement		12 000
		Cession des actions A		
		10/06/N		
46500		Créances sur cessions de VMP	20 000	
66700		Charges nettes sur cessions de VMP	8 000	
	50000	Valeurs mobilières de placement		28 000
		Cession des actions B		

• Reprise des dépréciations des actions cédées

	Actions A	Actions B	
Dépréciation totale existante avant 31/12/N	2 500 €	1 000 €	
Dépréciation unitaire existante avant 31/12/N	2 500 / 25 = 100 €	1 000 / 100 = 10 €	
Reprise de dépréciations des actions cédées	10 × 100 = 1 000 €	40 × 10 = 400 €	**Total = 1 400 €**

Conseil : il ne faut pas considérer que les conditions au 31/12/N pour les actions cédées mais aussi supprimer les dépréciations existantes avant la cession.

		31/12/N		
59000		Dépréciations des VMP	1 400	
	78100	Reprise sur dépréciations		1 400
		Reprises des dépréciations des actions A et B		

❺ Entreprise Kaciel

Compétence attendue

Évaluer et **comptabiliser** les différentes opérations d'inventaire

1. Déterminez les dotations aux amortissements de l'exercice N si l'entreprise opte pour une cession.

La dotation de l'actif cédé est calculée sur la période entre le début de l'exercice et la date de cession. $DAP_N = 100\ 000 \times 1/10 \times 90/360 = 2\ 500{,}00$ €

2. Déterminez les dotations aux amortissements de l'exercice N si l'entreprise opte pour une mise au rebut.

NOTRE CONSEIL

Définissez bien les différentes périodes d'amortissement.

Si l'actif est mis au rebut, à l'inventaire, il convient d'enregistrer la DAP correspondant à la période d'utilisation ($DAP_N = 2\ 500$ €) et un amortissement exceptionnel pour amortir totalement le bien (fraction des amortissements restante entre la date de sortie et la date initialement prévue de fin d'utilisation du bien).

DAP_N exceptionnelle= $100\ 000 \times 1/10 \times 1{,}25 = 12\ 500$ €

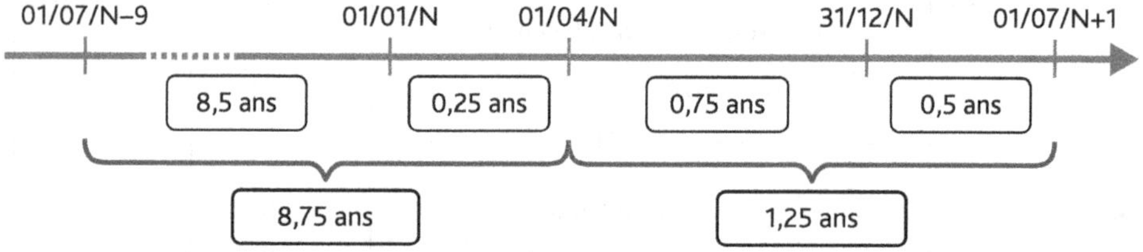

3. Déterminez la valeur comptable des éléments d'actif cédés si l'entreprise opte pour une cession.

La valeur comptable de l'élément d'immobilisation sorti correspond à la valeur d'entrée de l'immobilisation nette des amortissements.

Somme des DAP entre la date d'acquisition et la date de cession = DAP entre le 01/07/N–9 et le 01/04/N = 100 000 × 8,75 = 87 500 €

VNC = 100 000 – 87 500 = 12 500 €

4. Déterminez la valeur comptable des éléments d'actif cédés si l'entreprise opte pour une mise au rebut.

En cas de mise au rebut, le bien est totalement amorti : VNC = 100 000 – 87 500 – 12 500 = 0 €.

5. Déduisez-en le résultat de cession si l'entreprise opte pour une cession. Présentez l'impact sur le compte de résultat des enregistrements liés à la cession.

Le résultat exceptionnel lié à la sortie de l'immobilisation correspond à la différence entre le produit de cession et la valeur comptable des éléments d'actifs cédés, nette de frais supplémentaires liées à la cession :

Résultat de cession = 20 000 – 12 500 – 2 000 = 5 500 €

Charges d'exploitation	2 500	Produits d'exploitation	
Charges financières		Produits financiers	
Charges exceptionnelles		Produits exceptionnels	
• sur opérations de gestion		• sur opérations de gestion	
• sur opérations en capital	14 500	• sur opérations en capital	20 000

6. Déduisez-en le résultat de cession si l'entreprise opte pour une mise au rebut. Présentez l'impact sur le compte de résultat des enregistrements liés à la cession.

Le résultat exceptionnel lié à la sortie de l'immobilisation correspond à la différence entre le produit de cession et la valeur comptable des éléments d'actifs cédés, nette de frais supplémentaires liées à la cession :

Résultat exceptionnel = 0 € (pas d'indemnités et VNC = 0)

Charges d'exploitation	2 500	Produits d'exploitation	
Charges financières		Produits financiers	
Charges exceptionnelles		Produits exceptionnels	
• sur opérations de gestion	12 500	• sur opérations de gestion	
• sur opérations en capital		• sur opérations en capital	

Préparer l'examen

6 Entreprise Levasseur

Compétence attendue

Évaluer et comptabiliser les différentes opérations d'inventaire

1. Enregistrez les opérations relatives à l'exercice N.

L'entreprise Levasseur a cédé un terrain. Elle doit constater :

- le produit de cession ;
- la sortie du patrimoine ;
- la reprise de dépréciations.

La TVA sur la cession est négligée car la notion de TVA sur les terrains est complexe (terrain à bâtir ou non, TVA sur marge ou sur prix total, etc.).

		01/02/N		
46200		Créances sur cessions d'immobilisations	800 000	
	77500	Produits des cessions d'éléments d'actif		800 000
		Cession du terrain		
		31/12/N		
67500		Valeur comptable des éléments d'actif cédés	500 250	
	21100	Terrain		500 250
		Sortie du terrain cédé		
		31/12/N		
29110		Dépréciations des terrains	100 000	
	78100	Reprise sur dépréciations		100 000
		Reprises des dépréciations des terrains cédés		

L'entreprise Levasseur a également cédé un bâtiment. Elle doit constater :

- l'amortissement du bâtiment lors de l'exercice de cession ;
- le produit de cession ;
- la sortie du patrimoine.

A priori, il n'y a pas de TVA sur la vente d'un bien bâti de plus de 5 ans, sauf option TVA sur marge (pour les marchands de biens). Par simplification, négliger la TVA sur la cession.

DAP_n = 246 000 × 1/30 × 30/360 = 683,33 €

DAP antérieurement enregistrées = 246 000 × 1/30 × (59/360 + 9) = 75 143,89 €

VNC = 246 000 – 75 143,89 – 683,33 = 170 172,78 €

		01/02/N		
46200		Créances sur cessions d'immobilisations	200 000	
	77500	Produits des cessions d'éléments d'actif		200 000
		Cession du bâtiment		

Les écritures de cession du bâtiment et du terrain peuvent être enregistrées en même temps.

		31/12/N		
68110		Dotations aux amortissements des immobilisations incorporelles et corporelles	683,33	
	28131	Amortissements des bâtiments		683,33
		Dotation complémentaire sur bâtiment cédé		

		À l'inventaire		
67500		Valeur comptable des éléments d'actif cédés	170 172,78	
28100		Amortissements des immobilisations corporelles	75 827,22	
	21310	Bâtiment		246 000,00
		Sortie du bâtiment du patrimoine		

2. Établissez les tableaux des immobilisations, des amortissements et des dépréciations et des provisions au 31 décembre N.

- Tableau des immobilisations au 31 décembre N

Immobilisations	Valeur brute début N	Acquisitions	Cessions	Valeur brute fin N
Terrain Bâtiment	500 250 246 000		500 250 246 000	0 0
Total	746 250	–	746 250	0

Attention, le montant à faire apparaître dans la colonne cession n'est pas le prix de cession mais la valeur d'origine de l'actif cédé.

- Tableau des amortissements au 31 décembre N

Immobilisations	Amortissements au 01/01/N	Dotations	Réductions	Amortissements au 31/12/N
Bâtiment	75 143,89	683,33	75 827,22	0
Total	75 143,89	683,33	75 827,22	0

- Tableau des dépréciations et des provisions au 31 décembre N

	Montant au 01/01/N	Dotations	Reprises	Montant au 31/12/N
Dépréciations • Terrain	100 000		100 000	0
Provisions				
Total	100 000	–	100 000	0

CHAPITRE 18 Évaluation et ajustement des actifs et des passifs en monnaie étrangère

Évaluer les savoirs

1 QCM

1. b. Les opérations commerciales ou financières libellées en devises et réalisées en cours d'exercice ne sont pas toutes réglées comptant. Si le taux de change varie après la facturation, la variation du cours n'est pas considérée tant que le règlement n'a pas lieu. Si le règlement n'a pas eu lieu avant l'inventaire, les éléments du bilan associés aux opérations en devise sont valorisés au cours du change à l'inventaire. S'il existe une variation du taux de change entre la facturation et la fin de l'exercice, une différence de change latente est comptabilisée à la fin de l'exercice dans un compte de régularisation.

2. c. Les opérations en devises non réglées sont converties sur la base du taux de change du dernier jour de l'exercice.

3. a, b, c. Si le cours de l'euro s'apprécie, cela signifie que le cours de l'euro augmente à la clôture par rapport à la devise de facturation. Dans ce cas, la valeur convertie à l'inventaire est inférieure à la valeur convertie à la facturation, ce qui induit une perte de change latente (écart de conversion actif) et une provision pour perte de change si c'est un actif libellé en monnaie étrangère, ou inversement un gain de change latent (écart de conversion passif) si c'est un passif libellé en monnaie étrangère.

4. a, b, c. Un écart de conversion, selon sa nature, peut être un écart de conversion actif (perte de change latente) ou passif (gain de change latent). En cas de perte de change latente, une provision de change est enregistrée et impacte le résultat.

5. b. L'écart de conversion actif traduit une perte de change latente qui peut affecter un actif (ex. : baisse de la valeur d'une créance) mais aussi un passif (ex. : augmentation de la valeur d'une dette). Il s'inscrit au niveau des actifs.

2 Société Am'info

1. Précisez les principes comptables qui s'appliquent dans le cadre de l'évaluation à l'inventaire des dettes en devises.

NOTRE CONSEIL

Il convient de bien distinguer les opérations réglées et non réglées à la clôture de l'exercice.

La comptabilité d'une entreprise doit être tenue dans la devise nationale de l'entreprise. Pour les pays de la zone euro, la devise est identique donc il n'y a pas lieu de constater des différences de change pour les créances et dettes liées aux opérations réalisées au sein de cette zone.

Les monnaies des pays hors zone euro peuvent être exprimées en équivalent euro grâce à l'application d'un taux de change. À la clôture de chaque exercice, avoirs et dettes en monnaies étrangères sont ajustés selon le taux de change de fin d'exercice pour respecter l'objectif de l'image fidèle.

Il en résulte, selon les cas, des augmentations ou diminutions des valeurs initiales. En application du principe de prudence, les gains latents n'interviennent pas dans la formation du résultat comptable. En revanche, les pertes latentes entraînent la création d'une provision pour risques et charges.

2. Calculez les différences de change. Indiquez la nature de ces différences de change (écart de conversion actif ou passif).

- Client Ochinpitie

Paiement comptant : pas de de différence de change à constater.

- Fournisseur Kev and Co
  - Calcul de la dette en euros au 14/09/N : 3 250 × 0,93384 = 3 034,98 €
  - Calcul de la dette en euros au 30/09/N : 3 250 × 0,92986 = 3 022,045 arrondis à 3 022,05 €
  - Calcul de la différence de change : Gain latent de change : 3 034,98 – 3 022,05 = 12,90 €, d'où un écart de conversion passif

Attention, il n'y a pas toujours de différence de change à constater : veillez à bien appliquer le taux de change.

3 Entreprise Mondiot

1. Calculez le montant de l'emprunt au 05 décembre N, 31 décembre N et 20 janvier N.

	Montant en XOF	Taux de change	Montant en €
05/12/N	790 000	1 XOF = 0,002 EUR	790 000 / 0,002 = 395 000 000
31/12/N	790 000	1 XOF = 0,004 EUR	790 000 / 0,004 = 197 500 000
20/01/N	500 000	1 XOF = 0,003 EUR	500 000 / 0,003 = 166 666 666

2. Comptabilisez l'octroi de l'emprunt.

		05/12/N		
51200		Banques	395 000 000	
	16800	Autres emprunts		395 000 000
		Emprunt n° …		

3. Comptabilisez les écritures d'inventaire nécessaires au 31/12/N.

Du fait de la différence de change, l'entreprise constate un gain de change latent.

		31/12/N		
16800		Autres emprunts	197 500 000	
	47720	Différences de conversion – passif, diminution des dettes		197 500 000
		Constat des écarts de conversion : (395 000 000 – 197 500 000 = 197 500 000)		

4. Comptabilisez les écritures au 1er janvier N+1

La constatation de l'écart de conversion de clôture est contre-passée à l'ouverture de l'exercice suivant.

		01/01/N+1		
47720		Différences de conversion – passif, diminution des dettes	197 500 000	
	16800	Autres emprunts		197 500 000
		Contre-passation écart de conversion		

5. Comptabilisez l'écriture au 20 janvier N+1.

En N+1, le règlement du remboursement est effectivement réalisé. Il est constaté une différence de change réelle et non plus latente :

Différence de change = 200 000 / 0,002 – 200 000/0,003 = 100 000 000 – 66 666 667 = 33 333 333 € (Gain de change)

Il convient de bien distinguer les différences de change latentes et réelles.

		20/01/N+1		
16800		Autres emprunts	100 000 000	
	51200	Banque		66 666 667
	76600	Gain de change		33 333 333
		Remboursement emprunt et gain de change		

Maîtriser les compétences

4 Société Kelly

Compétence attendue

Évaluer et **comptabiliser** les différentes opérations d'inventaire

1. Enregistrez les écritures nécessaires en N et N+1.

NOTRE CONSEIL

Gardez bien à l'esprit les règles en matière de TVA au sein de la zone euro et hors zone euro.

- Facturation au client canadien le15 mai N : 1,0000 $ pour 1 €

Montant de la créance en euros le 15 mai : 1 800 / 1,0000 = 1 800 €

L'opération est exonérée de TVA (exportation).

		15/05/N		
41100		Clients	1 800	
	70100	Vente de marchandises		1 800
		Facture n° ...		

- Règlement de 50 % de la créance par le client américain le 30 septembre N : 1,1220 $ pour 1 €

Montant de la partie de la créance en euros réglée le 30 septembre : 1 800 × 50 % / 1,1220 = 802,139037 arrondis à 802,14 €

Comme le cours du dollar canadien baisse, la créance perd de sa valeur à la date de règlement par rapport à la date de facturation. Une perte de change doit être constatée :

Valeur de la partie de la créance réglée à la facturation : 900 / 1,0000	900,00
Valeur de la partie de la créance au règlement :	– 802,14
Perte de change :	97,86 €

La banque prélève une commission de change de 1 % du montant du virement. Cette commission est soumise à la TVA.

Services bancaires : 802,14 × 1 % = 8,0214 arrondis à 8,02 €

TVA : 8,02 × 20 % = 1,604 arrondis à 1,60 €

		30/09/N		
51200		Banques	792,52	
66600		Perte de change	97,86	
62700		Services bancaires	8,02	
44566		TVA déductible sur autres biens et services	1,60	
	41100	Clients		900,00
		Avis de virement n° ...		

- Écritures d'inventaire concernant le client canadien le 31 décembre N : 1,2550 $ pour 1 €

À l'inventaire, le client est débiteur. Ainsi, la baisse du cours du dollar canadien conduit à diminuer la valeur de la créance restant à honorer. Cette baisse entraîne une perte latente de change qui nécessite une écriture de régularisation et la création d'une provision.

Montant de la créance en euros au 31 décembre : 900/1,2550 = 717,131474 arrondis à 717,13 €

Perte latente au 31 décembre N :

Montant de la créance en euros au cours du 15 mai : 900 / 1	900,00
Montant de la créance en euros au cours du 31 décembre :	– 717,13
Perte latente :	182,87 €

		31/12/N		
47600		Différence de conversion – actif	182,87	
	41100	Clients		182,87
		Différence de change client américain facture n° …		
		31/12/N		
68650		Dotations aux provisions financières	182,87	
	15150	Provisions pour perte de change		182,87
		Provision destinée à couvrir le risque de change		

- À l'ouverture de l'exercice suivant

À l'ouverture de l'exercice, l'écriture d'écart de conversion est contre-passée :

		31/12/N		
41100		Clients	182,87	
	47600	Différence de conversion – actif		182,87
		Contre-passation de l'écriture d'écart de conversion		

- Règlement du solde par le client canadien le 31 janvier N : 1,3520 $ pour 1 €

Au règlement, l'encaissement du solde de la créance est constaté au cours de change en vigueur à cette date. S'il y a une différence de change (différence entre la valeur de la créance à la facturation et au règlement), il faut également la constater. La provision pour perte de change enregistrée à la clôture de l'exercice précédent n'est plus justifiée, elle est donc reprise.

Montant de la créance en euros au cours du 31 janvier N+1 : 900 / 1,3520 = 665,680473 arrondis à 665,68 €

Montant de la créance en euros au cours du 15 mai N :	900,00
Montant de la créance en euros au cours du 31 janvier N+1 :	– 665,68
Perte de change	234,32 €

La banque prélève une commission de change de 1 % du montant du virement. Cette commission est soumise à la TVA.

Services bancaires : 665,68 × 1 % = 6,6568 arrondis à 6,66 €

TVA : 6,66 × 20 % = 1,332 arrondis à 1,33 €

		31/01/N		
51200		Banque	657,68	
66600		Perte de change	234,32	
62700		Services bancaires	6,66	
445660		TVA déductible sur autres biens et services	1,33	
	41100	Clients		900,00
		Avis de virement n°…		

		31/01/N		
15150		Provisions pour perte de change	182,87	
	78650	Reprises des provisions financières		182,87
		Reprise de provision à la constatation de la différence de change effective		

2. Quel est l'impact de commercer avec un client de nationalité canadienne, dans les conditions de change de l'exercice N ?

En période d'appréciation de l'euro, les chiffres d'affaires réalisés à l'exportation sont érodés par la différence de change qui est défavorable aux entreprises de la zone euro. En effet, pour la société Kelly, pour une vente valorisée à la facturation 1 800 €, elle a encaissé effectivement (hors frais bancaires) : 802,14 et 665,68 soit 1 467,82 €. Le résultat de la société Kelly supporte une perte de change globale de 332,18 €.

5 Société Cassis

Compétence attendue

Évaluer et **comptabiliser** les différentes opérations d'inventaire

1. Présentez les écritures de l'exercice N. Aucune écriture concernant les immeubles et l'emprunt n'a été passée au cours de l'exercice N.

- Immeuble japonais
  - Annuité d'amortissement du bâtiment = 556 586 × 5 % = 28 279,30 €
  - Dette envers le fournisseur d'immobilisation évaluée au 31/12/N : 350 000 × 0,7775 = 272 125 €

Il y a donc un gain latent de change à constater fin N pour : 282 793 – 272 125 = 10 668 €.

- Immeuble anglais
  - Valeur d'acquisition du bâtiment : 500 000 × 1,3111 = 655 550 €
  - Annuité d'amortissement du bâtiment : 655 550 × 5 % × 6/12 = 16 388,75 €
  - Dette d'emprunt initiale : 420 000 × 1,3111 = 550 662 €
  - Dette d'emprunt évaluée au 31/12/N : 420 000 × 1,3416 = 563 472 €

Il y a donc une perte latente de change à constater fin N pour : 563 472 – 550 662 = 12 810 €. Cette perte latente devra faire l'objet d'une provision pour perte de change.

  - Intérêts courus fin N : 420 000 × 5 % × 6/12 × 1,3416 = 14 086,80 €

		30/06/N		
21300		Construction anglaise	655 550	
	40400	Fournisseur d'immobilisations		655 550
		Acquisition de l'immeuble anglais		

		30/06/N		
40400		Fournisseur d'immobilisations	655 550	
	16400	Emprunt auprès des établissements de crédit		550 662
	51200	Banques		104 888
		Règlement du fournisseur		
		31/12/N		
68110		Dotations aux amortissements sur immobilisations incorporelles et corporelles	44 668,05	
	28130	Amortissements des constructions		44 668,05
		Annuités d'amortissements des immeubles japonais et anglais (28 279,30 + 16 388,75 = 44 668,05)		
		31/12/N		
40400		Fournisseur d'immobilisations japonais	10 668	
	47700	Différence de conversion – Passif (diminution des dettes)		10 668
		Gain latent de change sur la dette		
		31/12/N		
47600		Différence de conversion – Actif (augmentation des dettes)	12 810	
	16400	Emprunt auprès des établissements de crédit		12 810
		Perte latente de change sur l'emprunt anglais		
		31/12/N		
68650		Dotations aux provisions financières	12 810	
	15150	Provisions pour pertes de change		12 810
		Constitution d'une provision pour couvrir la perte latente de change		
		31/12/N		
66110		Intérêts des emprunts et dettes	14 086,80	
	16880	Intérêts courus		14 086,80
		Constatation des intérêts courus sur l'emprunt anglais		

2. Précisez à quels principes comptables se réfèrent les ajustements à la clôture de l'exercice.

La constatation de la différence de change latente à la clôture de l'exercice permet d'inscrire au bilan les créances et dettes en devises au cours de clôture, donnant ainsi une image fidèle des comptes. En contrepartie, un compte de régularisation est inscrit au pied du bilan. Dans le cas d'une perte latente, du fait du principe de prudence, une provision est enregistrée au bilan afin de considérer la charge probable.

Préparer l'examen

6 Entreprise Vendredi

Compétence attendue

Évaluer et **comptabiliser** les différentes opérations d'inventaire

NOTRE CONSEIL

Ne pas faire de compensation et bien calculer les différences de change pour chaque créance et dette.

1. Déterminez les gains ou pertes de change latentes à la date du 31 décembre N.

		Montant initial en €	Valeur à l'inventaire (en €)	Gains de change latents	Pertes de change latentes
Créances	411-1 Sunday 10 000 $	8 900 €	10 000 × 0,91 = 9 100 €	200 €	
	411-2 Monday 6 000 $	5 340 €	6 000 × 0,91 = 5 460 €	120 €	
Dettes	401-1 Morning 8 000 $	7 100 €	8 000 × 0,91 = 7 280 €		180 €
	401-2 Holiday 12 000 $	10 600 €	12 000 × 0,91 = 10 920 €		320 €
			Total	320 €	500 €

2. Constatez les pertes de change latentes au 31 décembre N, ainsi que la provision pour risques de change en application du principe de prudence.

		31/12/N		
47600		Différence de conversion – Actif (augmentation des dettes)	500	
	401-1	Fournisseur Morning		180
	401-2	Fournisseur Holiday		320
		Perte latente de change sur les dettes		
		31/12/N		
68650		Dotations aux provisions financières	500	
	15150	Provisions pour pertes de change		500
		Constitution d'une provision pour couvrir la perte latente de change		

3. Constatez les gains de change latents au 31 décembre N. Cet enregistrement respecte-t-il le principe de prudence ?

		31/12/N		
411-1		Client Sunday	200	
411-2		Client Monday	120	
	47700	Différence de conversion – passif, augmentation des créances		320
		Gain latent de change sur créance		

La constatation de gains de change respecte le principe de prudence puisque le gain latent n'affecte pas le résultat. L'écart de conversion est considéré pour revaloriser les actifs et passifs compte tenu des différences de change à la clôture de l'exercice, la différence de change est enregistrée dans un compte de régularisation.

4. Établissez un extrait du compte de résultat de l'exercice N, tenant compte des écarts de conversion.

Charges d'exploitation	
…	
Charges financières	
Dotations aux provisions, amortissements, dépréciations	500
…	
Charges exceptionnelles	
…	

5. Établissez un extrait de bilan au 31 décembre N tenant compte des écarts de conversion.

	Brut	Amortissement et Dépréciation	Net		Net
Actif immobilisé				**Capitaux propres**	
…				…	
				Résultat	(500)
Actif circulant				**Provisions**	
…				Pour risques	500
Créances clients			9 100	…	
dont Sunday	9 100			**Dettes**	
dont Monday	5 460		5 460	…	
				Dettes fournisseurs	
				dont Morning	7 280
				dont Holiday	10 920
Écart de conversion				**Écart de conversion**	
Actif …	500		500	**Passif …**	320

6. À l'ouverture de l'exercice suivant, les écritures constatant les gains ou pertes latentes sont contre-passées ; présentez ces écritures de contre-passation.

		01/01/N+1		
401-1		Clients Morning	180	
401-2		Clients Holiday	320	
	47600	Différence de conversion – Actif (augmentation des dettes)		500
		Contre-passation écriture perte latente de change sur les dettes (180 + 320)		
		01/01/N		
47700		Différence de conversion – Passif (augmentation des créances)	320	
	411-1	Fournisseur Sunday		200
	411-2	Fournisseur Monday		120
		Contre-passation gain latent de change sur créance		

7. Déterminez les pertes de change effectives en N+1.

		Montant initial (en €)	Valeur au 15/3/N+1	Gains de change effectifs	Pertes de change effectives
Créances	411-1 Sunday 10 000 $	8 900 €	10 000 × 1 = 10 000 €	1 100 €	
	411-2 Monday 6 000 $	5 340 €	6 000 €	660 €	
Dettes	401-1 Morning 8 000 $	7 100 €	8 000 €		900 €
	401-2 Holiday 12 000 $	10 100 €	12 000 €		1 900 €

8. Présentez les écritures relatives à ces règlements.

		15/03/N+1		
401-1		Fournisseur Morning	7 100	
401-2		Fournisseur Holiday	10 100	
66600		Perte de change	2 800	
	411-1	Clients Sunday		8 900
	411-2	Clients Monday		5 340
	76600	Gain de change		1 760
	51200	Banques (8 000 + 12 000 – 10 000 – 6 000)		4 000
		Avis de virement n° …		
		15/03/N+1		
15150		Provisions pour perte de change	500	
	78650	Reprises des provisions financières		500
		Reprise de provision à la constatation de la différence de change effective		

CHAPITRE 19

Ajustement et rattachement des charges et des produits au résultat de l'exercice

Évaluer les savoirs

1 Quiz

1. Faux. Les écritures de régularisation permettent de rattacher les charges et les produits aux exercices, non pas en se basant sur la date de facturation mais en fonction de la date de consommation du bien ou du service.

2. Faux. Les écritures de régularisation ne visent pas à modifier le résultat compte tenu de choix de l'entreprise mais consistent à rattacher les charges et les produits à l'exercice qui leur a donné naissance.

3. Faux. Les écritures de régularisation sont contrepassées à l'ouverture de l'exercice suivant.

4. Faux. Toutes les charges et tous les produits qui viennent diminuer ou augmenter le résultat sont à comptabiliser s'ils concernent l'exercice comptable.

5. Faux. Que la comptabilité soit une comptabilité d'engagement ou de trésorerie, il peut exister un décalage entre les charges et produits comptabilisés et les charges et produits se rattachant effectivement à l'exercice. Quel que soit le type de comptabilité, ces régularisations doivent être effectuées à l'inventaire.

2 Entreprise Testia

Dans les situations suivantes, que doit constater l'entreprise Testia à la clôture de l'exercice N ?

- Situation 1. Provisions : charge probable future
- Situation 2. Charge constatée d'avance pour les 3 mois allant du 1er janvier au 31 mars
- Situation 3. Régularisation : charge à payer, avoir à établir

NOTRE CONSEIL

Il faut bien connaître les termes « échus » et « échoir ».

3 Boher et Jallon

1. À l'aide d'un schéma, indiquez les dates de versement des quatre premiers loyers, selon que le loyer est payé à terme échu ou d'avance.

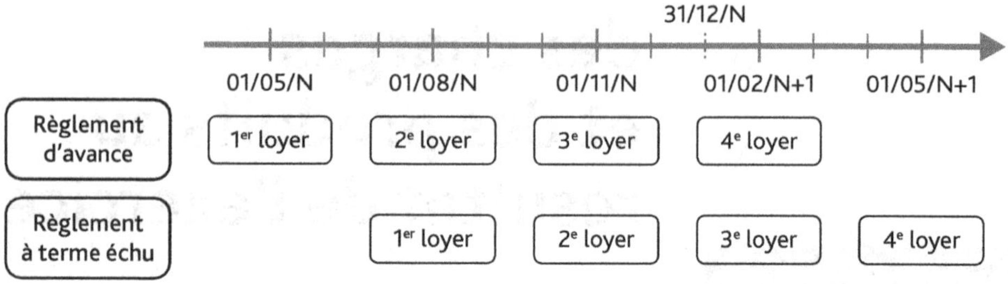

2. Dans le cas où les loyers sont réglés à terme échu, quels sont les comptes de régularisation à mobiliser à la clôture des comptes ?

L'entreprise Boher sait qu'elle devra payer le 01/02/N+1 un loyer. Or ce loyer correspond à la location des bureaux sur la période du 01/11/N au 01/02/N+1. Afin d'assurer l'indépendance des exercices et offrir une image fidèle de la réalité de l'entreprise Julien, une charge à payer est constatée (pour les mois allant du 01/11/N au 31/12/N).

L'entreprise Jallon a loué des bureaux sur la période du 01/11/N au 01/02/N+1. Néanmoins comme les loyers ne sont perçus qu'à terme échu, le produit correspondant n'apparaîtra que dans les comptes de l'exercice N+1. L'entreprise Jallon doit constater un produit à recevoir afin de rattacher à l'exercice N la partie des produits au cours de cet exercice.

3. Mêmes questions si les loyers sont réglés d'avance.

Le troisième loyer est réglé le 01/11/N. Ce loyer couvre la période du 01/11/N au 01/02/N+1. À la clôture de l'exercice, seuls deux mois de location se sont véritablement réalisés. Ainsi, l'entreprise Jallon comptabilise une charge constatée d'avance et l'entreprise Boher un produit constaté d'avance pour les mois allant du 01/11/N au 31/12/N.

4. Dans le cas où les loyers sont réglés à terme échu, réalisez les écritures de régularisation fin N et de contre-passation début N+1 dans la comptabilité de l'entreprise Boher puis dans celle de l'entreprise Jallon. Précisez les soldes des comptes mobilisés à l'aide d'un extrait d'un grand livre dans chacune des comptabilités fin N et début N+1. Commentez.

- Comptabilité de l'entreprise Boher
  - Écriture de régularisation fin N

		31/12/N		
41810		Clients – facture à établir	4 600,00	
	70800	Location		4 600,00
		Loyer relatif au mois de novembre et décembre (6 900 × 2/3)		

– Extrait du grand livre (31/12/N)

41810. Clients – facture à établir		70800. Location	
4 600			4 600

– Écriture de contre-passation début N+1

		01/01/N+1		
70800		Location	4 600,00	
	41810	Clients – facture à établir		4 600,00
		Contre-passation écriture de régularisation		

– Extrait du grand livre (01/01/N+1)

41810. Clients – facture à établir		70800. Location	
4 600	4 600	4 600	

- Comptabilité entreprise Jallon
  – Écriture de régularisation fin N

		31/12/N		
61300		Locations	4 600,00	
	40810	Fournisseurs, factures non parvenues		4 600,00
		Loyer relatif au mois de novembre et décembre (6 900 × 2/3)		

– Extrait du grand livre (31/12/N)

40810. Fournisseur facture non parvenue		61300. Location	
	4 600	4 600	

– Écriture de contre-passation début N+1

		01/01/N+1		
40810		Fournisseurs, factures non parvenues	4 600,00	
	61300	Locations		4 600,00
		Contre-passation écriture de régularisation		

– Extrait du grand livre (01/01/N+1)

40810. Fournisseur facture non parvenue		61300. Location	
4 600	4 600		4 600

5. Mêmes questions si les loyers sont réglés d'avance.

- Dans la comptabilité de l'entreprise Boher
  - Écriture de régularisation fin N

		31/12/N		
70800		Location	2 300,00	
	48700	Produits constatés d'avance		2 300,00
		Loyer relatif au mois de janvier (6 900 × 1/3)		

  - Extrait du grand livre (31/12/N)

		01/01/N+1		
48700		Produits constatés d'avance	2 300,00	
	70800	Location		2 300,00
		Contre-passation écriture de régularisation		

  - Écriture de contre-passation début N+1

48700. Produits constatés d'avance		70800. Location	
2 300	2 300		2 300

  - Extrait du grand livre (01/01/N+1)

48700. Produits constatés d'avance		70800. Location	
2 300	2 300		2 300

- Dans la comptabilité de l'entreprise Jallon
  - Écriture de régularisation fin N

		31/12/N		
48600		Charges constatées d'avance	2 300,00	
	61300	Location		2 300,00
		Loyer relatif au mois de janvier (6 800 × 1/3)		

  - Extrait du grand livre (31/12/N)

48600. Charges constatées d'avance		61300. Location	
2 300			2 300

  - Écriture de contre-passation début N+1

		01/01/N+1		
61300		Locations	2 300,00	
	48600	Charges constatées d'avance		2 300,00
		Contre-passation écriture de régularisation		

– Extrait du grand livre (01/01/N+1)

48600. Charges constatées d'avance	
2 300	2 300

61300. Location	
2 300	

Maîtriser les compétences

4 Solar

Compétence attendue

Évaluer et **comptabiliser** les différentes opérations d'inventaire

Réalisez les écritures de régularisation fin N et de contre-passation début N+1.

- Ristourne

Le traitement est celui d'une charge à payer ou, plus précisément, d'une diminution d'un produit. Le compte de produit est débité par le crédit du compte constatant la facture d'avoir à établir.

		31/12/N		
70900		Rabais, remises et ristournes accordés par l'entreprise	6 000	
44587		TVA sur factures à établir	1 200	
	41980	Rabais, remises et ristournes à accorder et autres avoirs à établir		7 200
		Ristournes du 4e trimestre N		

L'écriture est contre-passée le 1er janvier N+1.

		01/01/N+1		
41980		Rabais, remises et ristournes à accorder et autres avoirs à établir	7 200	
	70900	Rabais, remises et ristournes accordés par l'entreprise		6 000
	44587	TVA sur factures à établir		1 200
		Contre-passation écriture de régularisation ristourne		

• Avoir retour marchandises

L'écriture de régularisation constate la diminution de charge au crédit du compte concerné, par le débit du compte de régularisation.

		31/12/N		
40980		Rabais, remises et ristournes à obtenir et autres avoirs non encore reçus	3 600	
	60700	Achats de marchandises		3 000
	44586	TVA sur factures non parvenues		600
		Retour de marchandises – Facture d'avoir non parvenue		

L'écriture est contre-passée le 1er janvier N+1.

		01/01/N+1		
60700		Achats de marchandises	3 000	
44586		TVA sur factures non parvenues	600	
	40980	Rabais, remises et ristournes à obtenir et autres avoirs non encore reçus		3 600
		Contre-passation écriture de régularisation Retour de marchandises – Facture d'avoir non parvenue		

• Congés payés

Les salariés ont droit à un congé payé annuel qui s'acquiert au terme d'un mois de travail. L'année de référence du calcul des droits à congés payés court du 1er juin de l'année précédente au 31 mai de l'année en cours. La période d'utilisation de ces droits va du 1er mai au 31 octobre de l'année. À la clôture d'un exercice, il existe donc une obligation légale de l'entreprise vis-à-vis de ses salariés qui doit être constatée.

Base de calcul : 1 456 000 – 12 600 = 1 443 400 €

Droits acquis à la fin de l'exercice : 1 443 400 × 1/10	144 340,00 €
Droits déjà exercés	– 12 480,00 €
Droits à congés payés en fin d'exercice	131 860,00 €
Charges sociales correspondantes : 131 860 × 45 %	59 337,00 €
Charges fiscales correspondantes : 131 860 × 6 %	7 911,60 €

À la clôture de l'exercice, les congés payés sont constatés dans les comptes de charges correspondants :

– « 641. Rémunérations du personnel » ou son compte divisionnaire « 6412. Congés payés » pour les droits à congés acquis, en montants bruts.

– « 645. Charges de sécurité sociale et de prévoyance » pour les charges sociales sur droits à congés.

– « 631 et 633. Impôts, taxes et versements assimilés sur rémunérations » pour les charges fiscales sur droits à congés, en fonction de la destination des versements.

En contrepartie, des comptes de charges à payer seront crédités.

		31/12/N		
64100		Rémunérations du personnel	131 860,00	
	42820	Dettes provisionnées pour congés à payer		131 860,00
		Droits acquis sur congés à payer		
		31/12/N		
63100		Impôts, taxes et versements assimilés	7 911,60	
64500		Charges de sécurité sociales et de prévoyance	59 337,00	
	43820	Charges sociales sur congés à payer		59 337,00
	44820	Charges fiscales sur congés à payer		7 911,60
		Charges patronales et fiscales sur congés à payer		

L'écriture est contre-passée le 1er janvier N+1.

		01/01/N+1		
42820		Dettes provisionnées pour congés à payer	131 860,00	
	64100	Rémunérations du personnel		131 860,00
		Contre-passation Droits acquis sur congés à payer		
		01/01/N+1		
43820		Charges fiscales sur congés à payer	59 337,00	
44820		Charges sociales sur congés à payer	7 911,60	
	63100	Impôts, taxes et versements assimilés		7 911,60
	64500	Charges de sécurité sociale et de prévoyance		59 337,00
		Contre-passation Charges patronales et fiscales sur congés à payer		

- Intérêts courus à payer

Les intérêts des emprunts courent sur toute la durée séparant deux échéances. À la fin de l'exercice, la partie des intérêts qui sera payée lors de l'échéance qui suit la date de clôture est à rattacher à l'exercice qui lui a donné naissance, car elle constitue d'ores et déjà une dette certaine. Les intérêts courus à la clôture de l'exercice sont constatés au débit du compte « 661. Charges d'intérêts » par le crédit d'un sous-compte du compte « 16. Emprunts » ou du compte « 51. Banque, établissements financiers et assimilés ».

Les intérêts compris dans la première annuité, à payer le 31 mars N+1, s'élèvent donc à : 100 000 × 6 % = 6 000 €. Au 31 décembre N, les intérêts ayant couru du 1er avril N au 31 décembre N doivent être rattachés à cet exercice, soit : 6 000 × 9/12 = 4 500 €.

		31/12/N		
66100		Charges d'intérêts	4 500	
	16880	Intérêts courus		4 500
		Intérêts courus sur emprunt		

L'écriture est contre-passée le 1er janvier N+1.

		01/01/N+1		
16880		Intérêts courus	4 500	
	66100	Charges d'intérêts		4 500
		Contre-passation Intérêts courus sur emprunt		

- Intérêts courus à percevoir

Les intérêts courus à la fin de l'exercice sont de : 20 000 × 4,5 % × 7/12 = 525 €.

		31/12/N		
50880		Intérêts courus sur obligations, bons et valeurs assimilées	525	
	76400	Revenus des valeurs mobilières de placement		525
		Intérêts courus sur prêt		

L'écriture est contre-passée le 1er janvier N+1.

		01/01/N+1		
76400		Revenus des valeurs mobilières de placement	525	
	50880	Intérêts courus sur obligations, bons et valeurs assimilées		525
		Contre-passation intérêts courus sur prêt		

5 FredSoub

Compétence attendue

Évaluer et **comptabiliser** les différentes opérations d'inventaire

Effectuez les écritures de régularisation nécessaires.

		31/12/N		
41810		Clients – facture à établir	62 400	
	70700	Ventes de marchandises		52 000
	44587	État, TVA à régulariser		10 400
		Livraison sans facture le 22 décembre		
		31/12/N		
48600		Charges constatées d'avance	32 000	
	60640	Achats non stockés de fournitures		32 000
		Charges à imputer à l'exercice N+1 (48 000 × 4/6)		
		31/12/N		
66100		Charges d'intérêts	12 480	
	16880	Intérêts courus et non échus		12 480
		Régularisation charges à payer (480 000 × 10,4 % × 3/12)		

		31/12/N		
76200		Revenus des prêts	13 000	
	48700	Produits constatés d'avance		13 000
		Produits à imputer à l'exercice N+1 (150 000 × 13 % × 8/12)		
		31/12/N		
61500		Entretien et réparations	14 500	
44586		TVA sur factures non parvenues	2 900	
	40810	Fournisseurs, factures non parvenues		17 400
		Régularisation achat pour facture non parvenue		
		31/12/N		
48600		Charges constatées d'avance	11 667	
	61200	Redevances de crédit-bail		11 667
		Charges à imputer à l'exercice N+1 (14 000 × 2,5/3)		

Préparer l'examen

6 Atlant

Compétence attendue

Évaluer et **comptabiliser** les différentes opérations d'inventaire

1. Indiquez le principe comptable qui justifie l'ajustement des comptes de gestion dans le temps à la date d'inventaire et précisez son intérêt.

L'ajustement des comptes de gestion dans le temps à la date d'inventaire se justifie par le principe d'indépendance des exercices. L'objectif de la comptabilité est de fournir une image fidèle de l'entreprise. À la fin d'un exercice, il convient alors de fournir une image qui intègre uniquement les opérations qui ont lieu au cours de l'exercice. Ce principe a donc pour intérêt de rattacher à l'exercice les seuls charges et produits qui le concernent. Les régularisations de fin d'exercice permettent d'appliquer ce principe (ex. : neutralisation des charges ou produits constatés d'avance, enregistrement des charges et produits réalisés mais non facturés, etc.).

2. Les écritures de régularisation peuvent nécessiter des estimations de produits ou charges futures. Peut-on alors dire que ces enregistrements permettent d'améliorer la qualité de l'information communiquée par les chiffres comptables ? Pourquoi l'entreprise n'enregistre-t-elle pas des provisions plutôt que des charges à payer ?

Comme d'autres travaux d'inventaire, les opérations de régularisation conduisent à s'interroger sur l'impact des travaux et choix comptables sur la qualité du contenu informatif des chiffres comptables. La qualité des chiffres comptable tient essentiellement de la pertinence et de la fiabilité de l'information comptable. Les opérations de régularisation améliorent le contenu informatif des chiffres comptables en permettant que ces derniers reflètent au mieux la réalité de l'entreprise à la fin de l'exercice. Cependant, les écritures de régularisation peuvent nécessiter des estimations de produits à recevoir ou de charges à payer. Les montants ainsi constatés sans documents justificatifs doivent donc être estimés au plus juste pour réellement apporter un contenu informatif. Les différents contrôles auxquels est soumise l'entreprise laissent cependant présager que fiabilité et pertinence peuvent se concilier dans le cadre des opérations de régularisation.

Les estimations sont néanmoins moindres pour les charges à payer que pour les provisions. Les charges à payer sont des dettes. La sortie de ressource est toujours certaine ; c'est l'échéance ou le montant qui peuvent être imprécis. L'absence de précision ou l'incertitude sont toutefois beaucoup plus faibles que pour une provision.

3. Enregistrez les écritures de régularisation au 31 décembre N.

		31/12/N		
48600		Charges constatées d'avance	360,00	
	61600	Primes d'assurances		360,00
		Prime d'assurance constatée d'avance (480 × 9/12)		
		31/12/N		
66100		Charges d'intérêts	333,33	
	16880	Intérêts courus et non échus		333,33
		Intérêts courus du 01/03/N au 31/12/N (10 000 × 4 % × 10/12)		
		31/12/N		
41810		Clients – factures à établir	8 640,00	
	70700	Ventes de marchandises		7 200,00
	44587	TVA sur factures à établir		1 440,00
		Facture à établir sur produits livrés le 28/12/N (7 200 × 20 %)		
		31/12/N		
60600		Achats non stockés	430,00	
44586		TVA sur factures non parvenues	86,00	
	40810	Fournisseurs, factures non parvenues		516,00
		Facture d'électricité non parvenue		
		31/12/N		
70900		RRR accordés par l'entreprise	1 440,00	
44587		TVA sur factures à établir	288,00	
	41980	RRR à accorder et autres avoirs à établir		1 728,00
		Ristournes de l'exercice à accorder		

4. Présentez un extrait du grand livre fin N. Précisez l'impact des opérations de régularisation sur le résultat.

48600. Charges constatées d'avance

360	

61600. Primes d'assurances

	360

16880 Intérêts courus et non échus

	333,33

66100. Charges d'intérêt

333,33	

41810. Clients – factures à établir

8 640,00	

70700. Ventes de marchandises

	7 200,00

44587. TVA sur factures à établir

288,00	1 440,00

60600. Achat non stockés

430,00	

44586 TVA sur factures non parvenues

86,00	

70900. RRR accordés par l'entreprise

1 440,00	

40810. Fournisseurs, factures non parvenues

	516,00

41980. Rabais, remises, ristournes à accorder et autres avoirs à établir

	1 728,00

L'objectif des écritures de régularisation consiste à rattacher les produits et charges au résultat de l'exercice concerné. Le résultat est donc impacté comme suit :
360 – 333,33 + 7 200 – 430 – 1 440 = 5 356,67 €

5. Enregistrez les écritures nécessaires en N+1 (hors travaux d'inventaire).

À l'ouverture de l'exercice précédent, il convient de contre-passer les écritures de régularisation afin de solder les comptes de régularisation et de ne considérer que la charge ou le produit qui concerne l'exercice N+1. Les charges et les produits seront enregistrés au cours de l'exercice N+1.

		01/01/N+1		
61600		Primes d'assurances	360,00	
	48600	Charges constatées d'avance		360,00
		Contre-passation prime d'assurance constatée d'avance		
		01/01/N+1		
16880		Intérêts courus et non échus	333,33	
	66100	Charges d'intérêts		333,33
		Contre-passation intérêts courus		

		01/01/N+1		
70700		Ventes de marchandises	7 200,00	
44587		TVA sur factures à établir	1 440,00	
	41810	Clients – factures à établir		8 640,00
		Contre-passation facture à établir sur produits livrés le 28/12/N		
		01/01/N+1		
40810		Fournisseurs, factures non parvenues	516,00	
	60600	Achats non stockés		430,00
	44586	TVA sur factures non parvenues		86,00
		Contre-passation facture d'électricité non parvenue		
		01/01/N+1		
41980		RRR à accorder et autres avoirs à établir	1 728,00	
	44587	TVA sur factures à établir		1 440,00
	70900	RRR accordés par l'entreprise		288,00
		Contre-passation ristournes de l'exercice à accorder		
		04/01/N+1		
60600		Achats non stockés	430,00	
44566		TVA sur autres biens et services	86,00	
	40100	Fournisseurs		516,00
		Facture d'électricité		
		08/01/N+1		
41100		Clients	8 640,00	
	70700	Ventes de marchandises		7 200,00
	44571	TVA collectée		1 440,00
		Facture produits livrés le 28/12/N		
		09/01/N+1		
70900		RRR accordés par l'entreprise	1 440,00	
44571		TVA collectée	288,00	
	41100	Clients		1 728,00
		Ristourne accordée		
		28/02/N+1		
66100		Charges d'intérêts	400,00	
16800		Autres emprunts	2 500,00	
	51200	Banques		2 900,00
		Intérêts (10 000 × 4 %) + remboursement (10 000/4)		

6. Présentez un extrait du grand livre fin N+1, à la suite des opérations enregistrées en N+1. Précisez l'impact des opérations de N+1 sur le résultat.

48600. Charges constatées d'avance	
360	360

16880. Intérêts courus et non échus	
333,33	333,33

41810. Clients – factures à établir	
8 640,00	8 640,00

44587. TVA sur factures à établir	
288,00 1 440,00	1 440,00 288,00

44586. TVA sur factures non parvenues	
86,00	86,00

40810. Fournisseurs, factures non parvenues	
516,00	516,00

41980. Rabais, remises, ristournes à accorder et autres avoirs à établir	
1 728,00	1 728,00

44566. TVA déductible sur autres biens et services	
86,00	

401. Fournisseurs	
	516,00

411. Clients	
8 640,00	1 728,00

44571. TVA collectée	
288,00	1 440,00

168. Autres emprunts	
2 500,00	

512. Banques	
	2 900,00

61600. Primes d'assurances	
360	

66100. Charges d'intérêt	
400,00	333,33

70700. Ventes de marchandises	
7 200,00	7 200,00

60600. Achat non stockés	
430,00	430,00

70900. RRR accordés par l'entreprise	
1 440,00	1 440,00

Le résultat N+1 n'est impacté que par la prime d'assurance enregistrée en N mais concernant l'exercice N+1 : 360 €. Les autres éléments sont soldés.

CHAPITRE 20

Passage d'un exercice à l'autre et détermination du résultat comptable

Évaluer les savoirs

1 QCM

1. a. La clôture des comptes consiste à solder tous les comptes de gestion (de charges et de produits) pour faire apparaître le résultat de l'exercice.

2. b. En vertu du principe d'indépendance des exercices, tous les comptes sont soldés une fois tous les douze mois pour faire apparaître le résultat de l'exercice et la situation patrimoniale de l'entreprise.

3. a. Si les produits sont supérieurs aux charges, le résultat est un bénéfice inscrit en compte 120. Résultat de l'exercice (bénéfice).

4. a, b. En vertu du principe d'intangibilité du bilan d'ouverture et de continuité de l'exercice, les comptes de bilan à la clôture de l'exercice sont repris à l'ouverture de l'exercice suivant (1er jour de l'exercice), indépendamment du résultat et de son affectation.

5. b. Dans l'entreprise individuelle, le résultat vient augmenter (bénéfice) ou diminuer (perte) le capital individuel de l'entreprise. L'exploitant peut réaliser des prélèvements avant même la constatation du résultat de l'entreprise en fin d'exercice. Les prélèvements effectués par l'exploitant sont comptabilisés tout au long de l'exercice dans le compte 108. Compte de l'exploitant. En fin d'exercice, le compte 108 est soldé et viré au compte 101. Capital individuel. Il vient augmenter (dans le cas d'un bénéfice) ou diminuer (perte) le capital individuel de l'entreprise.

6. c. Dans les sociétés, l'affectation du résultat est décidée en assemblée générale (AG) par les associés ou actionnaires. Celle-ci doit se tenir dans les six mois qui suivent la clôture de l'exercice, sur convocation du ou des dirigeant(s).

7. c. L'entreprise n'est pas tenue de mettre tout son résultat en réserve ou en dividendes. L'affectation est décidée en assemblée générale. Cependant, si le résultat est déficitaire, la seule affectation possible est en RAN (compte 119).

8. a, b, c. Pour informer sur l'affectation du résultat, un tableau d'affectation du résultat doit être présenté en annexe des documents de synthèse. Il précise les origines et les affectations du résultat.

Maîtriser les compétences

2 Colimence

Compétences attendues

- **Expliquer** les mécanismes conduisant à solder les comptes de gestion et permettant la détermination du résultat
- **Calculer** et **qualifier** le résultat de l'exercice
- **Comptabiliser** les opérations de clôture et de réouverture des comptes de bilan

Décryptage

Au regard des principes d'intangibilité d'ouverture et de continuité de l'activité, vous devez être capable, à partir d'un contexte professionnel, d'expliquer la nécessité de la transition entre les exercices.

La connaissance des règles comptables et des savoirs associés au thème doit vous permettre de procéder aux enregistrements comptables conduisant non seulement à la clôture des comptes du bilan et du journal et à leur réouverture, mais également à la contre-passation des écritures de régularisation.

1. Présentez l'écriture de clôture des comptes pour l'exercice N.

Il convient dans un premier temps d'affecter les RRR obtenus et accordés respectivement aux comptes 60100. Achats de matières premières et 70100. Ventes de produits finis.

		31/12/N		
60900		RRR obtenus sur achats	13 110	
	60100	Achats de matières premières		13 110
		Pour solde des RRR		
		31/12/N		
70100		Ventes de produits finis	34 592	
	70900	RRR accordés par l'entreprise		34 592
		Pour solde des RRR		

On peut alors comptabiliser l'écriture de constatation du résultat de l'exercice N (voir page suivante) :

		31/12/N		
12000		Résultat de l'exercice (bénéfice)	802 605	
	60100	Achats de matières premières		274 075
	60310	Variation des stocks de matières premières		2 815
	60600	Achats non stockés de matières et fournitures		18 510
	61200	Redevance de crédit-bail		6 363
	61500	Entretien et réparations		18 995
	61600	Primes d'assurance		5 270
	62110	Personnel intérimaire		2 403
	62260	Honoraires		4 490
	62300	Publicité, publications, relations publiques		11 256
	62410	Transport sur achats		16 157
	62600	Frais postaux et de télécommunication		4 667
	62700	Services bancaires et assimilés		2 070
	63100	Impôts taxes et versements assimilés		28 845
	64100	Rémunération du personnel		245 192
	64500	Charges de sécurité sociale et de prévoyance		94 531
	65400	Pertes sur créances irrécouvrables		2 477
	66100	Charges d'intérêt		6 960
	66600	Perte de change		1 939
	66700	Charge nette sur cession de VMP		2 570
	67500	Valeur comptable des éléments d'actif cédés		20 417
	68110	Dotations aux amortissements sur immobilisations corporelles et incorporelles		9 628
	68150	Dotations aux provisions d'exploitation		4 701
	68170	Dotations pour dépréciations des actifs circulants		2 839
	68600	Dotations aux amortissements, dépréciations et provisions – Charges financières		1 440
	69500	Impôt sur les bénéfices		13 995
		Pour solde des comptes de charges		
		31/12/N		
70100		Ventes de produits finis	750 185	
70800		Produits des activités annexes	4 701	
71350		Variation des stocks de produits finis	35 915	
72200		Production immobilisée	11 613	
76200		Produits des autres immobilisations financières	5 467	
76700		Produit net sur cession de VMP	2 413	
77500		Produit des cessions d'éléments d'actif	11 613	
78170		Reprise sur dépréciation des actifs circulants	6 962	
78660		Reprise sur dépréciations et provisions	2 857	
	12000	Résultat de l'exercice (bénéfice)		831 726
		Pour solde des comptes de produits		

Il convient ensuite de clôturer les comptes de bilan.

		31/12/N		
10100		Capital	48 300	
12000		Résultat de l'exercice (bénéfice)	29 121	
10610		Réserve légale	4 830	
10630		Réserve statutaire	4 500	
10680		Réserve facultative	4 610	
15100		Provision pour risque	4 700	
16400		Emprunt auprès des établissements de crédit	105 200	
16880		Intérêts courus	3 450	
28130		Amortissement des constructions	24 960	
28154		Amortissement du matériel industriel	68 850	
28182		Amortissement du matériel de transport	11 690	
28183		Amortissement du matériel de bureau et matériel informatique	5 773	
39510		Dépréciation des stocks de produits finis	2 925	
40100		Fournisseurs	46 085	
40400		Fournisseurs d'immobilisations	6 023	
40800		Fournisseurs – Factures non parvenues	2 693	
43100		Sécurité sociale	11 090	
43700		Autres organismes sociaux	3 266	
44400		État – Impôts sur les bénéfices	6 941	
48700		Produits constatés d'avance	9 035	
49100		Dépréciation des comptes clients	7 010	
59060		Dépréciation des obligations	2 355	
	20700	Fonds commercial		22 100
	21100	Terrains		26 570
	21300	Constructions		70 300
	21540	Matériel industriel		96 370
	21820	Matériel de transport		23 100
	21830	Matériel de bureau et matériel informatique		9 720
	27300	Titres immobilisés de l'activité de portefeuille		9 200
	31100	Stocks de matières premières		19 950
	35500	Stocks de produits finis		68 210
	41100	Clients		10 703
	48600	Charges constatées d'avance		12 960
	50600	Obligations		9 610
	51200	Banques		33 760
	53000	Caisse		854
		Pour solde des comptes de bilan		

2. Présentez l'écriture de reprise à nouveau au 1er janvier N+1

		01/01/N+1		
20700		Fonds commercial	22 100	
21100		Terrains	26 570	
21300		Constructions	70 300	
21540		Matériel industriel	96 370	
21820		Matériel de transport	23 100	
21830		Matériel de bureau et matériel informatique	9 720	
27300		Titres immobilisés de l'activité de portefeuille	9 200	
31100		Stocks de matières premières	19 950	
35500		Stocks de produits finis	68 210	
41100		Clients	10 703	
48600		Charges constatées d'avance	12 960	
50600		Obligations	9 610	
51200		Banques	33 760	
53000		Caisse	854	
	10100	Capital		48 300
	12000	Résultat de l'exercice (bénéfice)		29 121
	10610	Réserve légale		4 830
	10630	Réserve statutaire		4 500
	10680	Réserve facultative		4 610
	15100	Provision pour risque		4 700
	16400	Emprunt auprès des établissements de crédit		105 200
	16880	Intérêts courus		3 450
	28130	Amortissement des constructions		24 960
	28154	Amortissement du matériel industriel		68 850
	28182	Amortissement du matériel de transport		11 690
	28183	Amortissement du matériel de bureau et inf.		5 773
	39510	Dépréciation des stocks de produits finis		2 925
	40100	Fournisseurs		46 085
	40400	Fournisseurs d'immobilisations		6 023
	40800	Fournisseurs – Factures non parvenues		2 693
	43100	Sécurité sociale		11 090
	43700	Autres organismes sociaux		3 266
	44400	État – Impôts sur les bénéfices		6 941
	48700	Produits constatés d'avance		9 035
	49100	Dépréciation des comptes clients		7 010
	59060	Dépréciation des obligations		2 355
		Réouverture des comptes de bilan		

❸ Érika

Compétence attendue

Calculer et **qualifier** le résultat de l'exercice : **affecter** le résultat d'une entreprise individuelle

1. Expliquez pourquoi le solde du compte 108 est débiteur au 31 décembre N.

Le compte 108. Compte de l'exploitant présente un solde débiteur du fait des prélèvements opérés au cours de l'exercice N par l'entrepreneur individuel à titre d'avance sur le résultat. Rappelons que ce résultat constitue en principe son revenu et qu'il sera imposé personnellement sur le bénéfice réalisé.

Le résultat réalisé est suffisant pour couvrir les avances prélevées par l'exploitant.

2. Présentez l'écriture d'affectation du résultat.

		24 janvier N+1		
120		Résultat de l'exercice (bénéfice)	17 561,00	
	108	Compte de l'exploitant		17 561,00
		Affectation du résultat N		
		24 janvier N+1		
108		Compte de l'exploitant	4 105,00	
	101	Capital individuel		4 105,00
		Affectation du résultat N (17 561 – 13 456)		

3. Présentez la structure des capitaux propres après cette affectation.

Extrait de bilan au 31/12/N	
101. Capital	42 705,00

On remarque que 38 600 – 13 456 + 17 561 = 42 705. C'est la structure des capitaux propres qui change à l'issue de l'affectation du résultat, leur montant reste identique.

Préparer l'examen

❹ Marima SA

Compétence attendue

Calculer et **qualifier** le résultat de l'exercice : **affecter** le résultat d'une société

1. Distinguez et définissez les différentes réserves (légale, statutaire, facultative).

NOTRE CONSEIL

Ce tableau doit être maîtrisé pour l'épreuve.

Réserve légale	Elle est imposée par la loi. À chaque exercice, la réserve légale est créditée 5 % du bénéfice net de l'exercice diminué le cas échéant des pertes antérieures, jusqu'à ce qu'elle atteigne 10 % du capital social.	Compte 1061
Réserve statutaire	Les statuts peuvent prévoir le prélèvement d'une partie du bénéfice pour constituer une réserve statutaire.	Compte 1063
Réserve facultative	La dotation d'une réserve facultative et son montant peuvent être attribués au titre de chaque exercice par l'assemblée générale.	Compte 1068

2. Présentez le tableau de répartition du bénéfice de l'exercice N.

Réserve légale : 5 % × 24 620 = 1 231 €

5 310 + 1 231 = 6 541 < 10 % × 80 000 : la réserve légale peut être dotée de 1 231 €

Dividendes : 17 320 = intérêt statutaire + superdividende

Intérêt statutaire : 3,5 % × 80 000 = 2 800 €

Superdividende : 17 320 – 2 800 = 14 520 €

	Affectations	Origines
Origines		
• Report à nouveau N–1		
• Résultat N		24 620,00
Affectations		
• Réserve légale	1 231,00	
• Réserve statutaire	2 500,00	
• Réserve facultative	3 500,00	
• Dividendes	17 320,00	
• Report à nouveau N	69,00	
Totaux	24 620,00	24 620,00

3. Enregistrez l'affectation du résultat de l'exercice N à la suite de l'assemblée générale.

		28/04/N+1		
12000		Résultat de l'exercice (bénéfice)	24 620,00	
	10610	Réserve légale		1 231,00
	10630	Réserve statutaire		2 500,00
	10680	Autres réserves		3 500,00
	11000	Report à nouveau créditeur		69,00
	45700	Associés, dividendes à payer		17 320,00
		Affectation du résultat N		

4. En N+1, Marima SA réalise une perte de 25 379 €. L'assemblée générale décide son affectation en report à nouveau. Enregistrez cette écriture.

		28/04/N+1		
11900		Report à nouveau (solde débiteur)	25 379,00	
	12900	Résultat de l'exercice (perte)		25 379,00
		Affectation du résultat N		

❶ Opérations d'inventaire sur immobilisations dans la société arpin

1. Énoncez et expliquez le principe comptable qui justifie l'enregistrement de dépréciations.

Le principe comptable qui conduit à constater les dépréciations est **le principe de prudence.** Ce principe stipule que « la comptabilité est établie sur la base d'appréciations prudentes, pour éviter le risque de transfert, sur des périodes à venir, d'incertitudes présentes susceptibles de grever le patrimoine et le résultat de l'entité » (Article 121-4 du PCG). Ainsi, si la valeur de l'actif est dépréciée à l'inventaire, ce principe conduit à constater la diminution de valeur probable correspondante afin de considérer dès à présent l'impact défavorable sur la situation financière de l'entreprise.

2. Justifiez la présence du test de dépréciation effectué et indiquez en quoi il consiste.

Les performances du matériel sont inférieures à celles initialement prévues. Il existe donc un indice interne de perte de valeur du bien qui conduit à réaliser un test de dépréciation. Le test de dépréciation consiste à comparer la valeur actuelle avec la valeur nette comptable.

3. Présentez le plan d'amortissement du matériel prévu à l'origine, puis le plan révisé suite aux tests de dépréciation.

- Plan d'amortissement du matériel prévu à l'origine
  - Coût d'acquisition : 75 000 €
  - Valeur résiduelle : 1 500 €
  - Base amortissable : 75 000 – 1 500 = 73 500 €
  - Annuité complète ; 73 500 /5 = 14 700 €
  - Annuité d'amortissement en N–2 (du 01/09 au 31/12) : 14 700 × 4 / 12 = 4 900 €
  - Valeur nette comptable (VNC) = Valeur brute – Amortissements cumulés. VNC en N–2 : 75 000 – 4 900 = 70 100 €

Les amortissements sont calculés à partir de la base amortissable (= Coût d'acquisition – Valeur résiduelle). En revanche, la valeur nette comptable en fin d'exercice est calculée à partir du coût d'acquisition.

Exercices	Base amortissable	Annuité d'amortissement	Amortissements cumulés	VNC
N–2	73 500	4 900	4 900	70 100
N–1	73 500	14 700	19 600	55 400
N	73 500	14 700	34 300	40 700
N+1	73 500	14 700	49 000	26 000
N+2	73 500	14 700	63 700	11 300
N+3	73 500	9 800	73 500	1 500

- Plan d'amortissement révisé

	VNC prévue à l'origine	Amortissement réel			Valeur actuelle	Dépréciation Dotation (+) ou reprise (–)	Dépréciation cumulée	VNC après amortissement et après dépréciation
		Base	Dotation	VNC				
N–2	70 100	73 500	4 900	70 100				
N–1	55 400	73 500	14 700	55 400				
N	40 700	73 500	14 700	40 700	24 000	+ 16 700	16 700	24 000
N+1	26 000	22 500	8 437,50	32 262,50	27 000	– 10 437,50	6 262,50	26 000
N+2	11 300	24 500	9 187,50	23 075	–	0	6 262,50	16 812,50
N+3	1 500	15 312,50	15 312,50	7 762,50	–	– 6 262,5	0	1 500

– Justification fin N+1 :

Nouvelle base amortissable = Valeur brute – Valeur résiduelle – Cumul des amortissements antérieurs – Dépréciation (ou : Nouvelle base amortissable = VNC fin N – Valeur résiduelle) = 75 000 – 1 500 – (4 900 + 14 700 + 14 700) – 16 700 = 22 500 €

– Nombre d'années restant à amortir = 5 ans – 2 ans et 4 mois = 2 ans et 8 mois ; soit 32 mois

Amortissement N+1 = 22 500 × 12 mois / 32 = 8 437,50 €

Cumul amortissements fin N+1 = (4 900 + 14 700 × 2) + 8 437,50 = 42 737,50 €

VNC provisoire après amortissement fin N+1 = 75 000 – 42 737,50 = 32 262,50 €

Valeur actuelle fin N+1 = 27 000 € : inférieure à la VNC provisoire (32 262,50) mais supérieure à la VNC prévue à l'origine (26 000 €). Nécessité de ramener la VNC fin N+1 à 26 000 €.

Dépréciation cumulée fin N+1 = 32 262,50 – 26 000 = 6 262,50 €

Ajustement dépréciation : reprise de 16 700 – 6 262,50 = 10 437,50 €

VNC réelle fin N+1 = 75 000 – 42 737,5 – 6 262,50 = 26 000 €

– Justification fin N+2 :

Nouvelle base amortissable = 75 000 – 1 500 – 42 737,50 – 6 262,50 = 24 500 € (ou 26 000 – 1 500)

Nombre d'années restant à amortir = 5 ans – 3 ans et 4 mois = 1 an et 8 mois ; soit 20 mois.

Amortissement N+2 = 24 500 × 12 mois / 32 = 9 187,50 €

Cumul amortissements fin N+2 = 42 737,50 + 9 187,50 = 51 925 €

VNC provisoire après amortissement fin N+2 = 75 000 – 51 925 = 23 075 €

VNC réelle fin N+2 = 75 000 – 51 925 – 6 262,50 = 16 812,50 €

– Justification fin N+3 :

Nouvelle base amortissable = 75 000 – 1 500 – 51 925 – 6 262,50 = 15 312,50 €

Cumul amortissements fin N+3 = 51 925 + 15 312,50 = 67 237,50 €

VNC provisoire après amortissement fin N+1 = 75 000 – 67 237,50 = 7 762,50 €

VNC réelle fin N+3 (après reprise des dépréciations) = 75 000 – 67 237,50 – 6 262,50 = 1 500 € (montant qui correspond bien à la valeur résiduelle).

NOTRE CONSEIL

Dans la ligne correspondant à la dernière année (soit l'année N+3), vérifiez que :
- le cumul des amortissements et dépréciations est égal à la base amortissable ;
- la VNC en fin d'exercice correspond bien au montant de la valeur résiduelle.

4. Enregistrez les écritures comptables nécessaires au 31 décembre N+1.

		31/12/N+1		
68110		Dotations aux amortissements des immobilisations	8 437,50	
	28154	Amortissement du matériel industriel		8 437,50
		D'après plan d'amortissement révisé		
		31/12/N+1		
29154		Dépréciations du matériel industriel	10 437,50	
	78160	Reprises sur dépréciations		10 437,50
		D'après test de dépréciation		

5. Présentez un extrait du bilan et du tableau des dépréciations au 31 décembre N+1.

- Extrait du bilan

Actif du bilan fin N+2	Brut	A. et D.	Net fin N+1	Net fin N
Matériel industriel	75 000	49 000	26 000	24 000

Colonne Amortissement et dépréciation = 42 737,5 + 6 262,5 = 49 000 €
Colonne Net = 75 000 – 49 000 = 26 000 €

- Tableau des dépréciations de l'exercice N+1 (faisant partie de l'annexe)

	Dépréciation à l'ouverture de l'exercice	Dotations	Reprises	Dépréciation à la clôture de l'exercice
Immobilisations corporelles	16 700		10 437,50	6 262,50

6. Enregistrez les écritures comptables nécessaires en N+3.

En N+3, il convient d'enregistrer à la fois la cession du matériel à la fin de la durée d'utilisation (soit au 31/08/N+3), la dotation d'amortissement complémentaire pour l'année N+3 et la sortie du matériel du patrimoine.

		31/08/N+3		
46200		Créances sur cessions d'immobilisations	1 200,00	
	77500	Produits des cessions d'éléments d'actif		1 000,00
	44571	État, TVA collectée		200,00
		Cession du matériel à une entreprise de recyclage		

		31/12/N+3		
68110		Dotations aux amortissements des immobilisations	15 312,50	
	28154	Amortissement du matériel industriel		15 312,50
		D'après plan d'amortissement révisé		
		31/12/N+3		
29154		Dépréciations du matériel industriel	6 262,50	
	78160	Reprises sur dépréciations		6 262,50
		Reprise de dépréciation suite cession		
		31/12/N+3		
67500		Valeur comptable des éléments d'actif cédés	7 762,50	
28154		Amortissements du matériel industriel	67 237,50	
	21540	Matériel industriel		75 000,00
		Sortie du matériel du patrimoine		

2 Opérations de régularisation dans la société poncet

1. Énoncez les objectifs des opérations d'inventaire.

Afin de présenter une image fidèle du patrimoine de l'entreprise, les objectifs des travaux d'inventaire sont de :

- contrôler la réalité du patrimoine en quantité et en valeur ;
- procéder à certains ajustements comptables nécessaires ;
- préparer l'élaboration des comptes annuels.

2. Indiquez le principe comptable qui justifie l'ajustement des comptes de gestion dans le temps à la date d'inventaire et précisez son intérêt.

L'ajustement des comptes de gestion dans le temps à la date de l'inventaire se justifie par **le principe d'indépendance des exercices**. L'objectif de la comptabilité est de fournir une image fidèle de l'entreprise. À la fin d'un exercice, il convient alors de fournir une image qui intègre uniquement les opérations qui ont eu lieu au cours de l'exercice. Ce principe a donc pour intérêt de **rattacher à l'exercice les seuls charges et produits** qui le concernent. Les régularisations de fin d'exercice permettent d'appliquer ce principe (ex. : neutralisation des charges ou produits constatés d'avance, enregistrement des charges et produits réalisés mais non facturés, etc.).

3. Enregistrez les opérations au 31 décembre N énoncées dans l'annexe 1 (seuls les règlements effectués durant l'exercice N ont été enregistrés).

		31/12/N		
48600		Charges constatées d'avance	360,00	
	61600	Primes d'assurances		360,00
		Prime d'assurance constatée d'avance (480 × 9/12)		
		31/12/N		
66100		Charges d'intérêts	333,33	
	16880	Intérêts courus		333,33
		Intérêts courus du 01/03/N au 31/12/N (10 000 × 4 % × 10/12)		
		31/12/N		
41810		Clients – factures à établir	8 640,00	
	70700	Ventes de marchandises		7 200,00
	44587	TVA sur factures à établir		1 440,00
		Facture à établir sur produits livrés le 28/12/N		
		31/12/N		
60600		Achats non stockés	430,00	
44586		TVA sur factures non parvenues	86,00	
	40810	Fournisseurs – Factures non parvenues		516,00
		Facture d'électricité non parvenue		
		31/12/N		
70900		RRR accordés par l'entreprise	1 440,00	
44587		TVA sur factures à établir	288,00	
	41980	RRR à accorder et autres avoirs à établir		1 728,00
		Ristournes de l'exercice à accorder		
		31/12/N		
47620		Différence de conversion actif – Augmentation des dettes	300,00	
	40102	Fournisseur – UE		300,00
		Différence de conversion actif (3000 × 1,3 – 3 600)		

		31/12/N		
68650		Dotation aux provisions financières	300,00	
	15150	Provision pour perte de change		300,00
		Enregistrement de la perte latente de change		
		31/12/N		
41102		Client – UE	700,00	
	47710	Différence de conversion Passif – Augmentation des créances		700,00
		Différence de conversion passif (5 000 × 1,3 – 5 800)		

❸ Opérations d'inventaire et clôture des comptes dans la société fitamant

1. Enregistrez les opérations d'inventaire qui n'ont pas été comptabilisées.

		31/12/N		
41600		Clients douteux	1 400,00	
	41100	Clients		1 400,00
		Constatation du client douteux		
		31/12/ N		
68170		Dotations aux dépréciations des actifs circulants	468,00	
	49100	Dépréciation des comptes de clients		468,00
		Dépréciation créance		
		31/12/N		
68150		Dotations aux provisions d'exploitation	500,00	
	15110	Provision pour litige		500,00
		Litige avec un ancien salarié		
		31/12/N		
68170		Dotations aux dépréciations des actifs circulants	288,00	
	39550	Dépréciation des stocks de produits finis		288,00
		Dépréciation stock de produits finis (3 240 – 2 952)		
		31/12/N		
60310		Variation du stock de matières premières	1 641,00	
	31100	Stock de matières premières		1 641,00
		Annulation du stock initial		

La plus-value potentielle sur le stock de matières premières n'est pas enregistrée en vertu du principe de prudence.

		31/12/N		
31100		Stock de matières premières	1 731,00	
	60310	Variation du stock de matières premières		1 731,00
		Constatation du stock final		
		31/12/N		
71350		Variation du stock de produits finis	2 700,00	
	35500	Stock de produits finis		2 700,00
		Annulation du stock initial		
		31/12/N		
35500		Stock de produits finis	3 240,00	
	71350	Variation du stock de produits finis		3 240,00
		Constatation du stock final		

2. Complétez la balance en annexe 4.

NOTRE CONSEIL

Bien prendre en compte la variation des stocks de matières premières et produits finis pour la différence Stock initial – Stock final : les comptes de variation sont débités du montant du stock initial et crédités du montant du stock final.

N° compte	Intitulés	Soldes	
		Débit	Crédit
10100	Capital		12 960,00
10600	Réserves		4 126,00
15100	Provisions pour risques		(1) **1 616,00**
16400	Emprunt auprès des établissements de crédit		6 840,00
21100	Terrains	3 240,00	
21300	Constructions	17 280,00	
21500	Installations techniques, matériel et outillages industriels	15 120,00	
28130	Amortissement des constructions		5 184,00
28150	Amortissement des installations techniques		9 072,00
31100	Stocks de matières premières	(2) **1 731,00**	
35500	Stocks de produits finis	(3) **3 240,00**	
39550	Dépréciation des stocks de produits finis		(4) **288,00**
40100	Fournisseurs		4 284,00
40800	Fournisseurs, factures non parvenues		98,00
41100	Clients	(6) **3 118,00**	
41600	Clients douteux	(6) **1 400,00**	
44580	État, TVA à régulariser	16,00	
48600	Charges constatées d'avance	1 620,00	

N° compte	Intitulés	Soldes	
		Débit	Crédit
48700	Produits constatés d'avance		1 440,00
49100	Dépréciation des comptes clients		(7) **468,00**
51200	Banques	399,00	
53000	Caisse	25,00	
60100	Achats stockés de matières premières	23 770,00	
60310	Variation de stocks de matières premières		(8) **90,00**
60910	RRR obtenus sur achats de matières premières		234,00
61200	Redevance de crédit-bail	9 360,00	
62200	Rémunérations d'intermédiaires et honoraires	2 340,00	
63300	Impôts taxes et versements assimilés	1 656,00	
64100	Rémunérations du personnel	10 917,00	
64500	Charges de sécurité sociales et de prévoyance	4 914,00	
66100	Charges d'intérêt	504,00	
68110	Dotations aux amortissements des immobilisations	2 376,00	
68150	Dotations aux provisions d'exploitation	**500,00**	
68170	Dotations aux dépréciations	(9) **756,00**	
70100	Ventes de produits finis		57 960,00
70900	RRR accordés par l'entreprise	1 170,00	
71350	Variation de stocks de produits finis		(10) **540,00**
76000	Produits financiers		36,00
781700	Reprise sur dépréciation d'actifs circulants		216,00
Totaux		**105 452,00**	**105 452,00**

(1) 1 116 + 500 (dotation à la provision relative au litige avec le salarié licencié)
(2) Stock final de matières premières (annexe 2)
(3) Stock final de produits finis (annexe 2)
(4) Dépréciation du stock final de produits finis (annexe 2)
(5) 4 518 – 1 400 (client douteux)
(6) Client douteux (annexe 2)
(7) Perte probable sur client douteux (annexe 2)
(8) Stock initial – Stock final = 1 641 (balance provisoire) – 1 731 (annexe 2) = – 90 (solde créditeur)
(9) 468 (dépréciation de la créance client) + 288 (dépréciation du stock de produits finis) = 756
(10) Stock initial – Stock final = 2 700 (balance provisoire) – 3 240 (annexe 2) = – 540 (solde créditeur)

3. Expliquez la nécessité pour la société Fitamant d'assurer une transition de ses comptes entre les exercices.

Il est nécessaire pour l'entreprise Fitamant d'assurer une transition de ses comptes entre les exercices afin de respecter le **principe d'intangibilité du bilan d'ouverture.** Selon ce principe qui participe à donner une image fidèle du patrimoine, le bilan d'ouverture d'un exercice correspond au bilan de clôture de l'exercice précédent.

4. Effectuez la clôture des comptes de gestion et déterminez le résultat au 31 décembre N.

Décryptage

Les écritures de détermination du résultat consistent à solder l'ensemble des comptes de gestion qui ne se rapportent qu'à l'exercice considéré et à comptabiliser le résultat de l'exercice. Les différentes étapes sont les suivantes :

- 1. Annulation des comptes créditeurs de la classe 6 : débit du compte 609 par le crédit du compte 601 ® 23 770 – 234 = 23 536 €.
- 2. Annulation des comptes débiteurs de la classe 7 : débit du compte 701 par le crédit du compte 709 ® 57 960 – 1 170 = 56 790 €.
- 3. Annulation des comptes de la classe 6 par le débit du compte « Résultat ».
- 4. Annulation des comptes de la classe 7 par le crédit du compte « Résultat ».

		31/12N		
60910		RRR obtenus sur achats de matières premières	234,00	
	60100	Achats stockés de matières premières		234,00
		Détermination des achats nets de matières		
		31/12/N		
70100		Ventes de produits finis	1 170,00	
	70900	RRR accordés par l'entreprise		1 170,00
		Détermination des ventes nettes		

		31/12/N		
12000		Résultat de l'exercice	56 769,00	
60310		Variation de stocks de matières premières	90,00	
	60100	Achats stockés de matières premières		23 536,00
	61200	Redevance de crédit-bail		9 360,00
	62200	Rémunérations d'intermédiaires et honoraires		2 340,00
	63300	Impôts, taxes et versements assimilés sur rémunération		1 656,00
	64100	Rémunérations du personnel		10 917,00
	64500	Charges de sécurité sociales et de prévoyance		4 914,00
	66100	Charges d'intérêt		504,00
	68110	Dotations aux amortissements des immobilisations		2 376,00
	68150	Dotations aux provisions d'exploitation		500,00
	68170	Dotations aux dépréciations		756,00
		Pour solde des comptes de charges		
		31/12/N		
70100		Ventes de produits finis	56 790,00	
71350		Variation de stocks de produits finis	540,00	
76000		Produits financiers	36,00	
78170		Reprise sur dépréciation d'actifs circulants	216,00	
	12000	Résultat de l'exercice		57 582,00
		Pour solde des comptes de produits		

Le résultat de l'exercice est le solde du compte 12000. Résultat de l'exercice, soit un bénéfice de 57 582 – 56 769 = 813 €.

5. Enregistrez les opérations de clôture des comptes de bilan, de contre-passation et de réouverture des comptes.

• Opérations de clôture des comptes de bilan

		31/12/N		
10100		Capital social	12 960	
10600		Réserves	4 126	
12000		Résultat de l'exercice (bénéfice)	813	
15100		Provisions pour risques	1 616	
16400		Emprunt auprès des établissements de crédit	6 840	
28130		Amortissement des constructions	5 184	
28150		Amortissement des installations techniques	9 072	
39550		Dépréciation des stocks de produits finis	288	
40100		Fournisseurs	4 284	
40800		Fournisseurs – Factures non parvenues	98	
48700		Produits constatés d'avance	1 440	
49100		Dépréciations des comptes clients	468	
	89100	Bilan de clôture		47 189
		Pour solde des comptes de bilan débités		
		31/12/N		
89100		Bilan de clôture	47 189	
	21100	Terrains		3 240
	21300	Constructions		17 280
	21500	Installations techniques, matériel et outillages industriels		15 120
	31100	Stocks de matières premières		1 731
	35500	Stocks de produits finis		3 240
	41100	Clients		3 118
	41600	Clients douteux		1 400
	44580	État, TVA à régulariser		16
	48600	Charges constatées d'avance		1 620
	51200	Banques		399
	53000	Caisse		25
		Pour solde des comptes de bilan crédités		

- Opérations de réouverture des comptes de bilan (sans répartition du résultat)

		01/01/N+1		
89000		Bilan d'ouverture	47 189	
	10100	Capital social		12 960
	10600	Réserves		4 126
	12000	Résultat de l'exercice (bénéfice)		813
	15100	Provisions pour risques		1 616
	16400	Emprunt auprès des établissements de crédit		6 840
	28130	Amortissement des constructions		5 184
	28150	Amortissement des installations techniques		9 072
	39550	Dépréciation des stocks de produits finis		288
	40100	Fournisseurs		4 284
	40800	Fournisseurs – Factures non parvenues		98
	48700	Produits constatés d'avance		1 440
	49100	Dépréciations des comptes clients		468
		Ouverture de la comptabilité N+1		
		01/01/N+1		
21100		Terrains	3 240	
21300		Constructions	17 280	
21500		Installations techniques, matériel et outillages industriels	15 120	
31100		Stocks de matières premières	1 731	
35500		Stocks de produits finis	3 240	
41100		Clients	3 118	
41600		Clients douteux	1 400	
44580		État, TVA à régulariser	16	
48600		Charges constatées d'avance	1 620	
51200		Banques	399	
53000		Caisse	25	
	89000	Bilan d'ouverture		47 189
		Ouverture de la comptabilité N+1		

- Opérations de contre-passation des comptes (de régularisation)

		01/01/N+1		
61200		Redevances de crédit-bail	1 620	
	48600	Charges constatées d'avance		1 620
		Contre-passation des charges constées d'avance		
		01/01/N+1		
48700		Produits constatés d'avance	1 440	
	70100	Ventes de produits finis		1 440
		Contre-passation des produits constatés d'avance		
		1/01/N+1		
40800		Fournisseurs – Factures non parvenues	98	
	60700	Achats stockés de matières premières		82
	44580	TVA sur factures non parvenues		16
		Contre-passation des charges à payer		

CHAPITRE 21

Informatisation comptable

Évaluer les savoirs

1 QCM

1. a. L'informatisation comptable permet aux cabinets comptables de générer des gains de productivité et de réduire certains coûts, mais aussi d'assurer de nouveaux services à plus forte valeur ajoutée favorisant leur compétitivité, leur différenciation et la fidélisation des clients.

2. b, c. L'informatisation des tâches comptables n'est pas neutre. Elle impacte plus particulièrement le traitement comptable, les modes de contrôles et les services à réaliser.

3. c. L'informatisation du travail comptable produit un impact à trois niveaux : elle se traduit par une dématérialisation des données et des traitements, elle augmente significativement la vitesse de traitement, avec une dissociation entre la saisie (manuelle ou automatique) et le traitement, toujours informatisé, et elle valorise les tâches d'analyse des états.

4. a, c. L'informatisation de la comptabilité, tout en permettant de formidables gains de productivité, induit ainsi certains risques : les systèmes informatiques sont de plus en plus complexes, le risque d'erreur humaine dans leur conception et leur maintenance s'accroît et les conséquences sont très lourdes puisque l'ordinateur applique systématiquement le même traitement à un grand nombre d'opérations, la séparation des tâches n'est pas toujours possible (une même personne peut avoir accès aux données et aux programmes), d'où la nécessité d'organiser précisément l'usage des matériels et la mise en œuvre des traitements (utilisation de codes d'accès), le mode de fonctionnement des logiciels reste souvent opaque pour l'utilisateur, de nombreux contrôles sont intégrés dans le traitement automatique et ne sont plus clairement décelables.

5. b, c. La tenue d'une comptabilité au moyen de techniques informatisées implique l'accès à la documentation relative aux analyses, à la programmation et à l'exécution des traitements. Cela permet notamment d'effectuer des tests pour vérifier les conditions d'enregistrement et de conservation des écritures. Cette documentation est essentielle car elle peut impacter la force probante de la comptabilité, c'est-à-dire le degré de valeur donné aux informations comptables.

6. a, b, c. La force probante de la comptabilité lorsqu'elle est informatisée est maintenue à trois conditions. Une donnée peut être enregistrée sur tout support offrant toute garantie en matière de preuve (il peut s'agir d'un support magnétique, du moment qu'il est inaltérable), il en est de même en ce qui concerne le livre-journal. L'inaltérabilité est garantie, en plus des contraintes techniques, par la procédure de validation, qui interdit toute modification ou suppression de l'enregistrement. La procédure de clôture de l'exercice rend l'ensemble des enregistrements intangible : la clôture interdit la réouverture des comptes durant l'exercice clôturé, il n'est plus possible de les modifier ou de les supprimer.

7. c. Pour l'administration fiscale, une comptabilité informatisée est irrégulière et donc non probante dans les cas suivants : présentation sous des formats non recevables des documents comptables et pièces justificatives dématérialisés, défaut de validation des écritures comptables, défaut de clôture des exercices comptables, défaut de traçabilité, absence de chronologie des enregistrements, absence de permanence du chemin de révision, insuffisance des données archivées.

8. b. La dématérialisation de la comptabilité consiste à produire un document directement au format numérique à partir d'un système d'information. La dématérialisation ne se réduit pas à la transformation de documents papiers en documents numériques (numérisation), mais à la production directe de documents et procédés en format numérique.

❷ Entreprise Poitreneaux

1. Schématisez l'organisation du traitement comptable de l'entreprise.

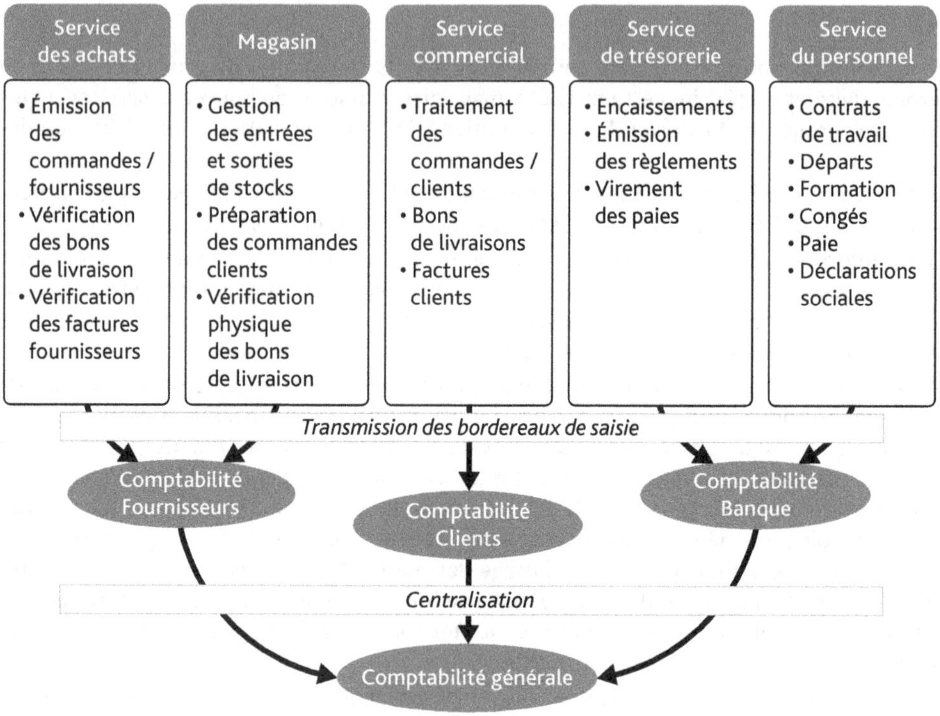

2. Schématisez la nouvelle organisation du traitement comptable de Poitreneaux.

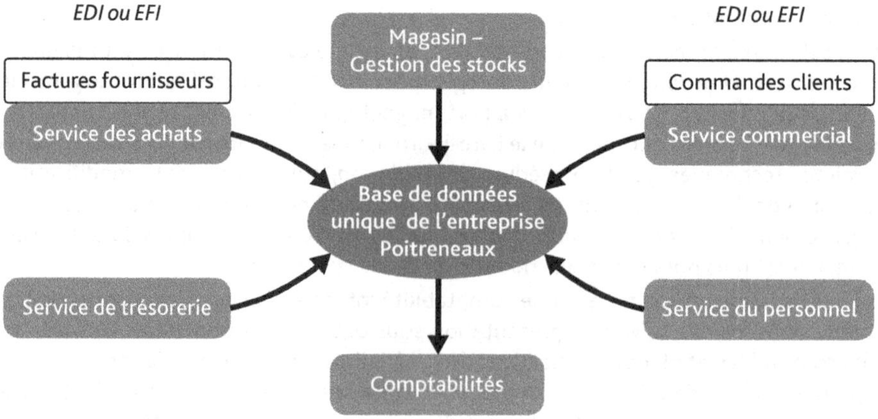

Les commandes clients et fournisseurs pourront être sous forme dématérialisées (ÉDI ou ÉFI).

Maîtriser les compétences

3 Obligation et informatisation comptable

Compétence attendue

Expliquer les obligations légales relatives à l'établissement, la conservation et la transmission des fichiers informatisés obligatoires

Effectuez des recherches afin d'établir une note synthétique sur les obligations relatives à l'établissement, la conservation et la transmission des fichiers informatisés obligatoires. La note visera notamment à répondre aux questions suivantes :

- **Quelles sont les obligations spécifiques en matière d'établissement des fichiers informatisés ?**

La tenue d'une comptabilité au moyen de techniques informatisées implique l'accès à la documentation relative aux analyses, à la programmation et à l'exécution des traitements. Cela permet notamment d'effectuer des tests pour vérifier les conditions d'enregistrement et de conservation des écritures.

L'administration fiscale impose une procédure de contrôle spécifique pour les comptabilités informatisées. L'entreprise doit établir un fichier des écritures comptables (FEC) remis au vérificateur en cas de contrôle. Le fichier des écritures comptables contient un certain nombre d'informations telles que la date de comptabilisation, le libellé de compte, le numéro de compte.

De plus, si les fichiers informatisés contiennent des données personnelles, l'entreprise doit respecter le règlement général sur la protection des données (RGPD, ↪ chapitre 22).

Enfin, des durées de conservation et modalités spécifiques d'archivage s'appliquent aux comptabilités informatisées.

- **Quels sont les éléments qui conditionnent la force probante de fichiers informatisés ?**

La force probante de la comptabilité lorsqu'elle est informatisée est maintenue à trois conditions :

- Une donnée peut être enregistrée sur tout support offrant toute garantie en matière de preuve. Il peut s'agir d'un support magnétique, du moment qu'il est inaltérable. Il en est de même en ce qui concerne le livre-journal.
- L'inaltérabilité est garantie, en plus des contraintes techniques, par la procédure de validation, qui interdit toute modification ou suppression de l'enregistrement. La validation est une procédure qui consiste à figer l'écriture comptable, sans que l'on puisse revenir sur ses différentes composantes. Elle fait partie des fonctionnalités de tout logiciel comptable ; sa périodicité n'est pas définie mais l'obligation de centralisation mensuelle conduit à une validation de même périodicité. Tant qu'une écriture n'est pas validée, elle est saisie en « mode brouillard » et peut donc être modifiée.
- La procédure de clôture de l'exercice rend l'ensemble des enregistrements intangible. À la différence de la comptabilité manuelle, elle est assurée ici par une fonctionnalité du logiciel. La clôture interdit la réouverture des comptes durant l'exercice clôturé : il n'est plus possible de les modifier ou de les supprimer.

Pour l'administration fiscale, une comptabilité informatisée est irrégulière et donc non probante dans les cas suivants :

- présentation sous des formats non recevables des documents comptables et pièces justificatives dématérialisés ;
- défaut de validation des écritures comptables ;
- défaut de clôture des exercices comptables ;
- défaut de traçabilité ;
- absence de chronologie des enregistrements ;
- absence de permanence du chemin de révision ;
- insuffisance des données archivées.

- **Quelles sont les obligations à respecter pour assurer le contrôle des fichiers informatisés ?**

À l'occasion de ses contrôles, l'administration fiscale a fréquemment recours à la procédure spécifique de « contrôle fiscal des comptabilités informatisées » (CFCI). Plus particulièrement, lors des vérifications de comptabilité intervenant depuis le 1er janvier 2014, la remise à l'administration d'une copie des fichiers des écritures comptables (FEC) sous forme dématérialisée est obligatoire.

- **Quelle est la durée de conservation des fichiers informatisés obligatoires ?**

Au sujet de la conservation des documents professionnels, la règle comptable est simple : tout document qui est émis ou reçu par l'entreprise dans l'exercice de son activité doit être conservé. Il existe ainsi des durées minimales, en fonction des types de documents. Ces durées minimales n'empêchent pas l'entreprise de conserver certains documents plus longtemps *via* un archivage complet. De manière générale, le Code du Commerce prévoit pour toutes les pièces comptables une durée de conservation de 10 ans. Cela est valable pour les livres comptables obligatoires (livre-journal, grand livre, livre d'inventaire) qui doivent être conservés pendant 10 ans à partir de la date de la dernière opération comptabilisée. De même, les comptes annuels (bilan, compte de résultat et annexe) ainsi que toutes les pièces justificatives de l'activité (bon de commande, de livraison ou de réception, factures, etc.) doivent être conservés en version originale pendant 10 ans à partir de la clôture de l'exercice comptable.

La loi ne fait pas de différence entre les documents papier et numériques.

- **Pourquoi des délais de conservation sont-ils imposés ?**

Des délais sont imposés au regard des litiges commerciaux, sociaux, fiscaux, etc. qui peuvent survenir par le futur, et des différents délais de prescription associés. Les documents comptables sont ainsi à conserver à titre de preuve.

- **Comment bien conserver ces documents informatisés ?**

La sauvegarde de façon numérique est une solution pour éviter tout risque de perte, et permettre une vraie sécurité. Pour cela, l'entreprise peut utiliser des services de stockage de données en ligne tels que des coffres forts numériques, avec un système de sauvegarde complet. Les avantages sont multiples : diminution des risques de perte ou de dégradation des documents, accès simple et facilité en cas de besoin, partage de documents simplifié.

Toutefois, si l'entreprise conserve exclusivement les copies numériques des pièces justificatives, celles-ci doivent remplir un certain nombre de conditions pour avoir la même fiabilité et valeur que le document original. Le procédé utilisé pour générer les copies numériques (la numérisation) doit par exemple, permettre de produire des informations liées à la copie, garantir l'intégrité de la copie (empreinte électronique) ou encore permettre la conservation de la copie sans qu'elle soit altérée.

4 La numérisation : un atout ou une menace

Compétence attendue

Identifier et analyser les impacts actuels de la dématérialisation et de la numérisation sur l'organisation comptable et l'évolution des pratiques comptables

1. Quels sont les éléments expliquant l'intensification de la digitalisation ?

Les attentes des clients des professions comptables évoluent ; ils souhaitent des services plus rapides et plus complets. Par ailleurs, la concurrence accrue invite les professions comptables à réagir. Les évolutions technologiques permettent l'informatisation des missions comptables. La digitalisation apparaît comme une opportunité pour les métiers comptables. En effet, elle permet de répondre aux nouvelles attentes des clients et aux évolutions du marché de l'expertise comptable. De plus, la technologie peut faire évoluer les services réalisés par les professionnels de la comptabilité et offrir des avantages supplémentaires. Les entreprises et les consommateurs d'aujourd'hui sont particulièrement au fait de la technologie et de l'écologie, et comptent d'ailleurs retrouver cette même sensibilisation et cette même acceptation dans les prestations réalisées par les professionnels de la comptabilité. Enfin, les entrepreneurs et collaborateurs d'aujourd'hui sont majoritairement de la génération dite des *millennials* ou génération Y, soit des personnes nées entre 1983 et 2000, ayant grandi avec la technologie. Pour elles, la digitalisation des métiers dont celui de la comptabilité est une évidence.

2. Pourquoi l'expertise comptable est une des activités les plus susceptibles d'être informatisées ?

Les métiers comptables se prêtent fortement à l'informatisation car elle permet :

- une dématérialisation des données et des traitements ;
- une augmentation importante de la vitesse de traitement des données ;
- une valorisation des tâches d'analyse des documents comptables ainsi établis.

D'après l'annexe, « la tenue comptable est à 80 % automatisable ».

3. En quoi l'informatisation comptable est un atout pour la profession comptable ?

L'informatisation comptable permet aux cabinets comptables de générer des gains de productivité et de réduire des coûts mais aussi d'assurer de nouveaux services à plus forte valeur ajoutée favorisant leur compétitivité, leur différenciation et la fidélisation des clients. L'informatisation comptable permet d'optimiser les travaux comptables : gain de temps sur la gestion, sur la saisie et sur l'archivage des pièces comptables.

« Le numérique est avant tout un moyen [...] pour les cabinets d'expertise comptable de transformer leurs métiers, d'améliorer la qualité du service rendu, de délaisser les tâches les moins gratifiantes au profit du conseil, savoir-faire à forte valeur ajoutée qu'une machine ne possèdera jamais. »

L'une des motivations premières de la digitalisation des services comptables est d'optimiser le temps de travail et d'améliorer l'efficacité et la qualité du service, mais aussi d'attirer de nouveaux clients. L'intérêt majeur de la technologie est qu'elle permet aux experts-comptables d'accéder aux données et les aide à fournir des informations stratégiques et des conseils aux clients. Les atouts de l'informatisation ne se limitent pas à simplifier les travaux comptables mais peuvent également permettre de réduire l'ennui du personnel dans la réalisation de tâches répétitives et peu valorisantes, et ainsi éviter un taux de rotation du personnel élevé qui occasionne une baisse de la qualité des services rendus au client et des coûts supplémentaires pour un cabinet, en termes de recrutement et de formation notamment.

4. En quoi, au contraire, l'informatisation comptable peut être considérée comme une menace pour la profession comptable ?

L'informatisation peut néanmoins être appréciée comme une menace. « Les experts-comptables d'aujourd'hui vont-ils être, demain, purement et simplement remplacés par des logiciels hautement perfectionnés ? » L'information peut induire une moindre reconnaissance des compétences premières des professionnels de la comptabilité et rendre les clients plus autonomes.

Préparer l'examen

❺ Étude des missions d'un cabinet d'expertise-comptable

Compétence attendue

Identifier et **analyser** les impacts actuels de la dématérialisation et de la numérisation sur l'organisation comptable et l'évolution des pratiques comptables

1. À l'aide des annexes 1 et 2, déterminez l'impact de la digitalisation sur le poids et l'évolution des missions de tenue comptable.

	Opérations réalisées par le cabinet comptable	Opérations réalisées par le client	Opérations digitalisées
Mission de tenue	Tenue comptable, révision des comptes, établissement des comptes annuels, toutes déclarations fiscales	Transmission des documents	La digitalisation et l'automatisation sont fortes sur la transmission des docs et la tenue, ce qui explique pourquoi les clients s'approprient de plus en plus ces étapes, avec l'aide des logiciels
Mission de révision	Révision des comptes, établissement des comptes annuels, déclarations fiscales de fin d'année	Tenue comptable, déclarations fiscales courantes	La digitalisation est faible sur ces étapes, peu automatisables (surtout au niveau fiscal), ce qui explique pourquoi les missions de compilation ne progressent pas, en l'absence de compétence réelle du client.
Mission de compilation	Établissement des comptes annuels (sans audit ni examen)	Tenue comptable, révision des comptes, toutes déclarations fiscales	

Selon l'annexe 2, au cours des trois dernières années, les missions de révisions augmentent au détriment des missions de tenue et de compilation. Cette évolution peut s'expliquer en partie par la digitalisation. En effet, grâce à la numérisation, il est plus simple pour les clients de prendre en charge la tenue des comptes. Les logiciels comptables sont de plus en plus intuitifs, proposent à l'utilisateur des masques de factures et sont dotés de multiples contrôles visant à sécuriser la tenue comptable. De plus, beaucoup sont disponibles en mode SaaS et permettent de joindre aux écritures tous documents digitaux, favorisant le travail collaboratif entre l'expert-comptable et son client.

Celui-ci sollicite alors davantage l'expert-comptable pour son rôle de révision, de contrôle, de lien avec les organismes sociaux et fiscaux et pour ses conseils.

A contrario, les missions de compilation ne se développent pas car elles nécessitent que les clients soient au fait (et autonomes sur ces sujets) des mécanismes d'établissement des comptes annuels et des évolutions législatives et fiscales ; ce que la digitalisation ne permet pas.

2. À l'aide des annexes 2 et 3, étudiez le poids et l'évolution des différentes missions réalisées par ce cabinet d'expertise comptable. Commentez.

Dans la continuité de la réponse précédente (diminution des missions de tenue et de compilation au profit des missions de révision, à plus forte valeur ajoutée et moins automatisables), on constate que les missions de conseil sont, en proportion, en progression constante. Le client, après avoir « pris pour lui » la partie la plus digitale du métier (la tenue comptable, voire les déclarations fiscales courantes), recherche auprès de son expert-comptable du conseil à plus forte valeur ajoutée sur des sujets « connexes », en lien avec ses préoccupations de chef d'entreprise.

3. À l'aide de l'annexe 4, présentez le rôle de l'expert-comptable dans un contexte de digitalisation.

En imaginant, à terme, la digitalisation et la robotisation totales du cœur de métier de l'expert-comptable, celui-ci devra s'orienter de plus en plus vers les missions de conseil et l'analyse des évolutions législatives, notamment fiscales (fiscalité personnelle et professionnelle) et sociales (droit de la Sécurité sociale, droit du travail, protection sociale). L'accès à l'information comptable sera facilité et servira de support à l'analyse stratégique que le client devra mener avec son (ses) conseil(s). L'expert-comptable ne disparaîtra pas, mais devra se muer en « expert-conseil », faisant le lien entre les évolutions et complexités toujours plus importantes de nos législations, et le chef d'entreprise dans l'exercice quotidien de son métier.

NOTRE CONSEIL

Reliez la réponse à cette question avec celle de la question précédente.

CHAPITRE 22 Outils numériques de l'information financière

Évaluer les savoirs

1 QCM

1. a. Un PGI est composé d'ensembles de modules correspondant à une activité et regroupe les fonctionnalités associées et non simplement des fonctions comptables (gestion de stock, facturation, paye, etc.).

2. b. Si la pièce comptable est créée sous forme papier et scannée, elle est numérisée ; à ne pas confondre avec une pièce dématérialisée qui est produite dès l'origine sous format électronique.

3. a, c. La facture dématérialisée (ou facture électronique) est créée par le fournisseur sous une forme électronique et parvient au client sous forme d'image ou de données.

4. b, c. Pour utiliser une facture électronique, certaines conditions doivent être respectées : accord préalable explicite du destinataire, garantie d'authenticité de son origine, garantie de l'intégrité du contenu, respect des mentions obligatoires identiques à celles d'une facture papier.

5. a, b. Compte tenu du caractère probant de la facture, tous les procédés techniques sont autorisés, sous réserve de mettre en place des contrôles adéquats. Les deux techniques généralement utilisées sont l'échange de données informatisé (EDI) et la facture électronique signée.

6. b. Depuis le 1er octobre 2014, toutes les entreprises soumises à un régime réel d'imposition, sans condition de chiffre d'affaires, ont l'obligation de télédéclarer et de télépayer leur TVA. L'administration fiscale met au service des entreprises un service spécialisé, TéléTVA.

7. c. La déclaration annuelle des résultats et des annexes est aussi être adressée à l'administration fiscale par télétransmission. Depuis le 1er octobre 2014, le procédé est obligatoire pour toutes les entreprises soumises à un régime réel d'imposition sans condition de chiffre d'affaires. Il faut disposer d'un logiciel de gestion agréé TDFC par l'administration fiscale puis effectuer une formalité administrative préalable.

8. b, c. Il convient pour les données dématérialisées de pouvoir garantir l'authenticité de leur origine et l'intégrité de leur contenu.

2 Cybersécurité

1. En quoi consistent la cybercriminalité et la cybersécurité ? Pourquoi la cybersécurité est à considérer par les professionnels de la comptabilité ?

Le système d'information comptable peut être sujet à la cybercriminalité, c'est-à-dire à une « infraction pénale susceptible de se commettre sur ou au moyen d'un système informatique généralement connecté à un réseau ». La cybersécurité correspond à l'ensemble des lois, politiques, outils, dispositifs, concepts et mécanismes de sécurité, méthodes de gestion des risques, actions, formations, bonnes pratiques et technologies qui peuvent protéger les personnes contre la cybercriminalité.

Les outils et bases de données des professionnels de la comptabilité peuvent être confrontés à différents risques liés au phénomène de cybercriminalité, d'autant plus avec la digitalisation de la profession : accès non autorisé au système ou aux applications du cabinet, partage de données accidentel à des tiers, virus qui détruisent des données mais aussi destruction accidentelle, vol, etc. La cybersécurité permet de sécuriser les professionnels contre ces risques.

2. Complétez le tableau ci-après en proposant des bonnes pratiques associées aux mesures de prévention des risques de cybercriminalité proposées.

La Compagnie nationale des commissaires aux comptes (CNCC) et le Conseil supérieur de l'Ordre des experts-comptables (CSOEC) ont publié conjointement un document portant sur les mesures de prévention des risques de cybercriminalité. Ces dernières sont formulées sous la forme de bonnes pratiques qu'il est recommandé de mettre en place dans les cabinets d'experts-comptables et de commissaires aux comptes. Une synthèse des bonnes pratiques qui illustrent les principes à respecter est réalisée dans le tableau ci-après.

Source des informations : CNCC/CSOEC, « Cybersécurité : découvrez les 10 commandements recommandés », décembre 2017.

Mesures en matière de cybercriminalité	Bonnes pratiques	Exemples
1. La confidentialité tu garantiras	Sécuriser les échanges de données sensibles	Chiffrer les documents confidentiels
	Disposer de mots de passe robustes	Ne pas stocker de manière accessible les mots de passe
	Garder confidentielles les informations sensibles	Verrouiller les ordinateurs
	Maîtriser sa e-reputation	Vérifier régulièrement son identité numérique
2. Un contrat de cyber-assurance tu souscriras	Définir la typologie des risques assurables	Données personnelles, système d'information de l'assuré, données des tiers
	Analyser les offres disponibles	Couverture des dommages immatériels, préjudices, etc.
	Répertorier les propositions de valeur pour l'assuré	Évaluation, quantification, réduction et transfert des risques, expertise post-incident
3. Une perte ou un vol tu anticiperas	Disposer d'une stratégie vigoureuse de sauvegarde	Faire une sauvegarde « hors ligne » pour éviter qu'elle soit elle aussi cryptée au moment d'une attaque
	Être conscient des avantages et des inconvénients des différents supports	L'un des avantages des espaces de stockage en ligne est la disponibilité quasi-immédiate, l'un de ses inconvénients est la sécurité limitée
	Prendre des précautions dans l'utilisation des supports	Vérifier l'intégrité du support de sauvegarde

Mesures en matière de cybercriminalité	Bonnes pratiques	Exemples
4. De boucliers tu te muniras	Se munir d'antivirus et d'antispam	Vérifier que l'antivirus et l'antispam sont actifs et à jour
	Vérifier que les systèmes sont à jour	Vérifier que les mises à jour sont faites sur les sites officiels et sécurisés (https://)
	Disposer de pare-feu actifs	Paramétrer le pare-feu pour refuser toutes les connexions entrantes
5. Aux cyberattaques tu réagiras	Adopter une méthodologie de traitement du risque au jour de l'attaque	Débrancher l'ordinateur du réseau, ne plus utiliser l'équipement une fois corrompu, porter plainte, ne pas payer la rançon demandée, etc.
	Contacter les structures d'assistance aux victimes de cyberattaques	ACYMA, CERT, Cybermalveillance, Stopransomware
6. Le RGPD tu respecteras	Désigner un responsable des questions personnelles. La désignation est facultative pour la plupart des cabinets d'expertise-comptable, mais la CNIL encourage cette désignation.	Possibilité de désigner un DPO mutualisé ou externe
	Cartographier les traitements de données personnelles existant dans le cabinet	Évaluer les pratiques, identifier les risques et arrêter un plan d'action
	Prioriser et hiérarchiser les actions à mener	Vérifier que les sous-traitants connaissent leurs nouvelles obligations et leurs responsabilités, s'assurer de l'existence de clauses contractuelles (modèles de clauses sur le site de la CNIL) telles que sécurité, confidentialité, protection des données
	Gérer les risques	L'outil PIA (*privacy impact assessment*) de la CNIL vise à accompagner la conduite d'analyse d'impact et faciliter l'appropriation des guides PIA de la CNIL (disponible sur le site de la CNIL)
	Organiser les processus internes	Traiter des réclamations et demandes des personnes concernées en définissant les acteurs et les modalités
	Documenter pour prouver la conformité au RGPD en cas de contrôle	Contrats définissant les rôles et responsabilités des acteurs, notamment dans les contrats avec les sous-traitants

Mesures en matière de cybercriminalité	Bonnes pratiques	Exemples
7. Des clés USB tu te méfieras	Adopter des mesures préventives	Ne jamais utiliser une clé USB « abandonnée », avant toute utilisation scanner et nettoyer la clé USB, bloquer la fonction « Autorun », etc.
	Préparer les déplacements à l'étranger	Garder les clés USB sur soi, à son retour ne pas connecter les clés sans les avoir testées au préalable, ou les jeter après usage
8. De bonnes pratiques managériales tu adopteras	Instaurer une classification des données de l'entreprise	Identifier les données stratégiques qui pourraient être particulièrement convoitées par les pirates
	Adopter de bonnes habitudes de travail	Organiser des réunions d'information pour alerter les collaborateurs sur les nouveaux types de menaces
	Renforcer les procédures internes	Mettre en place des restrictions d'accès
	Superviser, auditer et corriger	Procéder à des tests d'intrusion pour tester la vigilance des collaborateurs
9. Les usages tu réglementeras	Encadrer les pratiques par l'utilisation d'une charte informatique	Pour faire adhérer tous les collaborateurs, disposer d'une charte claire, à la portée de tous et diffusée à l'ensemble du personnel
	Fixer les règles et consignes que les utilisateurs doivent respecter	Formaliser les règles d'utilisation du système d'information
	Rendre opposable aux salariés la charte informatique	Annexer la charte au contrat de travail des salariés
10. Les collaborateurs tu sensibiliseras	Sensibiliser les collaborateurs : le facteur humain doit désormais faire partie intégrante de la cybersécurité	Ne pas ouvrir un email ou télécharger une pièce jointe d'un destinataire inconnu, etc.
	Nommer un responsable de la sécurité du SI pour piloter la démarche	Véritable chef d'orchestre de la sécurité du SI, il définit les orientations, élabore et met en œuvre une politique de sécurité
	Impliquer et responsabiliser les usagers dans les mécanismes de cyberprévention	L'utilisateur doit connaître les risques pour le cabinet et lui-même
	Être interactif et passer d'une pédagogie « passive » à une pédagogie « active »	Impliquer les utilisateurs pour éveiller leur conscience à la sécurité de l'information de manière durable

Maîtriser les compétences

3 Facture dématérialisée

Compétence attendue

Exposer la réglementation en matière d'établissement, de dématérialisation et de conservation des factures et autres pièces comptables

1. Définissez les termes traçabilité comptable, validation mutuelle, gestion collaborative.

- **Traçabilité comptable**

La traçabilité comptable est définie par la norme NF EN ISO 8402 comme « l'aptitude à retrouver l'historique, l'utilisation ou la localisation d'une entité au moyen d'identifications enregistrées ». L'entité peut désigner une activité, un processus, un produit, un organisme ou une personne. La traçabilité implique l'association systématique de flux d'informations aux flux physiques. La traçabilité comptable suppose :

– que l'on puisse remonter à sa source en retrouvant les étapes de son inscription dans les comptes ;
– que l'on recense aisément l'ensemble des documents qui s'y rapportent pour pouvoir les comparer.

Le plan comptable (article 911-3) met l'accent sur la notion de « chemin de révision » : « l'organisation du système de traitement permet de reconstituer à partir des pièces justificatives appuyant les données entrées, les éléments des comptes, états et renseignements soumis à la vérification, ou, à partir de ces compte, états et renseignements, de retrouver ces données et les pièces justificatives ».

- **Validation mutuelle**

La facture doit comporter des éléments facilitant la validation mutuelle. Le traitement des factures fait intervenir, en plus du service comptable, différents services opérationnels : service commercial, logistique, gestion de la trésorerie, approvisionnements.

La validation d'une facture (à adresser au client ou reçue d'un fournisseur) résulte de l'interaction de ces différents services. Ainsi, la qualité des données figurant sur la facture est fonction de leur aptitude à faciliter la validation mutuelle, c'est-à-dire la confrontation des contrôles effectués par les diverses parties prenantes. Dans le cadre d'un système informatisé, les données de la facture dématérialisée doivent intégrer l'objectif de validation mutuelle.

- **Gestion collaborative**

La gestion collaborative du traitement des factures s'appuie sur un processus dans lequel les interactions internes et externes sont nombreuses (analyse de codes, rapprochements de montants, vérification d'autorisations, etc.). La collaboration entre les divers intervenants est gérée de telle sorte que le traitement des factures soit optimisé, tant en termes de délais qu'en termes de coûts. La gestion collaborative fait appel à des logiciels spécifiques centrés sur l'administration des bases de données, notamment quant à l'optimisation des échanges de données.

2. Quelles sont les entreprises soumises à l'obligation d'émettre des factures dématérialisées ?

A compter du 1er juillet 2017, dans le cadre des marchés publics, les grandes entreprises (plus de 5 000 salariés) et les personnes publiques ont l'obligation d'émettre des factures électroniques. Cette obligation se généralise progressivement à toutes les entreprises. Au 1er janvier 2020, l'ensemble des entreprises devront établir leurs factures sous format électronique.

3. Comment assurer l'authentification de la facture électronique ?

La signature électronique ou numérique est un mécanisme garantissant l'intégrité d'un document et assurant l'authentification de l'auteur du document. Elle correspond à une suite de caractères. En pratique, l'essentiel des procédures de signature numérique existantes s'appuie sur les clés asymétriques.

L'horodatage permet d'attester la date et l'heure de l'émission du fichier.

4. Quelles sont les obligations en matière de conservation des factures dématérialisées ?

Facture papier ou dématérialisée, cette pièce justificative comptable doit être conservée 10 ans. L'entreprise doit assurer l'authenticité de son origine et garantir l'intégrité du contenu.

5. Parmi les diverses motivations signalées dans l'article, quelles sont celles qui concernent particulièrement la comptabilité ? Précisez-les.

Les motivations à finalité comptable sont les suivantes :

- **Amélioration des processus** : automatisation des traitements. La facture dématérialisée est intégrée directement dans les procédures de traitement. Le traitement comptable informatisé en est facilité.
- **Optimisation du coût de traitement** : coût de la comptabilisation. Cet aspect est lié au précédent : il n'est pas nécessaire de ressaisir les données figurant sur la facture, ni de les contrôler à nouveau.
- **Amélioration de la qualité** : la traçabilité comptable, la conservation et l'archivage. La conservation et l'archivage font appel à des processus de dématérialisation. Ces derniers sont facilités lorsque l'information à conserver est déjà sous une forme dématérialisée.
- **Optimisation du partage de l'information, tant interne qu'externe** : la facture dématérialisée peut s'intégrer avec le minimum de biais dans un processus d'échange de données informatisé. Ainsi, la communication interne (consultation des données par les services comptables, conservation de la facture en liaison avec l'écriture) ou externe (transmission de données à l'expert-comptable par exemple) en est facilitée.

4 PGI : apports et limites

Compétence attendue

Utiliser un logiciel comptable ou un module comptable d'un progiciel de gestion intégré

1. Quels sont les avantages censés apporter l'implantation d'un progiciel de gestion intégré dans une organisation ?

L'utilisation d'un logiciel comptable permet de faciliter la tenue comptable mais apporte également d'autres services : suivi des comptes clients, établissement de tableaux de bords personnalisés, vérification du niveau de trésorerie et rapprochement bancaire... Un progiciel de gestion intégré est composé de plusieurs modules : comptabilité mais aussi achats, ressources humaines, stocks... Environnement de travail unique, le PGI facilite le processus de travail et peut alors diminuer les coûts d'exploitation. Plus particulièrement, le PGI permet :

- de faciliter la communication du fait du partage des données ;
- une mise à jour en temps réel pour tous les acteurs ;
- une cohérence et homogénéité des données et une réduction des redondances ;
- un suivi/action sur les flux d'information (*workflow*) ;
- une ergonomie commune aux différentes applications ;
- une gestion des droits d'accès facilitée ;
- une réduction du poids des tâches comptables ;
- une suppression de la multiplication d'applications.

2. Quelles sont les critiques adressées à cet outil aujourd'hui ?

Si un module est moins abouti techniquement ou moins adapté à l'activité de l'entreprise, l'entreprise est alors contrainte d'utiliser un module externe dont la compatibilité avec son PGI n'est pas toujours acquise ou simple à mettre en œuvre. Ainsi, l'utilisation d'un PGI est une solution satisfaisante si effectivement il répond à tous les besoins. Cependant, rares sont les PGI qui donnent totalement satisfaction. Plus globalement, le PGI peut présenter les écueils suivants :

- nécessité d'une infrastructure technique importante ;
- centralisation des données donc forte dépendance technique ;
- remise à plat préalable des processus qui nécessite un temps de mise en place et paramétrage donc un coût élevé ;
- rigidité ;
- captivité vis-à-vis de l'éditeur du progiciel ;
- moindre visibilité des traitements ;
- sentiment de « dépossession » pour certains acteurs.

5 Enjeux du *cloud*

Compétence attendue

Proposer des modalités adaptées de sauvegarde et de confidentialité des données comptables, dans une situation donnée

1. Quels sont les avantages apportés par le cloud en matière de sécurité des données comptables ?

Le *cloud computing* présente des avantages en matière de sécurité des données comptables :

- Il ne nécessite pas d'investissement en installation informatique et peu en logiciel.
- Il permet aussi d'éviter ou de limiter les frais d'entretien du parc informatique (serveurs, application, système de sauvegarde de données...).
- Il offre la possibilité d'avoir accès à des services et de manière évolutive.
- Il permet de disposer de capacités illimitées en matière de stockage et de bande passante.
- La sécurité du stockage des données est optimale.

2. Quels sont les risques que peut néanmoins générer l'externalisation du stockage des données ? Quelles sont les mesures que doivent respecter alors les fournisseurs de cloud ?

Le *cloud* présente néanmoins quelques inconvénients :

- L'entreprise dépend de son prestataire, tant au niveau technique que de la qualité de service, il faut par conséquent être attentif à travailler avec un prestataire de qualité qui connaît les applications métier et les contraintes du secteur d'activité de l'entreprise.
- En cas de panne internet, ou d'une mauvaise connexion, l'entreprise peut être fortement perturbée. Aucun prestataire sérieux ne vous garantira une disponibilité de ses données à 100 %.
- L'entreprise perd la maîtrise de son système informatique et notamment le cycle de vie des applications (elles auront peut-être tendance à changer trop souvent, ce qui peut perturber les équipes, ou au contraire trop peu souvent en fonction du mode de fonctionnement du prestataire).
- Cela complique les questions d'ordre juridiques (sur la localisation des données) ou celle des assurances (sur les indemnités en cas de sinistre par exemple).
- Les risques d'attaque et de perte de confidentialité sont augmentés car selon le système utilisé, l'entreprise ne pourra pas forcément travailler ou disposer de ses données hors réseau.
- Le retour à un service informatique « internalisé » est souvent coûteux et complexe.

Depuis le 1er janvier 2019, le fournisseur d'un service de coffre-fort numérique est tenu à une obligation d'information claire, loyale et transparente sur les modalités de fonctionnement et d'utilisation du service, préalable à la conclusion d'un contrat. L'identification de l'utilisateur lors de l'accès au *cloud* doit être assurée par un moyen d'identification électronique adapté. La garantie de l'exclusivité d'accès aux données requiert au minimum :

- un mécanisme de contrôle d'accès limitant l'ouverture du coffre-fort numérique aux seules personnes autorisées par l'utilisateur ;
- des mesures de sécurité destinées à garantir la confidentialité des documents et données stockés ;
- le cryptage par le service du *cloud* de l'ensemble des données stockées.

Préparer l'épreuve

6 Utilisation d'un logiciel de comptabilité

Compétence attendue

Utiliser un logiciel comptable ou un module comptable d'un progiciel de gestion intégré

1. L'utilisation d'un logiciel comptable est-elle obligatoire ?

Dans le but de lutter contre les fraudes fiscales, l'État avait prévu de rendre l'utilisation de logiciels de comptabilité obligatoire à partir du 1er janvier 2018. Cependant, cela a causé l'inquiétude des microentreprises et des autoentreprises. L'État a donc exempté les auto-entrepreneurs et les micro-entrepreneurs bénéficiant de la franchise en base de TVA de l'obligation de s'équiper d'un logiciel de comptabilité.

2. Présentez à l'aide d'un schéma les différentes étapes de la tenue comptable. Précisez les fonctions assurées par le logiciel comptable.

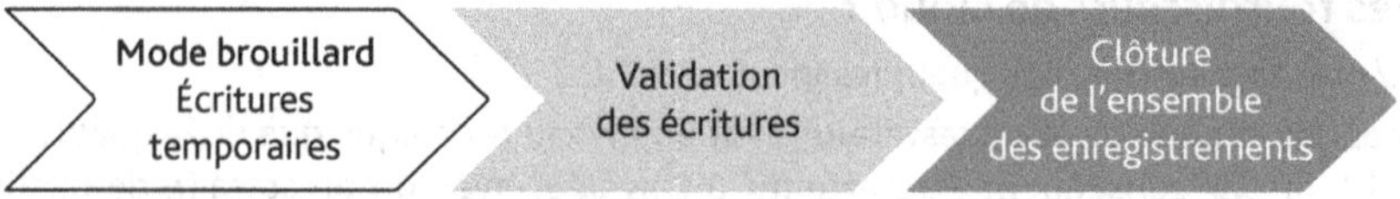

L'utilisation d'un logiciel comptable permet de faciliter la tenue comptable mais apporte également d'autres services : suivi des comptes clients, établissement de tableaux de bords personnalisés, vérification du niveau de trésorerie et rapprochement bancaire, etc. Les fonctionnalités de base d'un logiciel comptable sont :

- création de modèles d'enregistrements comptables ;
- gestion des journaux comptables ;
- édition d'états comptables ;
- génération des livres comptables ;
- génération des déclarations ;
- intégration des données bancaires ;
- sauvegarde des données comptables ;
- établissement de tableaux de bord et gestion analytique.

3. En quoi consiste l'enregistrement en mode brouillard ?

L'enregistrement en mode brouillard correspond au mode « brouillon » du comptable. Il correspond à la saisie d'écritures avant que les enregistrements ne soient validés. Ce mode temporaire autorise la modification partielle ou complète, voire la suppression des écritures comptables. L'intérêt majeur du mode brouillard est d'exonérer l'utilisateur de la complexité du processus de correction d'erreur. Ce dernier nécessite en effet la comptabilisation d'une écriture de contre-passation, et complexifie en conséquence la lecture du grand livre comptable.

4. Pourquoi faut-il valider les écritures comptables ?

La validation des écritures est une étape intermédiaire avant la procédure de clôture comptable. Cette validation confère un caractère légal aux écritures sur une période déterminée, laquelle peut être différente de l'exercice comptable (par exemple, le mois). La validation des écritures rend impossible l'altération des données comptables (modification ou suppression). Cette procédure de validation concerne les écritures, mais également les différents états comptables légaux : journaux, grand livre, etc. Tant que les écritures ne sont pas validées, c'est-à-dire impossibles à modifier pour l'avenir, elles sont considérées comme non passées par l'administration fiscale. Une écriture non validée est une écriture non saisie ; l'entreprise en perd la déductibilité. Dans certains cas, le cabinet aura peut-être intérêt à valider les écritures avant la date limite d'envoi de la liasse, ou à envoyer une liasse fiscale provisoire avant de modifier les écritures et d'envoyer la liasse fiscale définitive. L'objectif est d'éviter la remise en cause de ces écritures en cas de validation tardive.

5. Quelle est la différence entre la validation des écritures et la clôture annuelle ?

La clôture comptable désigne quant à elle la procédure d'arrêt définitif de l'exercice comptable. Cette opération s'effectue à l'issue des opérations dites d'inventaire (notamment la comptabilisation des amortissements et provisions). Cette étape est importante car elle permet de produire les éditions légales obligatoires à savoir journaux, centralisateur, grand livre, balance générale et auxiliaire. La clôture annuelle est une opération irréversible qui vise à rendre intangible les éléments comptables de l'exercice sélectionné. Toute nouvelle saisie, modification ou suppression d'écriture, tout lettrage et délettrage seront interdits. Toutes les écritures de l'exercice à clôturer doivent être validées sinon la clôture ne sera pas réalisable.

❶ Organisation et métiers de la comptabilité

1. Distinguez informatisation et numérisation.

La numérisation est un procédé qui consiste à transformer en données informatiques n'importe quel type de document.

L'informatisation est un processus plus général de transformation des métiers et des techniques induit par la dématérialisation et l'installation d'infrastructure numérique. L'informatisation englobe la numérisation. Ainsi, Nicolas Périer indique « Nous n'allons pas jusque-là mais en effet notre cabinet se digitalise. Cela ne se restreint pas pour autant à la numérisation. Nos process et nos missions changent. » (annexe 1).

2. En quoi consiste l'informatisation de l'activité des cabinets d'expertise comptable ?

Plus concrètement, l'informatisation va modifier les missions des cabinets d'expertise comptable. Les dossiers clients peuvent être traités autrement grâce à l'EDI. Le cabinet peut collecter les informations nécessaires à distance. De plus, les différents ordinateurs du cabinet peuvent être reliés entre eux par le biais d'un réseau interne relié à un serveur, ce qui facile la collaboration et le travail à distance des collaborateurs. Par ailleurs, l'utilisation d'un progiciel de gestion intégré est en mesure d'automatiser de nombreuses tâches. Les assistants et experts-comptables peuvent alors plus facilement proposer de nouveaux services. Enfin, le cabinet peut proposer d'accompagner les autres clients dans leur démarche d'informatisation. Adriane Parkoo évoque une informatisation poussée : « Nous avons vu en cours que les métiers comptables sont des activités fortement impactées par l'informatisation. Nous sommes donc dans le cœur du sujet, même si j'imaginais que la digitalisation ne se réduisait pas à la numérisation. Pas de *machine learning* ? »

3. Qu'est-ce que l'intelligence artificielle et plus particulièrement le machine learning ou le legaltech ? L'intelligence artificielle peut-elle s'appliquer aux métiers de la comptabilité ? Si oui, de quelle manière ?

L'intelligence artificielle est « l'ensemble des théories et des techniques mises en œuvre en vue de réaliser des machines capables de simuler l'intelligence » (Larousse). Une *machine learning* est une technologie d'intelligence artificielle permettant aux ordinateurs d'apprendre sans avoir été programmés explicitement à cet effet. Dans le domaine juridique, elle se concrétise par le *legaltech*. Un *legal tech* est une start-up de droit en ligne qui propose aux entreprises et aux particuliers une offre 100 % numérique avec une utilisation accrue des technologies digitales d'automatisation et de dématérialisation. Dans le cadre des métiers de la comptabilité, le *machine learning* correspond à un robot qui pourrait avoir pour fonction de classer et saisir les factures mais être aussi en mesure de générer et de mémoriser des adaptations de ces tâches du fait des spécificités des dossiers ou d'alerter le collaborateur en cas de besoin de documents à contrôler. Cela est déjà en application et devrait se développer dans le cadre de l'informatisation des métiers comptables.

4. En quoi la digitalisation peut-elle être perçue comme une menace ou comme une opportunité ? Quels sont les changements à réaliser pour que les cabinets d'expertise-comptable mettent en place la digitalisation ?

La digitalisation induit des inquiétudes. Ainsi, Adriane Parkoo affirme : « Vous me faîtes peur. Je n'aurais peut-être pas dû choisir le métier d'expert-comptable. Comme pour les avocats et les notaires avec les *legaltech*, je crains que le métier d'expert-comptable ne disparaisse. ».

La menace de la digitalisation est la disparition ou suppression d'emploi en comptabilité du fait de l'automatisation par des logiciels automatisant un certain nombre d'opérations.

Cependant, selon, Nicolas Périer, « Le métier d'expert-comptable ne disparaît pas mais il se transforme. La digitalisation n'est pas une menace mais une opportunité. Il convient cependant de ne pas en avoir peur et d'accepter le changement. ». La digitalisation permet une optimisation du modèle économique des cabinets d'expertise comptable. Les missions traditionnelles à faible valeur ajoutée (saisie comptable, fiches de paie, bilans annuels...) peuvent être sous-traitées ou automatisées grâce à l'informatisation pour laisser place à des prestations de conseil plus haut-de-gamme. L'industrialisation des processus permet d'améliorer la rentabilité et la productivité mais aussi invite la profession comptable à se diversifier dans le conseil au dirigeant (fiscal, immobilier, cession/transmission, fusion/acquisition) et le conseil en organisation (management, stratégie, informatique...) afin de proposer aux clients une réponse globale et un service adapté à leurs problématiques actuelles et futures.

Afin que la digitalisation des cabinets comptables s'opère, il convient de :

- Créer un système d'information de qualité, soit la création d'un réseau informatique sur-mesure, la dématérialisation et le partage des documents (gestion électronique des documents, système d'impression-numérisation), la centralisation et analyse des données grâce au site internet et à des plateformes uniques pour suivre en temps réel la performance du cabinet, l'organisation collaborative pour améliorer les processus internes (partage d'interfaces avec le client, messagerie collaborative, gestion de projet, vidéoconférence...).
- Développer une stratégie digitale adaptée à l'environnement des cabinets d'expertise comptable, soit l'élargissement des services par le conseil, l'amélioration de la relation client, la différenciation et création de plus de valeur aux clients, l'acquisition et la formation aux compétences digitales.

5. De quelle manière se transforment les métiers comptables du fait de la digitalisation ?

Du fait de la digitalisation, les métiers comptables se transforment. On assiste plus particulièrement à :

- l'intégration croissante des systèmes d'information (SI) ;
- la numérisation étendue de l'information comptable, fiscale et financière ;
- la création de centres de services partagés (CSP) ;
- l'externalisation des comptabilités à l'étranger.

Ces changements induisent :

- Une adaptation de l'organisation ave le développement du travail collaboratif et la réduction des équipes. La technologie permet de partager des documents en temps réel et d'échanger à distance. Moins nombreuses, les équipes comptables doivent être plus polyvalentes pour répondre à une plus grande flexibilité de la fonction comptable.
- Une émergence de nouvelles fonctions. Les missions de collecte et de saisie de l'information disparaissent en faveur de fonctions plus SI (architecte de l'information, superviseur des processus...) ou plus transverses et de conseil.

6. Définissez traitement comptable autonome et traitement comptable intégré.

Dans le cadre d'un traitement comptable autonome, les traitements comptables sont opérés à l'aide de matériels et de logiciels dédiés, les tâches répétitives sont automatisées, l'intervention humaine se limitant à la saisie, à l'imputation comptable, au contrôle des états et à leur exploitation. Les pièces comptables sont saisies dans les journaux auxiliaires et les grands livres, la balance et les états financiers sont établis de façon automatique.

Dans le cadre de traitement comptable intégré, l'informatisation des autres fonctions de l'entreprise et la recherche de gains de productivité ont conduit à la constitution d'une base de données unique accessible à l'ensemble des utilisateurs. Les progiciels de gestion intégrés (PGI ou ERP) permettent ainsi de coordonner les activités de l'entité dans une logique client/serveur entre la base de données et les applications.

Dans la pratique, les solutions adoptées dans les entreprises se situent à des niveaux intermédiaires entre le traitement autonome et le traitement intégré.

7. Le cabinet comptable Agora adopte-t-il un traitement comptable autonome ou intégré ?

Selon la présentation de Nicolas Périer (« notre activité se concentre aujourd'hui essentiellement sur la tenue comptable. Nous avons donc choisi d'optimiser les travaux de tenue comptable en utilisant des outils informatiques. Nous automatisons les tâches répétitives. Les collaborateurs se concentrent sur la saisie, l'imputation comptable, le contrôle des états et à leur exploitation. Nous n'avons pas mis en place de logiciel coordonnant les différentes activités de l'entreprise. »), le cabinet comptable Agora adopte un traitement comptable autonome.

8. Sous quelles conditions la force probante d'une comptabilité informatisée est assurée ? Quelle est la durée de conservation des documents électroniques ?

La force probante de la comptabilité lorsqu'elle est informatisée est maintenue à trois conditions :

- Une donnée peut être enregistrée sur tout support offrant toute garantie en matière de preuve. Il peut s'agir d'un support magnétique, du moment qu'il est inaltérable. Il en est de même en ce qui concerne le livre-journal.
- L'inaltérabilité est garantie, en plus des contraintes techniques, par la procédure de validation, qui interdit toute modification ou suppression de l'enregistrement. La validation est une procédure qui consiste à figer l'écriture comptable, sans que l'on puisse revenir sur ses différentes composantes. Elle fait partie des fonctionnalités de tout logiciel comptable ; sa périodicité n'est pas définie mais l'obligation de centralisation mensuelle conduit à une validation de même périodicité. Tant qu'une écriture n'est pas validée, elle est saisie en « mode brouillard » et peut donc être modifiée.
- La procédure de clôture de l'exercice rend l'ensemble des enregistrements intangible. À la différence de la comptabilité manuelle, elle est assurée ici par une fonctionnalité du logiciel. La clôture interdit la réouverture des comptes durant l'exercice clôturé : il n'est plus possible de les modifier ou de les supprimer.

Le délai légal de conservation des documents est identique pour les documents papiers et pour les documents numériques :

- documents comptables et pièces justificatives : 10 ans ;
- déclarations fiscales et pièces justificatives : 6 ans.

9. Dans le cadre de la tenue comptable, quelle est la nouvelle obligation liée à l'informatisation pour les entreprises à compter du 1er janvier 2020 ?

Au 1er janvier 2020, l'ensemble des entreprises devront établir leurs factures sous format électronique. La facture dématérialisée (ou facture électronique) est une facture créée par le fournisseur sous une forme électronique qui parvient au client sous forme d'image ou de données.

❷ Établissement des liasses fiscales

1. Quelles sont les fonctions qu'un logiciel comptable peut proposer pour faciliter la saisie comptable ?

Les fonctions de base d'un logiciel comptable sont les suivantes :
- création de modèles d'enregistrements comptables ;
- gestion des journaux comptables ;
- édition d'états comptables ;
- génération des livres comptables ;
- génération des déclarations ;
- intégration des données bancaires ;
- sauvegarde des données comptables ;
- établissement de tableaux de bord et gestion analytique.

2. En quoi consiste l'enregistrement en mode brouillard ?

L'enregistrement en mode brouillard correspond au mode « brouillon » du comptable. Il correspond à la saisie d'écritures avant que les enregistrements ne soient validés. Ce mode temporaire autorise la modification partielle ou complète, voire la suppression des écritures comptables. L'intérêt majeur du mode brouillard est d'exonérer l'utilisateur de la complexité du processus de correction d'erreur. Ce dernier nécessite en effet la comptabilisation d'une écriture de contre-passation, et complexifie en conséquence la lecture du grand livre comptable.

3. Quelles opérations la stagiaire Adriane Parkoo doit-elle réaliser pour établir les situations intermédiaires ?

Préalablement à la saisie des opérations, le logiciel comptable utilisé doit être paramétré. Le paramétrage consiste à :
- renseigner les généralités relatives à l'entreprise : coordonnées (raison sociale, statut, adresse, téléphone, mail, etc.), identification (SIRET, APE, TVA), exercice comptable ;
- création des journaux ;
- création d'un plan de compte adapté ;
- collecte d'informations sur les partenaires (coordonnées, conditions commerciales clients/fournisseurs, informations bancaires, identification des salariés concernés par la DSN) ;
- gestion de la TVA (code TVA selon règles d'exigibilité et taux de TVA des opérations, paramétrage de la déclaration de TVA, etc.).

Une fois, le logiciel paramétré, la stagiaire peut réaliser la saisie. La saisie se fait généralement dans un premier temps en mode brouillard.

Pour que la saisie soit définitive, il convient que les écritures enregistrées en mode brouillard soient validées.

À l'aide de la fonction édition d'états comptables du logiciel, la stagiaire pourra établir une situation intermédiaire pour la période sollicitée. Il ne faudra pas clôturer les comptes pour établir cette situation, sinon il n'est plus possible par la suite de réaliser d'autres enregistrements pour l'exercice en cours.

4. Qu'est-ce qu'une donnée personnelle ?

Une donnée personnelle est toute information identifiant une personne physique (nom, prénom, image, vidéo, etc.) ou indirectement (numéro de téléphone, numéro de compte bancaire, empreinte). Il existe des données personnelles classiques et sensibles :

Données personnelles classiques	Données personnelles sensibles
Nom, prénom, sexe, initiales, n° d'ordre, date et lieu de naissance, adresse IP ou adresse MAC, situation familiale, situation militaire	Numéro de sécurité sociale, origine raciale ou ethnique, appartenances syndicales, informations relatives aux infractions, aux données concernant la santé, aux données biométriques dans l'optique d'identifier une personne de manière unique

5. En quoi consiste la RGPD ? Quelles sont les mesures de la RGPD que la stagiaire Adriane Parkoo ne semble pas avoir respectées ?

Le règlement général sur la protection des données (RGPD) impose des mesures pour assurer la confidentialité des données personnelles des clients et collaborateurs ou sous-traitants. La stagiaire Adriane Parkoo est susceptible de ne pas avoir respecté une mesure assurant la confidentialité des données :

Mesures	Contenus	Actions stagiaires en infraction avec les mesures garantissant le RGPD
Engagement de confidentialité des salariés	• Respect de certaines procédures (ex. : demander l'accord d'un supérieur hiérarchique) afin d'encadrer certaines opérations (ex. : la copie de données sur des supports amovibles)	Ayant pris du retard, la stagiaire sauvegarde le dossier du client sur une clé USB personnelle pour achever les pré-comptabilisations à son domicile sur son ordinateur personnel. Il est nécessaire que la stagiaire sollicite l'accord du supérieur et applique la procédure assurant la sécurité des données.

6. Pourquoi l'utilisation d'outils informatiques personnels n'est pas préconisée ? Quels sont les risques encourus ?

Il existe de plus en plus une porosité des usages entre les sphères privée et professionnelle (télétravail, multiplication des smartphones, tablettes et autres ordinateurs portables…). Cela peut néanmoins poser des problèmes de sécurité. L'entreprise, notamment par respect du RGPD, a besoin de contrôler les données sensibles qui entrent et sortent de l'entreprise. Selon la CNIL, « l'employeur est responsable de la sécurité des données personnelles de son entreprise, y compris lorsqu'elles sont stockées sur des terminaux dont il n'a pas la maîtrise physique ou juridique ». De plus, l'entreprise s'expose à un risque plus grand de vol du terminal. Enfin, l'entreprise doit s'assurer de la conformité au RGPD des outils informatiques personnels (ex. : code accès ordinateur personnel, mode de sauvegarde sécurisé…).

7. Quel mode de sauvegarde préservant la sécurité des données financières aurait pu être utilisé par la stagiaire Adriane Parkoo ?

La stagiaire Adriane Parkoo aurait pu utiliser, si l'entreprise en dispose, d'un *cloud* ou coffre-fort numérique. C'est un mode d'archivage des documents sur des serveurs distants et accessibles par internet. Les documents sont stockés dans un espace sécurisé et confidentiel, et sont accessibles à tout moment.

3 Déclaration fiscale et sociale

1. Définissez les termes suivants : téléprocédures, télédéclarations, télérèglements, télétransmissions.

- **Téléprocédure :** Procédure administrative remplie par l'intermédiaire d'un service en ligne sur internet. Les administrations imposent de plus en plus une relation avec les entreprises et professionnels de la comptabilité par cette procédure dématérialisée. Les téléprocédures regroupent les télédéclarations, les télérèglements, les télétransmissions.
- **Télédéclaration :** Procédure de dépôt par voie dématérialisée auprès des administrations des déclarations (ex. : déclaration TVA, impôt sur le résultat).
- **Télérèglement :** Procédure permettant de faire des règlements à distance *via* des réseaux internet ou téléphoniques.
- **Télétransmission :** Procédure d'échange d'informations informatisé entre différents acteurs.

2. Quels sont les deux modes de télétransmissions des déclarations fiscales ? En quoi consistent-ils ? Comparez-les.

L'administration fiscale autorise deux modes de télétransmission :

- **L'EDI :** échange de données informatisé qui permet la transmission électronique des déclarations et de certains paiements à partir des fichiers comptables, par l'intermédiaire d'un prestataire spécialisé, le partenaire EDI, ou d'un expert-comptable.
- **L'EFI :** échange de formulaires informatisé qui permet d'effectuer directement en ligne les déclarations et les paiements à partir de l'espace professionnel accessible depuis le site impots.gouv.fr.

Le tableau suivant propose une comparaison de ces deux modes de téléprocédures :

	EFI	EDI
Avantages	Anticipation des déclarations et des paiements, le compte utilisé n'est débité qu'à la date d'échéance	
	Accès 7 jours sur 7 et 24 heures sur 24 à l'espace professionnel pour y effectuer les téléprocédures Procédure simple : l'utilisateur est guidé en permanence dans sa saisie et les calculs sont effectués automatiquement Assistance : une aide en ligne est proposée et l'utilisateur peut contacter une assistance technique par téléphone et par courriel Sécurité : l'accès est effectué au moyen d'un identifiant et d'un mot de passe personnel, l'ouverture des droits pour une entreprise fait l'objet d'une validation par courrier Gratuité totale	Délégation au prestataire comptable de la dématérialisation des obligations déclaratives et de paiement, dans le cadre de ses missions
Contraintes	Il est nécessaire de créer au préalable un espace professionnel sur le site impots.gouv.fr Il est indispensable de disposer d'une adresse électronique valide	Il est nécessaire de choisir un partenaire extérieur (cabinet d'expertise comptable, organisme agréé ou prestataire spécialisé) Une fois le contrat établi avec le partenaire, le dossier d'adhésion doit être adressé au service des impôts des entreprises (SIE) gestionnaire

3. Le client ENR Bâtiment n'a pas d'espace professionnel et ne souhaite pas en disposer. Si Adriane Parkoo est sollicitée pour gérer pour le compte du client les télédéclarations et paiements, quelle procédure doit-elle réaliser ?

Si le client ne souhaite pas d'espace professionnel, il opte pour le mode EDI.

Le comptable n'intègre pas l'espace du client : elle intègre les dossiers de ses clients au sein de son propre espace professionnel. Plusieurs cas de figure peuvent se présenter :

- si le service n'est pas encore géré pour le dossier et que le client veut en donner l'entière gestion au cabinet comptable : le comptable doit réaliser une demande d'adhésion sur ce service pour le compte de ce client. Il deviendra, après saisie du code d'activation envoyé par courrier postal à l'adresse de l'entreprise, l'administrateur titulaire du service pour cette entreprise ;

– si le service est géré par le client qui veut en partager la gestion avec son comptable : le client doit désigner le comptable en tant qu'administrateur suppléant, délégataire de niveau acteur délégant (pouvant « faire » et lui-même « déléguer ») ou délégataire de niveau acteur (ne pouvant que « faire ») ;
– si le service est géré par le client qui veut en donner l'entière gestion au cabinet comptable : le comptable doit effectuer une demande de substitution pour remplacer ledit client sur ce service. Il deviendra, après saisie du code d'activation envoyé par courrier postal à l'adresse de l'entreprise, l'administrateur titulaire du service pour cette entreprise.

4. Adriane Parkoo doit-elle créer son propre espace professionnel sur le site impôt.gouv.fr pour réaliser les télédéclarations du client ENR Bâtiment ? Doit-elle créer un espace professionnel pour chaque client qu'elle aura en charge ? Doit-elle le faire pour chaque déclaration ?

Si Adriane Parkoo gère le compte client ENR bâtiment, elle doit créer son espace professionnel. Chaque collaborateur du cabinet doit créer son espace professionnel pour y gérer l'ensemble de ses dossiers soit en adhérant, soit en remplaçant le précédent administrateur titulaire, soit en y récupérant l'accès donné par son client ou par le responsable du cabinet, *via* la délégation. Il n'est pas nécessaire de le faire à chaque déclaration mais juste à la création de l'espace professionnel.

Le comptable y gagne en souplesse de gestion des dossiers, en évitant les procédures d'adhésion et/ou de substitution, à l'occasion d'un départ ou à l'occasion d'une réorganisation de son cabinet.

Le client, quant à lui, peut choisir de donner la vision totale (y compris la consultation de son compte fiscal par exemple) ou partielle à son cabinet comptable, et peut visualiser à tout moment l'ensemble des personnes habilitées à utiliser les services pour son entreprise.

CHAPITRE 23

Bilan, compte de résultat et annexe

Évaluer les savoirs

1 QCM

1. Faux. Les documents de synthèse sont composés du bilan, du compte de résultat et de l'annexe. Certains éléments traduisent la situation patrimoniale depuis la création de l'entreprise (bilan), d'autres traduisent la variation de richesse au cours de l'exercice (compte de résultat).

2. Faux. Les documents de synthèse n'ont pas forcément le même format. Trois systèmes s'appliquent selon la taille de l'entreprise et le régime fiscal : le système simplifié ou système abrégé, le système de base, le système développé.

3. Faux. Les microentreprises et les petites entreprises doivent présenter une annexe selon le système abrégé.

4. Vrai. L'application du système développé est à la discrétion de l'entreprise.

5. Vrai. Le tableau des amortissements permet de comprendre les variations des amortissements, sous-jacentes à la politique d'investissement et de désinvestissement et à la politique d'amortissement.

6. Faux. Le tableau d'amortissement renseigne sur le montant des amortissements à l'ouverture et à la clôture de l'exercice, ainsi que les variations (augmentations/diminutions) des catégories d'actif. Le tableau ne précise pas les modes et durées d'amortissements.

7. Vrai. Le tableau des immobilisations permet de présenter le montant des immobilisations à l'ouverture et à la clôture, ainsi que les variations du montant des immobilisations induites par des choix d'investissement ou de désinvestissement.

8. Vrai. Cette valeur apparaît dans la colonne « diminution ».

9. Faux. Le tableau des immobilisations précise la valeur d'entrée des immobilisations sorties mais pas leur prix de cession.

10. Faux. L'annexe ne remplace pas le bilan et le compte de résultat mais les complète. Il n'est pas possible d'inscrire des informations en annexe qui aurait dû apparaître dans le bilan ou le compte de résultat.

Maîtriser les compétences

2 Société Janin

Compétence attendue

Établir et **lire** les documents de synthèse conformément aux dispositions du PCG

1. Déterminer le système que doit adopter l'entreprise pour présenter ses comptes annuels.

L'application du système développé est facultative. La société Janin peut donc appliquer le système simplifié ou le système de base selon le franchissement des seuils de taille :

- Total bilan : 337 724,50 € > 350 000 €
- Chiffre d'affaires : ventes de marchandises = 484 979 € < 700 000 €
- Effectif : 8 < 10

La société peut être qualifiée de microentreprise. Son chiffre d'affaires qui est constitué de ventes de marchandises est inférieur à 788 000 €. Son régime fiscal d'imposition est le régime réel simplifié (RSI).

Les microentreprises au RSI bénéficient d'un système de présentation abrégé et peuvent opter pour une présentation simplifiée. Elle pourrait, si elle le souhaite, appliquer un système plus développé (système de base ou système développé). Nous proposons par la suite l'application du système simplifié.

2. Présentez le bilan.

ACTIF	N			N–1	PASSIF	N	N–1
	Brut	A. et D.	Net	Net			
Actif immobilisé					**Capitaux propres**		
Immobilisations incorporelles					Capital	217 890	0
Fonds commercial	0	0	0	0	Écarts de réévaluation	0	0
Autres0	0	0	0	0	Réserves	0	0
Immobilisations corporelles	423 750	204 000	219 750	0	Réserve légale	0	0
Immobilisations financières	0	0	0	0	Réserves réglementées	0	0
Total I	**423 750**	**204 000**	**219 750**	**0**	Autres	0	0
Actif circulant					Report à nouveau	0	0
Stocks et en-cours [autres que marchandises]	0	0	37 625	0	Résultat de l'exercice (bénéfice ou perte)	**– 43 331,50**	**0**
Marchandises	0	0	0	0	Provisions réglementées	0	0
Avances et acomptes versés sur commandes	0	0	0	0	**Total I**	**174 558,50**	**0**
Créances					**Provisions**		
Clients et comptes rattachés	0	0	41 534	0	Provisions pour risques et charges	0	0
Autres	0	0	0	0	**Total II**	**0**	**0**

ACTIF	N			N–1	PASSIF	N	N–1
	Brut	A. et D.	Net	Net			
Valeurs mobiliières de placement	0	0	0	0	**Dettes**		
Disponibilités (autres que caisse)	0	0	36 878	0	Emprunts et dettes assimilées	80 000	0
Caisse	0	0	1 937,50	0	Avances et accomptes reçus sur commandes en cours	0	0
Total II	**0**	**0**	**117 974,50**	**0**	Fournisseurs et comptes rattachés	68 615	0
Charges constatées d'avances	0	0	0	0	Autres	14 551	0
					Total III	**163 166**	**0**
					Produits constatés d'avance	0	0
Total général	**423 750**	**204 000**	**337 724,50**	**0**	**Total général**	**337 724,50**	**0**

3. Présentez le compte de résultat.

CHARGES (HT)	N	N–1	PRODUITS (HT)	N	N–1
Charges d'exploitation			**Produits d'exploitation**		
Achats de marchandises	234 080	0	Ventes de marchandises	484 970	0
Variation des stocks (marchandises)	12 480	0	Production vendue (biens et services)	0	0
Achats d'approvisionnements	0	0	Production stockée	0	0
Variation des stocks (approvisionnements)	0	0	Production immobilisée	0	0
Autres charges externes	112 091	0	Subventions d'exploitation	0	0
Impôts, taxes et versements assimilés	15 978,50	0	Autres produits	0	0
Rémunération du personnel	72 055,50	0	**Total (I)**	**484 970**	**0**
Charges sociales	36 025	0	**Produits financiers (II)**	1 512	0
Dotations aux amortissements	35 700	0	**Produits exceptionnels (III)**	737	0

CHARGES (HT)	N	N-1	PRODUITS (HT)	N	N-1
Dotations aux provisions	0	0			
Autres charges	0	0			
Total (I)	**518 410**	**0**			
Charges financières (II)	8 740,50	0			
Charges exceptionnelles (III)	3 400	0			
Impôts sur les bénéfices (IV)	0	0			
Total des charges (I + II + III + IV)	**530 550,50**	**0**	**Total des produits (I + II + III)**	**487 219**	**0**
Solde créditeur = bénéfice	0	0	Solde débiteur = perte	43 331,50	0
Total général	**530 550,50**	**0**	**Total général**	**530 550,50**	**0**

❸ Société Carrière : bilan et compte de résultat

Compétence attendue

Établir et **lire** les documents de synthèse conformément aux dispositions du PCG

1. Présentez le bilan en compte dans le système de base.

ACTIF	N			Détail des calculs
	Brut	**A. et D**	**Net**	
Capital souscrit non appelé	0		0	
Actif immobilisé				
Immobilisations incorporelles				
Frais d'établissement	20 000	4 000	16 000	
Frais de recherche et développemen	40 000	30 000	10 000	
Concessions, brevets, licences, marques…	30 000	10 000	20 000	
Fonds commercial	140 000	0	140 000	
Autres immobilisations incorporelles	0	0	0	
Immobilisations incorporelles en cours	40 000	0	40 000	
Avances et acomptes	4 000	0	4 000	

ACTIF	N			Détail des calculs
	Brut	A. et D	Net	
Immobilisations corporelles				
Terrains	200 000	0	200 000	
Constructions	700 000	100 000	600 000	
Installations techniques, matériel et outillage industriels	240 000	140 000	100 000	
Autres immobilisations corporelles	170 000	20 000	150 000	
Immobilisations corporelles en cours	0	0	0	
Avances et acomptes	0	0	0	
Immobilisations financières				
Participations	400 000	20 000	380 000	
Créances rattachées à des participations	0	0	0	
Titres immobilisés de l'activité de portefeuille	0	0	0	
Autres titres immobilisés	0	0	0	
Prêts	10 000	0	10 000	
Autres immobilisations financières	600	0	600	
Total I	**1 994 600**	**324 000**	**1 670 600**	
Actif circulant				
Stocks et en-cours				
Matières premières et autres approvisionnements	20 000	10 000	190 000	120 000 + 80 000
En-cours de production (biens et services)	8 000	0	8 000	
Produits intermédiaires et finis	40 000	0	40 000	
Marchandises	60 000	0	60 000	
Avances et acomptes versés sur commandes	2 000	0	2 000	
Créances				
Créances clients et comptes rattachés	377 000	8 000	369 000	317 000 + 56 000 + 4 000
Autres créances	2 700	0	2 700	1 640 + 60 + 1 000

ACTIF	N			Détail des calculs
	Brut	A. et D	Net	
Capital souscrit – appelé, non versé	0	0	0	
Valeurs mobilières de placement	2 500	125	2 375	
Actions propres	0	0	0	
Autres titres	12 000	1 000	11 000	400 + 16 000 + 1 200 + 400
Instruments de trésorerie	0	0	0	
Disponibilités	18 000	0	18 000	
Charges constatées d'avance	18 200	0	18 200	
Total II	**737 900**	**19 000**	**718 900**	
Charges à répartir sur plusieurs exercices	0	0	0	
Primes de remboursement des emprunts	0	–	0	
Écarts de conversion Actif	0	–	0	
Total général	**2 732 500**	**343 000**	**2 389 500**	

PASSIF	N	Détail des calculs
Capitaux propres		
Capital (dont versé …)	976 000	1 000 000 – 24 000
Primes d'émission, de fusion, d'apport	0	
Écarts de réévaluation	0	
Écart d'équivalence	0	
Réserves		
Réserve légale	0	
Réserves statuaires ou contractuelles	0	
Réserves réglementées	0	
Autres	0	
Report à nouveau	0	
Résultat de l'excercice (bénéfice ou perte)	**36 800**	Voir compte de résultat
Subventions d'investissements	0	
Provisions réglementées	24 400	14 000 + 10 400
Total I	**1 037 200**	

PASSIF	N	Détail des calculs
Provisions		
Provisions pour risques	10 000	
Provisions pour charges	15 000	
Total II	**25 000**	
Dettes		
Emprunts obligataires convertibles	0	
Autres emprunts obligataires	0	
Emprunts et dettes auprès des établissements de crédit(1)	333 000	284 000 + 25 000 + 24 000
Emprunts et dettes financières divers	561 000	31 000 + 500 000 + 30 000
Avances et acomptes reçus sur commandes en cours	3 240	
Dettes fournisseurs et comptes rattachés	326 800	160 000 + 150 000 + 6 800 + 10 000
Dettes fiscales et sociales	101 700	4 000 – 300 + 19 000 + 6 000 + 32 400 + 14 800 + 22 000 + 3 600 + 200
Dettes sur immobilisations et comptes rattachés	0	
Autres dettes	1 500	
Instruments de trésorerie	0	
Produits constatés d'avance	60	
Total III	**1 327 300**	
Écarts de conversion Passif	0	
Total général	**2 389 500**	

(1) Dont concours bancaires courants et soldes créditeurs de banques : 25 000 + 24 000 - 49 000

2. Présentez le compte de résultat en liste et en compte dans le système de base.

	N	Détail des calculs
Produits d'exploitation		
Ventes de marchandises	1 200 000	1 202 000 – 2 000
Production vendue (biens et services)	2 958 600	2 800 000 + 60 000 + 106 600 – 8 000
Montant net du chiffre d'affaires	**4 158 600**	
dont à l'exportation	0	
Production stockée	8 000	– 2 000 + 10 000

	N	Détail des calculs
Production immobilisée	5 000	
Subventions d'exploitation	2 000	
Reprises sur dépréciations, provisions (et amortissements), transferts de charges	8 600	1 600 + 7 000
Autres produits	1 200	
Total I	**4 183 400**	
Charges d'exploitation		
Achats de marchandises	828 000	804 000 + 28 000 – 4 000
Variation des stocks	– 7 000	
Achats de matières premières et autres approvisionnements	892 000	800 000 + 70 000 + 32 000 – 10 000
Variation des stocks	80 000	100 000 – 20 000
Autres achats et charges externes	885 060	160 000 + 40 000 + 64 000 + 116 000 + 120 000 + 45 000 + 40 000 + 140 000 + 110 000 + 40 000 + 10 060
Impôts, taxes et versements assimilés	180 000	
Salaires et traitements	740 000	
Charges sociales	360 000	
Dotations aux amortissements, dépréciations et provisions		
Sur immobilisations : dotations aux amortissements	52 000	
Sur immobilisations : dotations aux provisions	9 200	
Sur actif circulant : dotations aux provisions	4 000	
Pour risque et charges : dotations aux provisions	0	
Autres charges	640	
Total II	**4 023 900**	
Résultat d'exploitation (1 = I – II)	**159 500**	
Quotes-parts de résultat sur opérations faites en commun		
Bénéfice ou perte transféré (III)	0	
Pertes ou bénéfices transférés (IV)	0	
Produits financiers		
De participations	30 000	
D'autres valeurs mobilières et créances de l'actif immobilisé	60	

	N	Détail des calculs
Autres intérêts et produits assimilés	1 500	1 340 + 60
Reprises sur provisions et transferts de charges	20	
Différences positives de change	0	
Produits nets sur cessions de valeurs mobilières de placement	80	
Total V	31 660	
Charges financières		
Dotations aux amortissements et provisions	800	
Intérêts et charges assimilées	150 000	148 000 + 2 000
Différences négatives de change	0	
Charges nettes sur cessions de valeurs mobilières de placement	340	
Total VI	**151 140**	
Résultat financier (2 = V – VI)	**– 119 480**	
Résultat courant avant impôts (3 = 1 + III – IV + 2)	**40 020**	
Produits exceptionnels		
Sur opérations de gestion	0	
Sur opérations en capital	6 500	
Reprises sur dépréciations, provisions et transferts de charges	2 000	
Total VII	**8 500**	
Charges exceptionnelles		
Sur opérations de gestion	240	
Sur opérations en capital	1 680	
Dotations aux amortissements, dépréciations et provisions	3 800	
Total VIII	**5 720**	
Résultat exceptionnel (4 = VII – VIII)	2 780	
Participation des salariés aux résultats (IX)	6 000	
Impôts sur les bénéfices (X)	0	
Total des produits (I + III + V + VII)	**4 223 560**	
Total des charges (II + IV + VI + VIII + IX + X)	**4 186 760**	
Bénéfice ou perte	**36 800**	

Outre le résultat exceptionnel avant impôts que les sociétés de capitaux doivent faire ressortir, les entités ont la faculté de faire apparaître distinctement le résultat d'exploitation et le résultat financier. Le bénéfice ou la perte résulte alors de la somme algébrique des résultats courant et exceptionnel (3 + 4) net des charges IX et X.

3. Présentez le bilan en compte dans le système développé.

ACTIF	N			PASSIF	N
	Brut	A. et D.	Net		
Capital souscrit non appelé	0	–	0	**Capitaux propres**	
Actif immobilisé				Capital (dont versé...)	976 000
Immobilisations incorporelles				Primes d'émission, de fusion, d'apport	0
Frais d'établissement	20 000	4 000	16 000	Écarts de réévaluation	0
Frais de recherche et développement	40 000	30 000	10 000	Écart d'équivalence	0
Concessions, brevets, licences, marques...	30 000	10 000	20 000	Réserves	0
Fonds commercial	140 000	0	140 000	Réserve légale	0
Autres immobilisations incorporelles	0	0	0	Réserve statuaires ou contractuelles	0
Immobilisations incorporelles en cours	40 000	0	40 000	Réserve réglementées	0
Avances et acomptes	4 000	0	4 000	Autres	0
Immobilisations corporelles				Report à nouveau	0
Terrains	200 000	0	200 000	Résultat de l'exercice (bénéfice ou perte)	**36 800**
Constructions	700 000	100 000	600 000	Subventions d'investissement	0
Installations techniques, matériel et outillage industriels	240 000	140 000	100 000	Provisions réglementées	24 400
Autres immobilisations corporelles	170 000	20 000	150 000	**Total I**	**1 037 200**
Immobilisations corporelles en cours	0	0	0	**Provisions**	
Avances et acomptes	0	0	0	Provisions pour risques	10 000
Immobilisations financières				Provisions pour charges	15 000
Participations	400 000	20 000	380 000	**Total II**	**25 000**

ACTIF	N			PASSIF	N
	Brut	A. et D.	Net		
Créances rattachées à des participations	0	0	0	**Dettes**	
Titres immobilisés de l'activité de portefeuille	0	0	0	Dettes financières	
Autres titres immobilisés	0	0	0	Emprunts obligatoires convertibles	0
Prêts	10 000	0	10 000	Autres emprunts obligataires	0
Autres immobilisations financières	600	0	600	Emprunts et dettes auprès des établissements de crédit (1)	333 000
Total I	**1 994 600**	**324 000**	**1 670 600**	Emprunts et dettes financières divers	561 000
Actif circulant				Avances et acomptes reçus sur commandes en cours	3 240
Stocks et en-cours				Dettes d'exploitation	
Matières premières et autres approvisionnements	200 000	10 000	190 000	Dettes fournisseurs et comptes rattachés	326 800
En-cours de production (biens et services)	8 000	0	8 000	Dettes fiscales et sociales	101 700
Produits intermédiaires et finis	40 000	0	40 000	Autres	0
Marchandises	60 000	0	60 000	Dettes et diverses	
Avances et acomptes versés sur commandes	2 000	0	2 000	Dettes sur immobilisations et comptes rattachés	0
Créances d'exploitation				Dettes fiscales (impôts sur les bénéfices)	0
Créances clients et comptes rattachés	377 000	8 000	369 000	Autres	1 500
Autres créances	2 700	0	2 700	Instruments de trésorerie	0
Capital souscrit – appelé, non versé	0	0	0	Produits constatés d'avance	60
Valeurs mobilières de placement	2 500	125	2 375	**Total III**	**1 327 300**

ACTIF	N			PASSIF	N
	Brut	A. et D.	Net		
Actions propres	0	0	0		
Autres titres	12 000	1 000	11 000		
Instruments de trésorerie	0	0	0		
Disponibilités	18 000	0	18 000		
Charges constatées d'avance	18 200	0	18 200		
Total II	**737 900**	**19 000**	**718 900**		
Charges à répartir sur plusieurs exercices	0	0	0		
Primes de remboursement des emprunts	0	–	0		
Écarts de conversion Actif	0	–	0	Écarts de conversion Passif	0
Total général	**2 732 500**	**343 000**	**2 389 500**	**Total général**	**2 389 500**

4. Présentez le compte de résultat en compte dans le système développé.

CHARGES (HT)	N		PRODUITS (HT)	N	
		Totaux partiels			Totaux partiels
Charges d'exploitation			**Produits d'exploitation**		
Coût d'achat des marchandes vendues dans l'entreprise		821 000	Ventes de marchandises	1 200 000	1 200 000
Achats de marchandises	828 000		Production vendue		2 958 600
Variation des stocks de marchandises	– 7 000		Ventes	2 792 000	
Consommation de l'exercice en provenance de tiers		1 857 060	Travaux	106 600	
Achats stockés d'approvisionnements			Prestation de service	60 000	
Matières premières	822 000		**Montant net du chiffre d'affaires**		**4 158 600**
Autres approvisionnements	70 000		dont à l'exportation		0

CHARGES (HT)	N		PRODUITS (HT)	N	
		Totaux partiels			**Totaux partiels**
Variation des stocks d'approvisionnements	80 000		Production stockée		8 000
Achats de sous-traitance	160 000		En-cours de production de biens	– 200	
Achats non stockés de matières et fournitures	40 000		En-cours de production de services	0	
Services extérieurs			Produits	10 000	
Personnel extérieur	40 000		Production immobilisée		5 000
Loyers en crédit-bail	64 000		Subventions d'exploitation		2 000
Autres charges externes	581 060		Reprises sur provisions (et amortissements)		1 600
Impôts, taxes et versements assimilés		180 000	Transferts de charges		7 000
Sur rémunérations	180 000		Autres produits		1 200
Autres	0				
Charges de personnel		1 100 000			
Salaires et traitement	740 000				
Charges sociales	360 000				
Dotations aux amortissements et aux provisions		65 200			
Sur immobilisations : dotations aux amortissements	52 000				
Sur immobilisations : dotations aux provisions	9 200				
Sur actif circulant : dotations aux provisions	4 000				
Pour risques et charges : dotations aux provisions	0				
Autres charges		640			
Total		**4 023 900**	**Total**		**4 183 400**
Quote-part de résultat sur opérations faites en commun		0	**Quote-part de résultat sur opérations faites en commun**		0

CHARGES (HT)	N	N Totaux partiels	PRODUITS (HT)	N	N Totaux partiels
Charges financières		**151 140**	**Produits financiers**		**31 660**
			De participation	30 000	
Dotations aux amortissements et provisions	800		D'autres valeurs mobilières et créances de l'actif immobilisé	60	
Intérêts et charges assimilées	150 000		Autres intérêts et produits assimilés	1 500	
Différences négatives de change	0		Reprises sur provisions et transferts de charges financières	20	
Charges nettes sur cession de VMP	340		Différences positives de change	0	
			Produits nets sur cessions de VMP	80	
Charges exceptionnelles		**5 720**	**Produits exceptionnels**		**8 500**
Sur opération de gestion	240		Sur opération de gestion	0	
Sur opération en capital			Sur opération en capital		
Valeur comptable des éléments immobilisés et financiers cédés	1 680		Produits des cessions d'éléments d'actif	6 500	
Autres	0		Subventions d'investissement virées au résultat de l'exercice	0	
Dotations aux amortissements et aux provisions			Autres	0	
Dotations aux provisions réglementées	0		Reprises sur provisions et transferts de charges exceptionnels	200	
Dotations aux amortissements et aux autres provisions	3 800				
Participation des salariés aux résultats		6 000			
Impôts sur les bénéfices		0			
Solde créditeur = bénéfice		36 800	Solde débiteur = perte		0
Total général		**4 223 560**	**Total général**		**4 223 560**

5. Comparez les présentations des informations. Soulignez les avantages et les inconvénients de ces méthodes.

L'application d'un système développé est facultative. De même, l'entreprise a le libre choix d'opter pour une présentation en compte ou en liste. Ainsi, les choix de présentation dépendent du système d'informations en vigueur, des besoins de l'entreprise et des habitudes des autres entreprises du même secteur. La présentation en compte du compte de résultat souligne la distinction entre les charges et les produits alors que la présentation en liste met davantage en exergue la ventilation des charges et des produits selon les fonctions de l'entreprise : exploitation, finance, exceptionnelle.

L'adoption d'un système développé permet de communiquer davantage de détails sur les données synthétiques des états financiers. Le revers de cette présentation est cependant de présenter des états financiers plus volumineux (arbitrage pertinence/exhaustivité/coût/intelligibilité).

4 Société Carrière : annexe

Compétence attendue

Élaborer les principaux tableaux de l'annexe (immobilisations, amortissements, dépréciations et provisions)

1. Présentez les principaux tableaux des annexes.

- Tableau des immobilisations

	Valeur brute à l'ouverture de l'exercice	Augmentations	Diminutions	Valeur brute à la clôture de l'exercice
Immobilisations incorporelles	274 000	12 000	12 000	274 000
Immobilisations corporelles	1 180 000	150 000	20 000	1 310 000
Immobilisations financières	410 600	0	0	410 600
Total	**1 864 600**	**162 000**	**32 000**	**1 994 600**

- Tableau des amortissements

	Amortissements cumulés au début de l'exercice	Augmentations : dotations de l'exercice	Diminutions d'amortissements de l'exercice	Amortissements cumulés à la fin de l'exercice
Immobilisations incorporelles	44 000	0	0	44 000
Immobilisations corporelles	208 000	52 000	0	260 000
Immobilisations financières	0	0	0	0
Total	**252 000**	**52 000**	**0**	**304 000**

• Tableau des dépréciations

	Dépréciations au début de l'exercice	Augmentations : dotations de l'exercice	Diminutions : reprises de l'exercice	Dépréciations à la fin de l'exercice
Immobilisations incorporelles	2 000	0	2 000	0
Immobilisations corporelles	0	0	0	0
Immobilisations financières	15 420	4 600	20	20 000
Stocks	4 900	5 100	0	10 000
Créances	5 500	4 100	1 600	8 000
Total	**27 820**	**13 800**	**3 620**	**38 000**

• Tableau des provisions

	Provisions au début de l'exercice	Augmentations : dotations de l'exercice	Diminutions : reprises de l'exercice	Provisions à la fin de l'exercice
Provisions réglementées	24 400	0	0	24 400
Provisions pour risques	9 000	1 000	0	10 000
Provisions pour charges	12 000	3 000	0	15 000
Total	**45 400**	**4 000**	**0**	**49 400**

2. Précisez en quoi les informations fournies par ces tableaux complètent le bilan et le compte de résultat.

Ces tableaux permettent d'expliciter la variation des immobilisations et de certains éléments discrétionnaires essentiels : amortissements, dépréciations, provisions. Certes, cette information peut facilement être calculée en comparant les montants de fin d'exercice. Cependant, ces tableaux précisent les causes des variations en présentant les diminutions et augmentations des postes constituant les variations.

3. L'entreprise Carrière souhaitant obtenir un financement, identifiez les données issues des documents de synthèse qu'elle pourrait mettre en avant.

Dans le cadre de la recherche d'un financement, l'entreprise pourrait exposer :

- le poids de la dette actuel (montant des dettes dans le bilan), le poids des fonds propres (bilan) afin d'apprécier l'équilibre entre les différents financements ;
- le coût de la dette actuelle (charges d'intérêts dans le compte de résultat) et la capacité de l'entreprise à absorber le coût de la dette (charges d'intérêts rapportées au résultat) ;
- les échéances des dettes actuelles pour examiner si elle doit rembourser à court terme des dettes en cours (état des créances et des dettes à la clôture de l'exercice).

❺ Enjeu de l'annexe

Compétence attendue

Justifier l'utilisation des documents de synthèse dans le cadre de la communication financière et/ou de l'obtention d'un financement

1. Déterminez en quoi l'annexe des documents de synthèse rejoint ces qualités.

Le tableau suivant précise les qualités requises de l'information financière et les qualités attendues de l'annexe pour y répondre.

Qualités de l'information financière	Contenu et définitions	Qualités de l'annexe en adéquation
Intelligibilité	L'information fournie dans les états financiers doit être compréhensible immédiatement par les utilisateurs	L'annexe indique toutes les explications nécessaires à une meilleure compréhension des autres documents comptables
Pertinence	L'information influence les décisions économiques des utilisateurs en leur fournissant une image fidèle de l'entreprise, en les aidant à évaluer des événements passés, présents ou futurs ou en confirmant ou corrigeant leurs évaluations passées	L'annexe met en évidence tout fait pouvant avoir une influence significative sur le jugement des utilisateurs des informations comptables
Importance relative	L'information est significative si son omission ou son inexactitude peut influencer les décisions économiques que les utilisateurs retirent des états financiers	L'annexe ne doit fournir que des informations d'une « importance significative » par rapport au bilan et au compte de résultat. Une information est considérée significative dès lors que son absence est susceptible de remettre en cause la régularité et la sincérité des états financiers et donc l'image fidèle des comptes.
Fiabilité	Une information exempte d'erreur peut être qualifiée de fiable	L'annexe comme l'ensemble des autres documents financiers doit fournir des informations fiables
Neutralité	Les informations contenues dans les états financiers doivent être choisies et présentées sans parti pris	L'annexe comme l'ensemble des autres documents financiers doit fournir des informations selon un point de vue général afin de produire une information utile à l'ensemble des utilisateurs des documents comptables

Qualités de l'information financière	Contenu et définitions	Qualités de l'annexe en adéquation
Exhaustivité	L'information contenue dans les états financiers doit être exhaustive, autant que permettent le souci de l'importance relative et celui de coût. Une omission peut rendre l'information fausse ou trompeuse et, en conséquence, non fiable et insuffisamment pertinente	L'annexe complète et commente les informations données par le bilan et le compte de résultat. Son objectif est de fournir des informations sur tout élément susceptible d'influencer l'opinion de l'utilisateur des comptes. Les informations à fournir peuvent donc être abondantes. Mais l'annexe doit éviter de fournir trop d'informations et de « noyer » ainsi les informations pertinentes. Elle ne doit fournir que des informations d'une importance significative.
Comparabilité (et principe de permanence des méthodes)	Les utilisateurs sont informés des méthodes comptables utilisées dans la préparation des états financiers et de tout changement apporté à ces méthodes, ainsi que des effets de ces changements	L'annexe doit notamment présenter les règles et méthodes comptables, soit la mention de l'application des conventions générales et des adaptations professionnelles, l'indication et la justification de la méthode retenue, les changements de méthode, d'estimation, corrections erreurs, les modifications d'impôts

2. Étudiez les conflits que peut engendrer la réalisation des annexes.

La réalisation de l'annexe doit concilier les exigences suivantes :

- Intégrer les différentes dimensions de la communication d'une information : comme l'indique Frédéric Pourtier, la divulgation d'une information n'est pas neutre et peut en outre révéler d'autres motivations de l'entreprise.
- Choisir entre une information formalisée ou adaptée à l'entreprise : si l'annexe adopte une information normalisée, on peut penser qu'elle sera davantage assimilable par ses utilisateurs ; cependant, ceci peut aussi induire des règles rigides ne permettant pas de refléter la réalité singulière de l'entreprise.
- Maîtriser le coût de production de l'information : la réalisation de l'annexe nécessite de réaliser un arbitrage entre le coût de réalisation d'une information et son utilité.
- Concilier pertinence et fiabilité de l'information : ces deux qualités que doit garantir l'annexe sont souvent présentées de manière antinomique. En effet, une information pertinente intègre notamment des éléments sur l'avenir de l'entreprise appréciés selon le producteur de l'information, or cette approche peut nuire à la fiabilité de l'information.
- Assurer transparence et confidentialité sur la situation et les performances de l'entreprise : l'annexe permet, avec les autres états financiers, de fournir toutes les informations nécessaires pour apprécier la valeur de l'entreprise. Parallèlement, l'entreprise peut souhaiter ne pas divulguer toutes les clés de son modèle économique.

- Fournir des informations complémentaires mais ni palliatives, ni redondantes : l'annexe doit compléter les autres états financiers et non les remplacer. De plus, elle ne doit pas fournir d'informations superflues qui auraient déjà été communiquées au travers des autres documents.
- Garantir l'exhaustivité et l'assimilation de l'information : l'annexe doit fournir toutes les informations nécessaires en complément des autres documents, mais elle doit sélectionner les informations significatives de manière à ne pas donner une masse d'informations qui *in fine* serait non assimilable par l'utilisateur de l'information.

Préparer l'examen

6 Société Hurel

Compétence attendue

Justifier l'utilisation des documents de synthèse dans le cadre de la communication financière et/ou de l'obtention d'un financement

1. Précisez les moyens productifs mobilisés par l'entreprise pour son activité. Ces éléments peuvent-ils être appréciés à la lecture du bilan ?

Compte tenu des acquisitions et des cessions, l'entreprise dispose de moyens productifs (immobilisations) d'un montant de 274 000 €. Ce montant correspond à la valeur d'origine de ces moyens. Cette information est communiquée dans le tableau des immobilisations. Elle se retrouve aussi au niveau du bilan.

Il peut être intéressant d'apprécier la valeur nette comptable des immobilisations plutôt que la valeur d'origine afin d'examiner la valeur des moyens productifs nette des amortissements et dépréciations : 274 000 – 35 000 – 56 000 = 183 000.

2. Peut-on dire que la société Hurel est en phase de croissance interne ou qu'au contraire elle désinvestit ?

La croissance interne s'analyse à travers l'augmentation des immobilisations incorporelles et corporelles et inversement, le désinvestissement *via* la diminution des immobilisations incorporelles et corporelles. À la lecture du tableau des immobilisations, l'entreprise réalise à la fois des acquisitions et des cessions. Au global, les augmentations sont plus importantes. L'entreprise est donc en croissance interne.

3. Peut-on dire que la société Hurel est en phase de croissance externe ou qu'au contraire elle désinvestit ?

La croissance externe s'analyse à travers l'augmentation des immobilisations financières et inversement, le désinvestissement *via* la diminution des immobilisations financières. À la lecture du tableau des immobilisations, l'entreprise réalise à la fois des acquisitions et des cessions. Au global, les augmentations sont plus importantes. L'entreprise est donc en croissance externe.

4. La société Hurel enregistre une forte disparité entre le niveau de résultat et le niveau de trésorerie. Quels sont les éléments susceptibles d'expliquer cela ?

La trésorerie peut différer du résultat pour plusieurs raisons :

- la prise en compte de la TVA : la TVA impacte la trésorerie mais pas le résultat ;
- l'impact des charges et produits calculés mais non décaissés : si l'entreprise enregistre des dotations ou reprises, la valeur comptable d'actif cédé, etc., ces éléments vont impacter le résultat mais pas la trésorerie (cf tableau des amortissements, des provisions) ;
- les décalages de trésorerie : par exemple, si l'entreprise a réalisé une vente à crédit, cette dernière vient augmenter le résultat sans pour autant augmenter la trésorerie ;
- enfin, les opérations d'investissement et de désinvestissement (tableau des immobilisations) et les opérations de financement peuvent impacter la trésorerie sans faire varier directement le résultat.

5. Quels sont les éléments que pourrait apprécier un organisme de financement dans les annexes de la société Hurel ?

L'organisme de financement peut apprécier :

- la croissance interne et externe (tableau des immobilisations) ;
- le poids des amortissements et dépréciations relativement aux immobilisations (tableau des immobilisations, amortissements, provisions) afin d'examiner la valeur nette des actifs (obsolescence, garantie) ;
- le poids des provisions (risque probable).
- En complément, il serait intéressant d'examiner :
- le poids de la dette actuel (montant des dettes dans le bilan), le poids des fonds propres (bilan) afin d'apprécier l'équilibre entre les différents financements ;
- le coût de la dette actuelle (charges d'intérêts dans le compte de résultat) et la capacité de l'entreprise à absorber le coût de la dette (charges d'intérêts rapportées au résultat) ;
- les échéances des dettes actuelles pour examiner si elle doit rembourser à court terme des dettes en cours (état des créances et des dettes à la clôture de l'exercice).

1 Élaboration des documents de synthèse

1. Après avoir présenté le rôle de chaque document de synthèse, expliquez en quoi ces documents forment en tout indissociable.

Documents de synthèse	Rôle
Bilan	Il fournit une information sur la situation patrimoniale de l'entreprise.
Compte de résultat	Il informe sur la formation ou la destruction de richesse potentielle.
Annexe	Il complète et commente les informations données par le bilan et le compte de résultat.

Ces documents de synthèse forment un tout indissociable car :

- Les contreparties des charges et des produits inscrits dans le compte de résultat se retrouvent dans des comptes de bilan.
- Le résultat obtenu dans le compte de résultat est repris dans les capitaux propres du bilan.
- Certaines données du compte de résultat (comme les charges et les produits calculés) et du bilan (comme l'état des immobilisations) sont complétées et commentées par l'annexe.

2. Citez le système de présentation des comptes annuels retenu par le PCG dont les documents de synthèse de l'entreprise IDA se rapprochent.

Ces documents de synthèse ont une présentation très peu détaillée qui s'approche du système simplifié (ou système abrégé), applicable aux microentreprises et petites entreprises.

3. Énoncez les finalités de la communication financière.

La communication financière, qui organise la diffusion des informations financières tournées vers les utilisateurs de cette information, a deux grandes finalités :

- répondre aux obligations légales de divulgation des informations comptables et financières (soit rendre des comptes aux interlocuteurs financiers de l'entreprise et aux organismes sociaux et fiscaux) ;
- conquérir et fidéliser les apporteurs de capitaux (investisseurs institutionnels, actionnaires individuels ou actionnaires salariés), soit une communication financière assimilée à du marketing financier.

4. Présentez et justifiez les informations comptables qui intéressent tout particulièrement les fournisseurs.

Les informations comptables qui intéressent tout particulièrement les fournisseurs sont :

- la situation de trésorerie du client, pour savoir si ce client est en mesure de payer rapidement, s'il est nécessaire de lui accorder un délai de paiement, s'il est intéressant de lui accorder des escomptes, etc. ;
- la capacité de l'entreprise à payer ses dettes pour connaître la probabilité que les créances envers ce client soient recouvrées ;
- le niveau d'activité du client pour estimer le potentiel de vente envers ce client et envisager en conséquence des éventuelles actions commerciales (ristournes, fidélisation, etc.).

❷ Analyse du bilan et du compte de résultat

Décryptage

Cette partie vous initie à une première analyse de documents de synthèse présentés de manière peu approfondie. Dans l'UE 6 Finance d'entreprise, vous serez amenés à analyser, à partir de ratios et de soldes, des documents de synthèse plus détaillés.

A. Patrimoine et situation nette de l'entreprise

1. Indiquez les composantes du patrimoine de l'entreprise IDA au 31/12/N et déterminez la « situation nette » de l'entreprise au 31/12/N.

Le patrimoine se compose au 31/12/N :

- des actifs immobilisés (107 000 €) et circulants (17 500 €) ;
- des dettes (43 500 €).

Situation nette de l'entreprise = Total de l'actif – Total des dettes = Total de ses capitaux propres = 81 000 €

2. La situation nette de l'entreprise a-t-elle augmenté ou diminué au cours de l'exercice N ?

Situation nette au 31/12/N–1 (après affectation du résultat) ou au 01/01/N : 74 000 €

Évolution de la situation nette au cours de l'exercice N : 81 000 – 74 000 = + 7 000 €

Il s'agit d'une augmentation de la situation nette, qui traduit un enrichissement de l'entreprise.

B. Résultat

1. Quel est le résultat de l'exercice N ? Comment peut-il être obtenu ?

Résultat de l'exercice N = Total des produits – Total des charges

206 000 – 199 000 = 7 000 €

2. Combien rapporte chaque euro de ventes en N ? Est-il possible à partir de ce compte de résultat de faire cette analyse par types de marchés (détaillants, bars-restaurants) ou par types de boissons commercialisées ?

Taux de marge bénéficiaire = Résultat / Chiffre d'affaires (ventes de marchandises)

= 7 000 / 206 000 = 0,034

Chaque euro de ventes rapporte en N environ 0,034 €.

L'analyse par marchés ou par produits n'est pas possible à partir du compte de résultat : elle nécessite une analyse des coûts, objet de la comptabilité de gestion et non de la comptabilité analytique.

3. Comment mesurer la rentabilité des capitaux investis dans l'entreprise ? Quel est l'intérêt de cette mesure ?

Rentabilité des capitaux investis = Résultat / (Capitaux propres + Emprunts)

= 7 000 / (81 000 + 31 000) = 6,25 %

Cette mesure intéresse surtout les prêteurs car elle conditionne la capacité de remboursement de l'entreprise. Elle intéresse également les gestionnaires de l'entreprise car elle permet de mesurer la performance industrielle et commerciale de l'entreprise.

4. Quel était le résultat de l'entreprise IDA réalisé au cours de l'exercice N–1 ?

Résultat de l'exercice N–1 = 5 000 € (d'après le bilan N–1 avant affectation du résultat)

5. Quelle a été « l'affectation du résultat » de l'exercice N–1 ?

Affectation du résultat de l'exercice N–1 :

- Mise en réserves : 4 000 €
- Distribution de dividendes aux associés : 1 000 € (dettes diverses)

C. Endettement

1. À combien s'élève l'endettement de l'entreprise au 31/12/N ? Quelles en sont les composantes ?

L'endettement de l'entreprise se compose de :

- Dette financière (emprunt) = 31 000 €
- Dettes d'exploitation (dettes fournisseurs + dettes fiscales et sociales) = 8 000 + 4 500 = 12 500 €

Total des dettes de l'entreprise = 43 500 €

2. Comment peut-on apprécier le degré d'endettement d'une entreprise ? Quel est l'intérêt de cette information ?

Degré d'endettement en N = Dettes financières / Capitaux propres
= 31 000 / 81 000 = 0,38 ≤ 1

Le taux d'endettement conditionne l'octroi de prêts par les prêteurs : en général, cet endettement est jugé raisonnable quand il est inférieur ou égale à 1 ; ce qui est le cas ici.

D. Trésorerie

1. Quel est le montant de la trésorerie dont dispose l'entreprise au 31/12/N ?

Montant de trésorerie au 31/12/N = Disponibilités en Banque et en Caisse = 6 000 €

2. Dans quelle proportion sa trésorerie au 31/12/N lui permet-elle de faire face à ses dettes d'exploitation ?

Le montant de la trésorerie représente près de la moitié des dettes d'exploitation : 6 000 / (8 000 + 4 500) = 0,48.

3. Sur quoi peut-elle aussi compter pour faire face à ses prochaines échéances ?

Pour faire face à ses prochaines échéances, elle peut aussi compter sur l'encaissement des créances sur ses clients (d'un montant de 4 500 € TTC au 31/12/N) et sur la vente de ses stocks de marchandises (d'un montant de 7 000 €).

E. Valeur ajoutée

1. Calculez, à partir du compte de résultat de l'entreprise IDA, le montant de la valeur ajoutée réalisée par cette entreprise pour l'année N. Quel est l'intérêt de cet indicateur pour l'entreprise ?

La valeur ajoutée exprime la création de valeur de l'entreprise au travers de ses activités professionnelles courantes, c'est-à-dire l'accroissement de valeur que l'entreprise apporte aux biens et services qu'elle achète aux tiers durant l'exercice.

Valeur ajoutée pour l'année N = Production de l'entreprise – Consommations intermédiaires
= Ventes de marchandises – (Coût d'achat des marchandises vendues + Services extérieurs)
= 206 000 – (121 000 + 40 000) = 45 000 €

La valeur ajoutée est un outil d'analyse des performances de l'entreprise :

- en comparant la valeur ajoutée au total de la production de l'entreprise ;
- en comparant la valeur ajoutée aux effectifs de l'entreprise ou au nombre d'heures de travail effectuées (notion de productivité du travail).

Au niveau macro-économique, le total des valeur ajoutées réalisées au cours d'une année par l'ensemble des agents producteurs d'une économie permet de mesurer le PIB (produit intérieur brut).

2. Quels sont les différents bénéficiaires du partage de la valeur ajoutée réalisée en N par cette entreprise ?

Bénéficiaires de la valeur ajoutée	Montant	Pourcentage de la valeur ajoutée
Personnel	Charges de personnel : 20 500 €	46 %
État	Impôts sur les bénéfices : 3 500 €	8 %
Prêteurs	Charges d'intérêts : 1 500 €	3 %
Entreprise elle-même (autofinancement)	Résultat + Dotations aux amortissements : 19 500 €	43 %
Apporteurs de capitaux		

F. Capacité d'autofinancement

Les dotations aux amortissements et aux dépréciations sont des charges non décaissables.

1. Calculez la capacité d'autofinancement de l'entreprise, soit le surplus de trésorerie généré par l'activité, pour l'exercice N.

Capacité d'autofinancement en N = Produits encaissables – Charges décaissables
= 206 000 – (121 000 + 40 000 + 20 500 + 1 500 + 3 500)
= 19 500 €

2. Quelles sont les utilisations possibles de ce surplus de trésorerie ?

Ce surplus de trésorerie peut être utilisé pour :

- le versement de dividendes aux associés ;
- la réalisation de nouveaux investissements ;
- le remboursement des emprunts.

❸ Construction de l'annexe

1. Élaborez le tableau des immobilisations, le tableau des amortissements et le tableau des dépréciations pour l'exercice N.

- **Tableau des immobilisations**

	A Valeur brute à l'ouverture de l'exercice	B Augmentations	C Diminutions	D Valeur brute à la clôture de l'exercice
Immobilisations incorporelles	10 000	0	0	10 000
Immobilisations corporelles	(1) 100 000	(3) 20 000	0	(2) 120 000
Immobilisations financières	0	0	0	0
Total	**110 000**	**20 0000**	**0**	**130 000**

(1) Immobilisations corporelles au 01/01/N (ou 31/12/N–1) : 50 000 + 30 000 + 20 000 = 100 000
(2) Immobilisations corporelles au 31/12/N : 50 000 + 50 000 + 20 000 = 120 000
(3) Augmentation des immobilisations corporelles entre l'ouverture et la clôture de l'exercice : 120 000 – 100 000 = 20 000

- **Tableau des amortissements**

	A Amortissements cumulés au début de l'exercice	B Augmentations : dotations de l'exercice	C Diminutions d'amortissements de l'exercice	D Amortissements cumulés à la fin de l'exercice
Immobilisations incorporelles	0	0	0	0
Immobilisations corporelles	(1) 10 500	(2) 10 500	0	21 000
Immobilisations financières	0	0	0	0
Total	**10 500**	**10 500**	**0**	**21 000**

(1) Amortissements au 01/01/N (ou 31/12/N–1) : total 1 de la troisième colonne sachant qu'il n'y avait pas de dépréciation au 31/12/N–1
(2) Dotations aux amortissements de l'exercice N : 12 500 – 2 000 (dotation aux dépréciations) = 10 500

• **Tableau des dépréciations**

	A Dépréciations au début de l'exercice	B Augmentations : dotations de l'exercice	C Diminutions : reprises de l'exercice	D Dépréciations à la fin de l'exercice
Immobilisations incorporelles	0	0	0	
Immobilisations corporelles	0	2 000	0	2 000
Immobilisations financières	0	0	0	0
Stocks	0	0	0	0
Créances	0	0	0	0
Total	**0**	**2 000**	**0**	**2 000**

2. Quel autre tableau peut être présent dans une annexe ?

Un tableau des provisions peut également être présenté en annexe.

3. Expliquez l'impact qu'auraient eu sur ces tableaux les opérations suivantes (non prises en compte dans les documents de synthèse présentés) :

• Cession au cours de l'exercice N de 30 000 € de matériel de transport.

Une cession du matériel de transport aurait entraîné :

- Dans le tableau des immobilisations, une diminution (colonne C) de 30 000 €, et donc une valeur brute moindre des immobilisations à la clôture de l'exercice N (colonne D).
- Dans le tableau des amortissements, une dotation aux amortissements moindre pour ce matériel de transport (colonne B qui serait amputée de la part d'amortissement comprise entre la date de cession et le 31/12/N) et une reprise (colonne C) de l'ensemble des amortissements cumulés sur ce matériel de transport.
- Dans le tableau des dépréciations, une absence d'inscription de la dépréciation (colonnes B et D) si cette dernière concerne le matériel de transport cédé.

- Souscription d'un prêt de 15 000 € durant l'exercice N comptabilisé dans le compte 274, avec 400 € d'intérêts courus sur prêts au 31/12/N.

Cette souscription de prêt aurait entraîné, dans le tableau des immobilisations, les inscriptions suivantes :

	Valeur brute à l'ouverture de l'exercice	Augmentations	Diminutions	Valeur brute à la clôture de l'exercice
Immobilisations financières	0	(1) 15 400	(2) 0	15 400

(1) 15 000 + 400 = 15 400

(2) 0 car cette colonne correspond aux remboursements de prêts et à la contre-passation des intérêts courus de l'exercice précédent.

- Constatation d'une dépréciation nécessaire sur stock de marchandises de 200 € au 31/12/N, en faisant l'hypothèse qu'une dépréciation de 300 € sur ces stocks avait été enregistrée au 31/12/N–1

Cette constatation de la dépréciation sur stock de marchandises aurait entraîné, dans le tableau des dépréciations, les inscriptions suivantes :

	A Dépréciations au début de l'exercice	B Augmentations : dotations de l'exercice	C Diminutions : reprises de l'exercice	D Dépréciations à la fin de l'exercice
Stocks	0	0	0	0

Les montants des comptes relatifs aux dépréciations sur stocks ne sont pas ajustés d'un exercice à l'autre mais font l'objet de dotations et de reprises totales.

Table des matières

PARTIE 5 Comptabilité et environnement numérique

PARTIE 6 Documents de synthèse